擒拿入门系列丛书

擒拿门径探幽

QIN NA MEN JING TAN YOU

赵大元　传授
刘明亮　著

人民体育出版社

图书在版编目（CIP）数据

擒拿门径探幽 / 刘明亮著. -- 北京：人民体育出版社，2024
（擒拿入门系列丛书）
ISBN 978-7-5009-6384-4

Ⅰ.①擒… Ⅱ.①刘… Ⅲ.①擒拿方法(体育) Ⅳ.①G852.4

中国国家版本馆CIP数据核字(2023)第228000号

*

人 民 体 育 出 版 社 出 版 发 行
北京盛通印刷股份有限公司印刷
新 华 书 店 经 销

*

710×1000　16开本　15.5 印张　294 千字
2024年12月第1版　2024年12月第1次印刷

*

ISBN 978-7-5009-6384-4
定价：95.00 元

社址：北京市东城区体育馆路8号（天坛公园东门）
电话：67151482（发行部）　　邮编：100061
传真：67151483　　　　　　　邮购：67118491
网址：www.psphpress.com
（购买本社图书，如遇有缺损页可与邮购部联系）

序 一

初看《擒拿门径探幽》一书，觉得书名有些奇怪，为何叫门径？什么是探幽？听作者娓娓道来，24技出自擒拿秘籍《九重天》，是擒拿技术的基本元素，或者说是基础中的核心要素。作者把擒拿24技从多个视角加以细致地阐述，夯实基础，使擒拿练习者更容易入门，更容易走上一个快速通往幽深境界的捷径，而且系统地阐明"刁、拿、锁、扣、掐、插、挑、顶"等24技的细节，也是对擒拿秘籍很好的诠释，其意义也是颇为重大的。

认识作者——明亮小侄，是通过其师父赵大元先生，我和大元兄是多年的挚友，常听他讲明亮在武学研究方面勤于思考、笔耕不辍，身为赵氏擒拿专业委员会的副主任，明亮为擒拿的传承和推广做了大量的工作，今见其佳作，甚是欣喜。

武术是中华传统文化的重要组成部分，武术不仅蕴含着深邃灵动的中国古代哲学思想，也在审美艺术、健身养生、修心养性等诸多方面散发着东方古老文明的迷人魅力。有文治者必有武功，此乃中国传统文化之名训，武者以止戈为要义，以奋战而达非战，以护生仁术之功德，善养吾正气浩然。

从武研文，至情至深，希望明亮在这条道路上取得更多佳绩，也希望大家都能够成为文武双全之人，成为社会栋梁。

是为序。

张　山

2024年7月28日于昌平

序 二

今日爱徒又呈新作，心中甚喜！继《擒拿24技述真》《擒拿基础小功法》之后，《擒拿门径探幽》一书已是明亮专门为擒拿初学者撰写的第三本系列专著，再次为之写序。

忆当年，国勇师弟（邸国勇，形意拳名家）亲自登门，引荐明亮研习擒拿，白驹过隙，已有十余载。这些年来，明亮既能勤习苦研、功夫日进、尽得吾技，又能喜爱切问、慎思笃行、乐于笔耕、尽得吾传。

本书理技相合，文字简洁，插图丰富，依图达意，易懂易学。书中不少擒拿技术在铁路公安、国安警务实战训练中经过实践，效果得到证实。是一本不可多得的擒拿入门和进阶的好书。

希望有志者互为参悟，发现中华擒拿术的妙处，从而喜欢上它；也希望明亮百尺竿头更进步，九重天上揽祥云，擒拿的传承做出更多、更大的贡献；更希望中华武技人才济济，前途似锦。

是为序。

2024年8月28日于方庄

前 言

擒拿是传统武术的精髓，是武术中以弱胜强、以小博大的代表。擒拿技理、技法深邃且丰富，擒拿技术更是千千万万，数不胜数。如果究其入门的核心基础，一是理论上应该先明晰擒拿的内涵与历史；再初步了解擒拿经典秘籍《九重天》；最重要是掌握擒拿机理也就是洞察人体结构，才能知道应往哪里打，该如何用力。精选出擒拿技理层面最重要的内容呈现给读者，不仅仅是展示擒拿的精华，更是提供修身养性的平台和资料。二是明确擒拿技术上应该以24技为入门基础。《九重天·总诀》中记载："入我门来心宜静，修身养性筋骨坚。头颈躯体上下肢，松坚活沉稳灵巧。再明技法二十四，八法勤习莫迟疑。"秘籍的第一个口诀中明确表明，习练擒拿先要静心修身，再练筋骨，练功到达身体松活灵巧了之后，再修炼24技，进而习练八法。这个习练顺序也就是擒拿入门与进阶的捷径。

擒拿24技分别是"刁拿锁扣，掐插挑顶，拧压缠旋，别扛折扳，剔盘挫撅，挣研抱挟"，其中的每一个字都是组成擒拿实用技术的基本元素。24个基本元素可单字两两同步组合或者多字分时段组合，从而演化出千千万万个具体的擒拿实用技术。由于擒拿多是以敌我实用技术的形式呈现给世人,所以绝大多数练习者更加关注敌我对抗的实用技术,进而24技单字本身的来源和技法深意就自然而然地被马虎过去了。擒拿的技理特点是尚巧,24技非常精细,例如"盘"和"旋","扳"和"折"等都有非常细微的区别,不作细致地阐述和扎实地亲身体认,初学者极容易混淆,也就很难把擒拿这座宝殿的地基夯实。

本书第一章对于擒拿进行提纲挈领的概述;第二章重点表述擒拿攻防的重要目标;第三章以图为主着重阐述擒拿24技的出处、特点和常见组合;为了夯实基础,第四章重点给读者提供了简单易行的擒拿功法。

本书是在笔者的《擒拿24技述真》和《擒拿基础小功法》的基础上,对擒拿技理进行了更加精炼的梳理和阐述,三本小书是一个入门系列,希望能为擒拿初学者和武术爱好者提供一些帮助和参考;也希望中华武技能够在弘扬民族拼搏精神,助推民族斗志与人民健康等方面发挥出一点点作用。

目 录

第一章　擒拿概述 （1）

第一节　擒拿是什么 （1）

第二节　擒拿历史与经典秘籍 （7）

第二章　擒拿攻防的主要目标 （15）

第一节　骨关节与擒拿 （16）

第二节　神经系统与擒拿 （42）

第三节　人体重要部位与擒拿机理 （54）

第三章　擒拿24技概述 （89）

第一节　擒拿24技出处与要点 （89）

第二节　擒拿24技的界定与常见组合 （100）

第三节　擒拿24技的常见组合汇总 （219）

第四章　擒拿技术功法简述 （221）

第一节　擒拿技术功法略说 （221）

第二节　擒拿24技功法实例 （227）

第一章 擒拿概述

擒拿以独特、精邃、变幻无穷的技理成为各门派的不传之秘。擒拿技术作为传统武术中独树一帜的技击法，历史悠长，是中华民族千百年来在实践中不断积累和总结出来的近身搏击技术。擒拿有着悠久浓厚的历史并承载着丰富的文化底蕴，是中国传统文化的集中体现。然而，也正是受到传统文化，特别是门户观念的影响，加上其杀伤性大的技法特点，擒拿成为各门各派深藏的秘技，几乎不外传，少有文字记载，这使得真正洞悉擒拿真谛者鲜而有之。

第一节 擒拿是什么

擒拿在武技中很独特，它集中体现了中华武术实用技击的精髓。它是徒手搏击中最精妙的实战技法，其理博大精深，其法奥妙无穷，其术千变万化。那么擒拿的内涵是什么呢？擒拿真的这么神奇吗？

一、擒拿定义

笔者根据研学积累和文献调研查到一些擒拿定义，有十二种之多。

我们重点分析两个擒拿定义。一个是武术八段的擒拿专家赵大元先生在《实用擒拿学》中为擒拿下的定义：擒拿是以击打招拿要害部位、抓经拿脉、分筋错骨为主要手段，融踢、打、摔、拿为一体，刚柔相济，阴阳互变，周流圆活，以巧取胜的一种实用技击术。

另一个是《中国武术百科全书》、百度百科和360百科中的擒拿定义：擒拿属于中国武术技法之一，源于技击。利用人体关节、穴位和要害部位的弱点，运用杠杆原理与经络学说，采用反关节动作和集中力量攻击对方薄弱之处，使其产生生理上无法抗拒的疼痛反应，达到拿其一处而擒之的效果。

两个定义最大不同点是：前者重点强调了擒拿是"融踢、打、摔、拿为一体"的技击术，而后者主张擒拿是中华武术的四大技法之一。（图1-1-1）

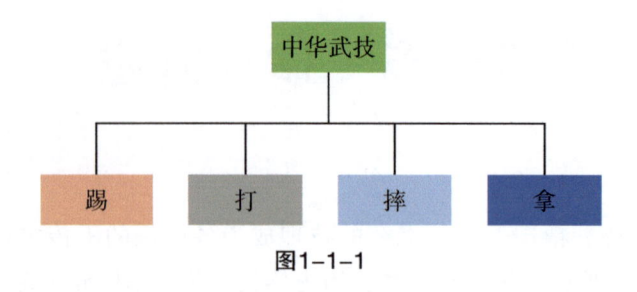

图1-1-1

首先，擒拿是中华武技中非常有特色的一部分，这是百科擒拿定义强调的。事实上，在中华武术四门功课"踢打摔拿"中，擒拿处于较高层次，如果没有踢打摔的基本能力，那么在你来我往、瞬息万变的搏击实战中运用擒拿技术控制住对方是不可能的。

其次，擒拿中也包含着踢打摔，但和常用的踢打摔有所不同，擒拿的踢打摔是精踢、细打、巧摔，加上巧妙的关节控制，所以擒拿讲求"以巧取胜"，更加注重技术细节。细节决定了擒拿在武技中的高层地位。

因此，擒拿不仅仅是中华武技的四分之一，更是融精踢、细打、巧摔、妙控为一体的高级技击术。（图1-1-2）

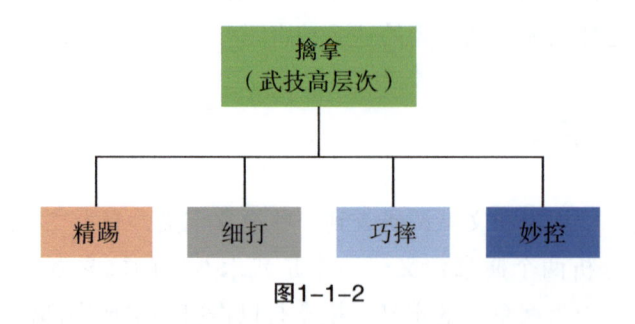

图1-1-2

由于篇幅限制，我们不做擒拿定义"属+种差"的详细分析，笔者目前认为可以将擒拿重新定义为：擒拿属于中国武术技法，是崇尚技巧的精细技击术，主要以人体解剖、经络学说和力学原理为依据，采用踢、打、摔、控制等技术攻击对方关节、穴位和要害部位的弱点，使其产生不易抗拒的机能反应，达到制服或使其丧失反抗能力的效果。（图1-1-3）

```
                  ┌─ 属 ──── 擒拿属于中国武术技法，是崇尚技巧的精细技击术
                  │
                  │         ┌─ 运用依据 ── 主要以人体解剖、经络学说和力学原理为依据
                  │         │
                  │         ├─ 技术特点 ── 采用踢、打、摔、控制等技术
擒拿定义 ─┤         │
                  └─ 种差 ──┼─ 攻击目标 ── 关节、穴位和要害部位的弱点
                            │
                            ├─ 攻击反应 ── 使其产生生理上不易抗拒的机能反应
                            │
                            └─ 攻击效果 ── 达到制服或使其丧失反抗能力的效果
```

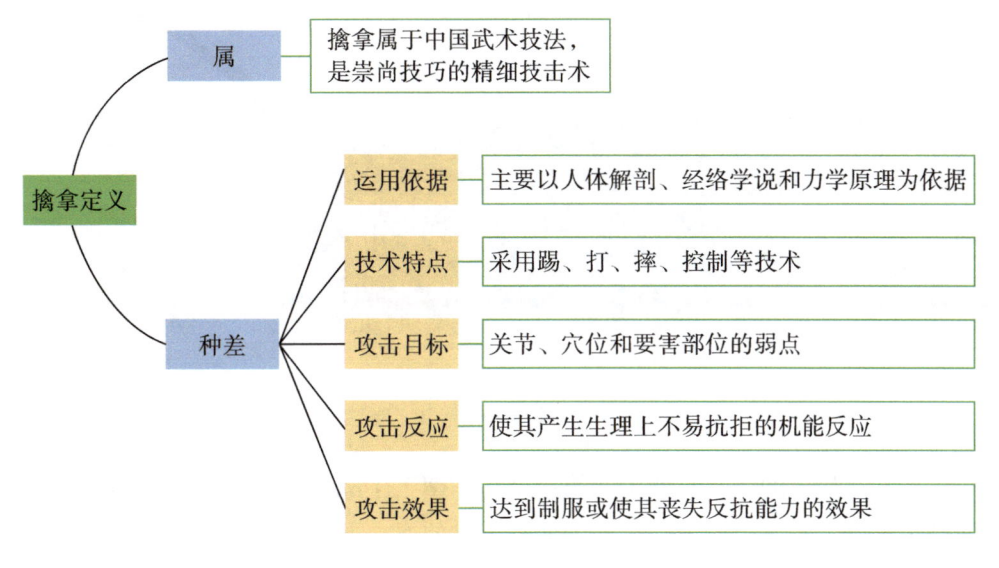

图1-1-3

二、擒拿内涵

擒拿秘籍《九重天》口诀中有"分筋断骨扣锁忙，掐穴拿脉自主张""抓经拿脉消其力，分筋错骨鬼神哀"的表述。我们可以把擒拿分为两大部分。一是以"擒"为主的"分筋断骨"技术，二是以"拿"为主的"抓经拿脉"技术。我们依据什么把擒拿分成擒和拿两大类呢？我们先看看擒字的最早写法。

禽（qín）：原意是鸟、兽的总称，如五禽戏就包含虎、鹿、熊、猿和鸟。后来特指鸟类，如家禽，飞禽走兽。"禽"是"擒"的本字，古通"擒"。禽，早期甲骨文❉是网口向上的"网"。网口朝下（❉）表示在地面狩捕鸟类或小动物，网口朝上表示用网罩在空中追扑飞行的鸟雀。晚期甲骨文❉（开口向上的网）多了一个✚，"✚"是"又"（❉）的变形，是抓持的意思，❉表示持网捕鸟。金文❉在网罩上方加一个盖子❉，表示将抓捕的鸟雀放在封闭空间里。石鼓文❉误将金文的罩盖❉写成"今"❉，并将早期金文❉的"又"❉（抓）写成❉（手持网柄）。篆文❉承续金文字形（图1-1-4①）。当"禽"的"捕鸟"本义消失后，篆文再加"手"另造"擒"代替。擒的造字本义：持网捕鸟（图1-1-4②）。

①

图1-1-4

"拿"最初的字形有两个，第一个是"挐"（ná），上面是如果的如，下面是手，第二个"拏"（ná），上面是奴隶的奴，下面是手。

挐：牵引，同"拿"。拏，持也（许慎《说文解字》），也有搏斗、捕捉的意思。现在常用的"拿"字到唐代才出现，并有了"捉拿"意思。元明时期，"拿"的使用频率已占绝对优势，"挐"逐步消失。明朝时"拿"的意义与用法与现代基本汉语一致，"拏"逐渐被"拿"所替代。（《新校园·上旬刊》2015年第02期作者：冯丽 "拿"字语义的历时演变）

中国字很形象。现在的"拿"字上下看就是合手，拿字也有过左右合手的写法（图1-1-5）。拿的主要意思：一是用手握住或抓取，二是强取，捕捉，拿获。

从两个字的原意和历史演变来看，两字的原意与武术擒拿的内涵非常贴切。"擒"是持网捕鸟。对应着擒拿中的"分筋错骨"，是多采用优势力量，对其关节等薄弱部位进行包围式的控制与攻击。"擒"主要运用省力杠杆、合力分力等

图1-1-5

力学原理，针对人体表层的肌肉、筋腱、关节、骨骼等薄弱之处，对其进行分筋、错骨、断骨等。"擒"的目的是让对方跑不掉。

拿的本意则是合手，用力抓握、捕捉。对应"抓经拿脉"技，该类技术是以经络学说、人体解剖学为基础，主要针对人体较深层的神经、穴位、经脉等薄弱之处，进行点对点的精确攻击。"拿"主要目的是让对方损失对自身控制的能力，更直白的表达就是让对方使不出来劲。较为形象的比喻："擒"像蟒蛇缠捆猎物（图1-1-6），"拿"似猎豹咬住猎物的喉咙（图1-1-7）。

4

图1-1-6　　　　　　　　　　　　图1-1-7

擒和拿总体目的都是使对方劲力不能很好地发挥，但擒与拿依据的原理不同；使用的方法不同；针对的目标也不同。但要提醒大家的是在擒拿技术运用时，擒与拿不能明显分开，常常是擒与拿共同使用，秘籍《九重天》第一个口诀——"总诀"说得好："只擒不拿枉费力，只拿不擒反招打"。当你勒住对方颈部，但没有勒住咽喉，对方没有遭到较大的伤害，你使再大的劲力也是白费力气；当你掐对方的咽喉，但没有同时控制住对方的手脚，对方肯定全力反击。擒和拿运用时一定不能分开，我们分开来讲述，是为了让大家从理论上更加清楚擒与拿的本质和特点：擒是网式控制，拿是点对点的精准攻击。

第二节　擒拿历史与经典秘籍

一、擒拿最早的文字记载

《春秋·公羊传》记载的"万怒，搏闵公，绝其脰"是迄今为止我们发现的最早记录擒拿的文字。公元前684年的春天，齐国与鲁国在长勺（今山东曲阜北）展开大决战（图1-2-1）。鲁国国君听从曹刿的名言，"夫战，勇气也，一鼓作气，再而衰，三而竭。彼竭我盈，故克之"，大败齐国军队。齐桓公

图1-2-1

本想通过此仗称霸诸侯，没想到败得很惨。

齐桓公派鲍叔牙联络宋国，一起攻打鲁国以一雪前耻。此时是公元前688年，宋庄公去世，宋闵公即位。宋闵公很想在新君上位时搞出个大政绩来，一听要联合出兵攻打鲁国，就非常爽快地答应了。他派出著名的大力士、大将军南宫长万为主帅，率领宋军浩浩荡荡杀向鲁国。齐国主帅是大名鼎鼎的鲍叔牙。

鲁国公子偃（鲁庄公兄弟）认真地观察了齐宋两国军队的营地。齐国鲍叔牙的大营，军容整齐，不可小视，宋国大将的南宫长万自恃勇力，军容不整。鲁国公子偃决定先打宋营，只要战胜宋军，齐军自然就会退回。公子偃让手下士兵、战马蒙上老虎皮，趁夜色朦胧，发起突袭，猛攻宋营，宋兵一看老虎来了，阵营大乱，纷纷逃跑。主帅南宫长万却临危不惧，手拿大戟，左突右冲，所到之处，人仰马翻，所向披靡。鲁国士兵都被南宫长万的神勇震慑了，不敢靠近。情急之下，鲁庄公请出了他的国宝级武器，当时杀伤力最强的弓——金仆姑。鲁庄公射中南宫长万，南宫长万做了鲁国的俘虏。

鲁庄公两战两胜，但他知道这两个邻国谁也不能得罪，就分别向齐、宋示好。随后，又把南宫长万释放回国。

六年后的一天，宋闵公大宴群臣，喝到高兴时，他让各位大臣都露一手绝活以助酒兴，大臣们有的唱歌，有的跳舞，有的舞剑，轮到南宫长万，他玩起了抛大铁戟的功夫。3米多长的大铁戟单手抛到天上，然后稳稳地接住，再抛再接，一连十几次，众人掌声不断，叫好声不绝于耳。宋闵公见人们都给南宫的喝彩，抢了彩头，心中不乐。他跟南宫长万下棋，并约定谁输了罚酒一大杯。南宫长万君命不可违，只好跟他下棋。诸侯君王都有自己过人之处，宋闵公擅长下棋。南宫连输5盘，5大杯酒过后，人就开始晕乎了。宋闵公为君不敬，说了不该说的话："你这俘虏的手，再怎么下也还是输！"南宫长万毕竟是统帅千军万马的大将军，气得差点蹦起来，众人赶紧安抚。本来事情就算过去了，巧合的是这时候来了周天子的讣告。

周天子驾崩，诸侯应该派人去吊唁。南宫长万也是为了找个台阶下，主动请愿："臣从未到过都城，愿意带君主前去吊唁。"宋闵公确实是个昏君，说了他在世上的最后一句话："宋国再没有人，也不能派个俘虏去天子之都啊……"南宫长万再也忍不住了，大吼一声："欺人太甚！你可知道俘虏也会杀人吗？！"轮起棋盘就飞砸过去，上步进身，直接就撅断了宋闵公的脖子。这就是最早的擒拿文字记录——"万怒，搏闵公，绝其脰"的故事（图1-2-2）。脰古时指脖子，"绝其脰"就是撅断闵公的脖子。后来，南宫长万逃走，因弑主失去人心，最终被杀。

图1-2-2

南宫长万弑主是发生在公元前682年，距今大约有2700多年了。这是目前发现最早的有关擒拿的文字记录，但实际的断颈技术肯定早就存在了。

二、擒拿简史

擒拿在我国有着悠久的历史，但由于擒拿是武术中的利器，一直被严格措施保密，不予轻意示人。在擒拿理论上，擒拿武技必然会从各朝各代、诸子名家中的众多哲理中得到滋养与完善。例如，擒拿的技术风格和劲力使用有可能借鉴了《庄子·内篇》中的"以巧斗力者，始乎阳，常卒乎阴，泰至则多奇巧……且夫乘物以游心，托不得已以养中，至矣"。擒拿内功养生理论中也有较多内容的借鉴，例如《九重天·无极诀》中的"形须神立，气盈乃壮。善行氣者，内以养身，外以御恶。故，欲九重者，守真抱一，专氣致柔，镇以恬素"。就借鉴了《道德经》中的"载营魄抱一，能无离乎？专气致柔，能婴儿乎？涤除玄览，能无疵乎？"但从总体来看，擒拿理论的历史资料非常少，历史沿革也就较难厘清。

武术很多拳种中都有自己擅长的擒拿技术，但各拳种都秘而不传，所以擒拿技术的历史资料非常稀缺。从擒拿技术层面，我们可以简单划分为：擒拿发端于春秋时期，勃兴于秦汉之际，而极盛于明清今世。最早见诸文字的擒拿技术在春秋战国时期。

秦汉三国之间，擒拿技术得到了丰富和发展，从固守传统头颈部技向人体两侧的擒拿技术发展，出现了绝肮压脉、拿腕折臂等技术。肮háng，本义：管状骨。是指喉咙。《史记·陈余传》有记载："乃仰绝肮，遂死。"在《史记·刘敬叔孙通列传》中有"夫与人斗，不搤（è）其亢（háng），拊（fǔ）

7

其背，未能全其胜也。"意思是与别人搏斗时，不掐住他的咽喉，而击打他的后背，是不能完全获胜的。汉代百戏角抵技，也常有"抓把""抱腰腿""握举""锁扣"等技法盛行于百戏之中。在《中国武术发展史纲要》中记录："至秦汉三国即更明确地提出锁扣之法""至隋唐又明确提出抓拿…等技法"。

宋元时期擒拿技术逐渐系统化，对手臂部位的擒拿技术的探索更加广阔和深入。如《武术汇宗》中记载"至五代宋元又出现，分明八打与暗八打……技法分刁拿锁扣，速小绵软巧……分筋、错骨、点穴……等手法"。

明代擒拿则更加注重制人技而非杀人技，在擒体技、拿穴技等技术上得到了极大发展，技法丰富多彩，《江南经略》中就载有"三十三拿""三十六解"等。到清代，擒拿技术更加完善，缠技运用而生，并出现了诸如江宁大侠——甘凤池"七十二势地煞拳"等擒拿套路。

杨宝生先生在《中国传统擒拿三十六式》中记载："擒拿技术的发展大抵经历了折杀、压脉、拿制、拿穴、缠技等五个阶段，从而日臻完备，蔚成大观。"杨宝生先生认为擒拿的技术发展经历五个阶段，笔者也曾经引用过，但对于擒拿技术的历史发展，一是折杀取命，二是生擒活捉，两类技术应该是时间越早，折杀取命的技术运用就越多，时间越往后发展，文明越发达，生擒活捉的技术就越多。

三、武术瑰宝：擒拿秘籍《九重天》

（一）真实存在的秘籍

"降龙十八掌""独孤九剑""九阴真经""乾坤大挪移"，这些秘籍都是小说里杜撰的，不是真实存在的。但，武林秘籍真的没有吗？答案是有的。

到目前为止，《九重天》是唯一一部擒拿秘籍。为防内容外泄，秘籍口诀都用篆体书写，且无序排列。直接翻看，尤如天书，根本无法看懂，在密码学中是第二代加密法，也就是位移法，没有前辈亲传的"心诀"，根本无法译成正常的口诀。心诀就是解密的核心，也就是密码学最关键的概念——钥匙。我们以第一个口诀为例，总诀破译心诀是"隔二跳一逢四看"这句话就是解密的钥匙。

从图中我们可以隔二跳一地读出总诀的第一句，"擒拿技法先师传，世人鲜有知中味"。（图1-2-3）以此类推，则可以把总诀逐句翻译出来。

图1-2-3

（二）武术中为什么擒拿有秘籍？

武术几千年的历史，上百种的拳种大多没有秘籍出现，为何擒拿有秘籍？

第一是得来不易。在冷兵器时代，擒拿精要是最上乘武功，是千百人在生死攸关的搏杀中用性命换来的。第二是学理容易。擒拿技艺的精妙多在理论上，这些理论就是一层窗户纸，一捅就破。第三是实用精巧。擒拿技术实用性很强，用起来很方便，擒拿的巧真能破千斤，以小博大，以弱胜强。第四是传承选择。在古代武功高强之人可以建功立业，可以封妻荫子，好东西肯定传给自己信赖的人。若传与歹人，做出伤天害理的事情，怕遭天谴。第五是传播环境。古代门户观念严重，作为武术的"杀手锏"需要有严格的保密措施。

（三）密中之密的前三图

擒拿秘籍《九重天》只有短短13页，分为10个口诀，共有大篆字1763个，可以说是惜字如金。值得注意的是九重天的前三页分别是河图、洛书和铁板幻方。前人为什么用三图作为擒拿秘籍的开端呢？前三图的内在关系是什么？前三图与擒拿有着什么样的关系？一系列的问题都摆在我们的面前。

河图、洛书是华夏文化的源头，也是易文化的发端，同时也是武术文化的根基。河图之象、河图之理及河图之数精深奥妙，洛书亦有洛书之象、洛书之理及洛书之数，与河图相映成辉，都是体道、悟道的入手之处。河图、洛书将大道以图的方式呈现出来。其妙处是能化繁为简，简絜的图象涵盖着诸多精深的义理，可谓"藏万于一，纳须弥于芥子"。天人性命之道以河图、洛书为体现载体。河图洛书为我们指明习武的终极目标就是要体悟天人合一的性命大道。（图1-2-4）

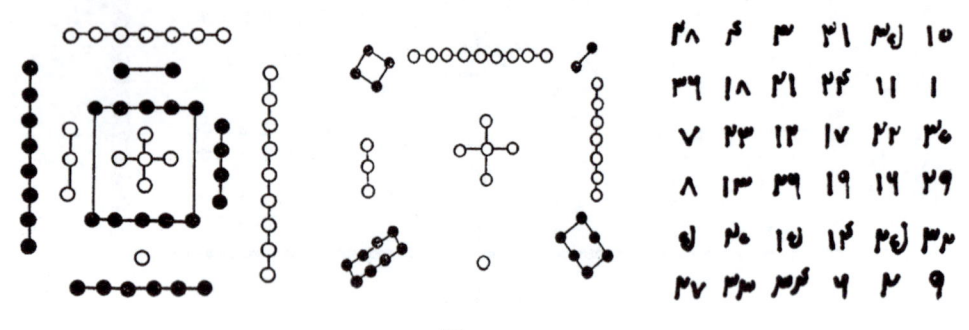

图1-2-4

第三图是铁板幻方，但为何第三图是铁板幻方，而不是先天八卦或者后天八卦？它的深意何在？这一问题曾经困扰笔者很长时间。铁板幻方是6阶幻方，每行、每列及两条对角线上的6个数之和都是111。去掉六阶幻方最外一层数字，剩下部分是一个幻和为74的四阶幻方，即每行、每列及两条对角线上的4个数之和都是74。而六阶幻方4个外角的数（27、10、28、9）之和也是74，是一个"完美幻方"。另外，洛书还是世人公认的最早的3阶幻方，亦被称为"九宫图"。由于数字方阵具有变幻莫测、高深玄妙的特性，国际上通称之为"幻方"（Magic Square）。（图1-2-5）

28	4	3	31	35	10
36	18	21	24	11	1
7	23	12	17	22	30
8	13	26	19	16	29
5	20	15	14	25	32
27	33	34	6	2	9

铁板幻方　　　　　　　　铁板幻方数字表

图1-2-5

幻方的玄妙同步彰显着擒拿尚巧、善变的总体风格。擒拿系统的精细复杂、易变善变之中，还暗藏着一个擒拿系统的本质特点就是精妙的"紧致耦合（tight coupling）"系统。所谓"紧致耦合"指一个系统中缺少缓冲地带，没有失误的余地。擒拿控制就是要严丝合缝，不给对方留一点点的机会。擒拿与幻方的特点是一致的。

（四）秘籍的具体内容

《九重天》是唯一一部全面阐述擒拿心法、功法、技法的武术秘籍。为了更好地了解这部秘籍，先给大家简单介绍它的整体框架。书中10个口诀详述了擒拿的层次、内功心法、攻守原则、运用原则、劲力特点、生理依据、经典技术等等。

各个口诀与具体内容的对应关系：

1总诀——层次概况，2无极诀——内功心法，3两仪诀——攻守原则
4三才诀——技法特点，5四象诀——运用原则，6五行诀——劲力特点
7六合诀——功法训练，8七星诀——生理依据，9八卦诀——经典技术
10九宫诀——总原则。（图1-2-6～图1-2-9）

图1-2-6

图1-2-7

　　　　六合诀　　　　　　　七星诀　　　　　　八卦诀
　　　　行功要点　　　　　生理依据　　　　　经典技术

图1-2-8

　　　　　　　　　　九宫诀
　　　　　　　　　　总原则

图1-2-9

　　由于篇幅有限，大家如果需要更多地了解这本珍贵的秘籍，可以阅读赵大元先生撰写的《擒拿秘籍"九重天"译注》。

第二章　擒拿攻防的主要目标

擒拿是一种以巧取胜的实用技击术，其攻防的目标非常重要，也就是攻击点要精巧，不能打敌人结实的后背，而是要掐其喉，正如《史记》中所言："夫与人斗，不搤其亢，拊其背，未能全其胜也。"人体的咽喉、裆部、筋腱、关节、穴位等是人体要害和薄弱部位，也是擒拿攻击和重点防守的目标，所以学习擒拿技术，必须了解人体的生理结构和运动规律，其技术和机理是密切联系、不可分割的。

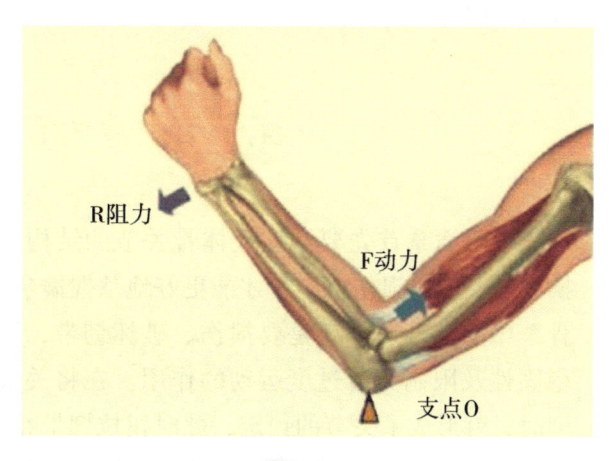

人体的运动是以骨为杠杆，关节为轴，以肌肉收缩为动力，在神经支配下和生命系统的维持下完成的。（图2-0-1、图2-0-2）因而在学习实用擒拿技术时，第一要掌握骨骼、关节的结构和运动规律，擒拿技术多是利用擒拿者和被擒者的骨杠杆针对其轴（关节）的结构特点、运动特点，实施不同的技术从而形成擒拿控制。第二必须了解神经系统，尤其是运动神经在肢体的走向和浅显部位，这是擒拿技术

图2-0-1

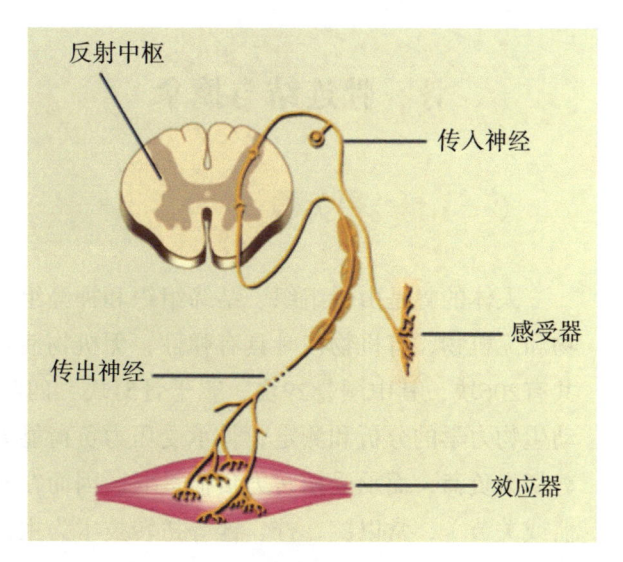

图2-0-2

中掐拿、击打的要害部位之一，神经一经掐拿、击打，就会产生触电般的酸麻感，从而失去抵抗或反击能力。第三要了解维持人体生命的组织和器官，包括：大脑、五脏六腑、经络、血脉、淋巴等，它们主要分布在头、颈、胸、腹4个部分，是人体生命系统的主体部分，在体内构成具有一定功能的系统（神经系统、内分泌系统、血液循环系统、呼吸系统、消化系统等），保持着人体各种复杂的生命活动。因而对头部和主躯干（生命系统）各主要环节和要害部位的击打、掐拿，往往会对人体造成重大伤害，甚至危及生命。

在了解擒拿重点目标之后，还要了解并掌握擒拿针对的重点部位的结构特点、运行方式和损伤机制，这对掌握擒拿技术和深入了解擒拿技理都能起到积极的作用。

第一节　骨关节与擒拿

学习擒拿首先要掌握人体骨关节的结构、运动方式和运动特点，再了解擒拿骨关节的损伤机制，才能更好地掌握擒拿基本技理。擒拿强调的"分筋错骨"中的"分筋"就是要损伤、破坏韧带，因为韧带有连接两骨、增加关节稳固性及限制关节过度运动的作用。在将关节固锁、扭转并超越到其最大限度时，就形成了关节的锁定，此时扭拉韧带和挤压神经就会造成剧烈疼痛（分筋）；若超过其运动极限（错骨），便会造成整个关节的破坏性损伤。

一、骨、骨连结与擒拿

（一）骨与骨关节

人体的骨是由骨组织、结缔组织和神经组织构成。骨的化学成分包括有机物和无机物，有机物使骨具有弹性，无机物使骨具有坚固性。成人身上的骨骼共有206块，其中颅骨29块，躯干骨51块，四肢骨126块（图2-1-1）。根据运动生物力学的分析和测定，骨承受压力负荷能力最强，其次是承受拉力负荷和剪切力负荷，而承受扭转力负荷最弱。因而在实施凶狠的擒拿技术时（针对骨骼或关节），常以旋、拧、锉等扭转技术为主，更加容易造成骨和关节的损伤（图2-1-2）。

第二章 擒拿攻防的主要目标

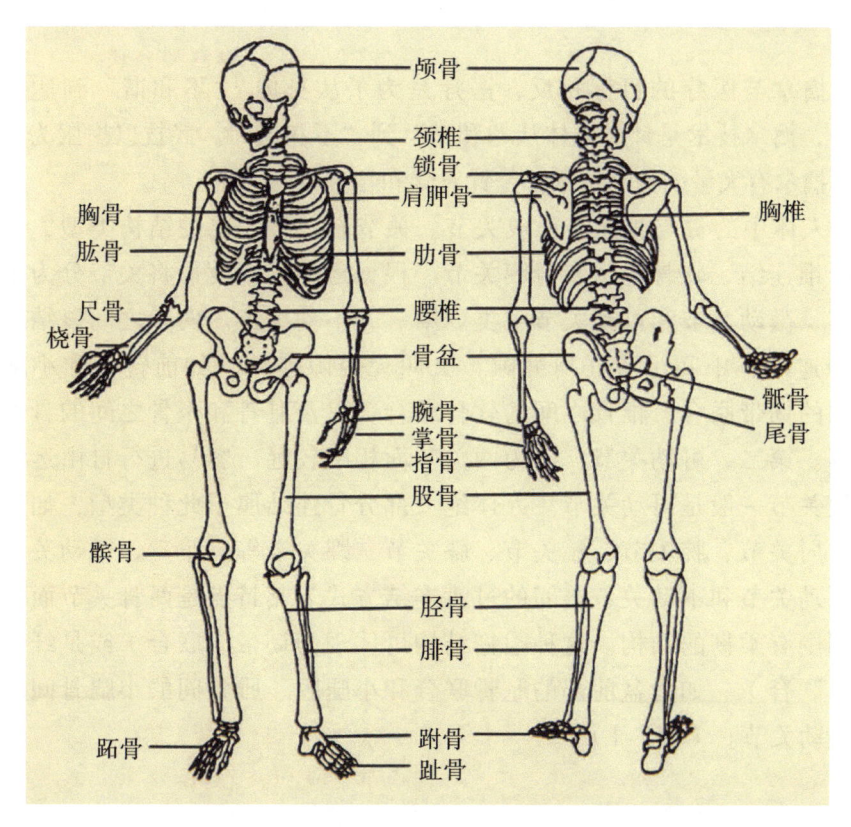

图2-1-1

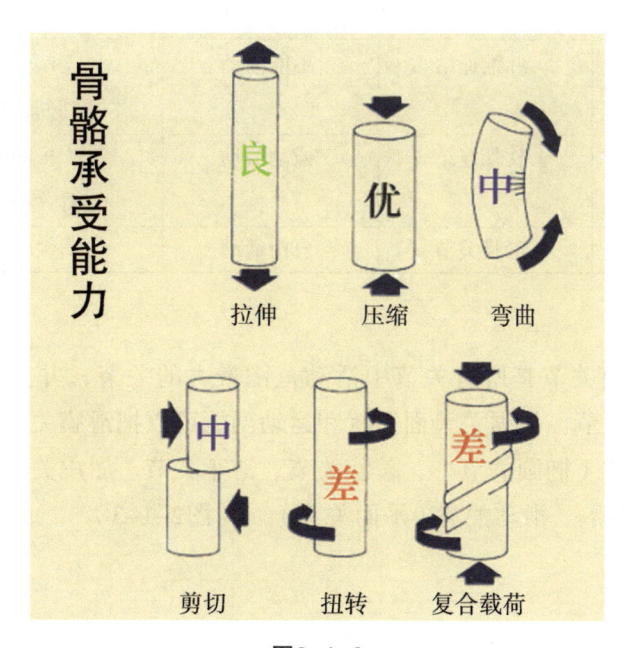

图2-1-2

擒拿与医疗的目标相反，医疗是为了从身体"不和谐"到达"和谐"，擒拿技术是针对人体从"和谐"到"不和谐"。武技以擒服为高，所以擒拿有大量的控制技术都是针对骨和骨关节的。

人体中的骨与骨连结形成关节。关节有三种主要的结构类型，分别是纤维连结、软骨连结和滑膜关节。根据运动的幅度可将关节分为不动关节、微动关节和可动关节三类。第一，不动关节。两骨之间以结缔组织相连结，中间没有任何缝隙，又叫无腔隙连结。如前臂骨和小腿骨之间的韧带联合，椎骨之间的软骨结合，以及耻骨和坐骨之间的骨性结合等。第二，可动关节。因为两关节面相距较远，容易进行自由运动。滑膜关节一般是可动关节。人体绝大部分骨连结属于此种类型，如肩关节、肘关节、腕关节、髋关节、膝关节、踝关节等。第三，微动关节。是可动关节和不动关节之间的过渡连结方式。其特点是两骨关节面之间或周围有柔韧的结构。这种柔韧结构可体现为韧带（联合）或是纤维软骨（联合）。如骨盆前部的耻骨联合和小腿胫、腓骨间的小腿骨间膜都属微动关节。（表2–1）

表2–1 关节的结构和功能

关节功能	关节结构	关节活动度	范例
不动关节	纤维连结	不能活动	颅骨的骨缝 胫腓韧带联合
微动关节	软骨连结	微动活动	椎间的关节 骨盆的耻骨联合
可动关节	滑膜关节	自由活动	肩关节、膝关节

由于滑膜关节是所有关节中活动范围最大的关节，并且擒拿技术主要针对滑膜关节。根据关节面形状和运动功能可以把滑膜关节分为球窝关节、髁状关节（椭圆关节）、鞍状关节、滑车关节（屈戌关节）、车轴关节（圆柱关节）、滑动关节（平面关节）。（图2–1–3）

第二章　擒拿攻防的主要目标

①　　　　　　　　②　　　　　　　　③

④　　　　　　　　⑤

⑥

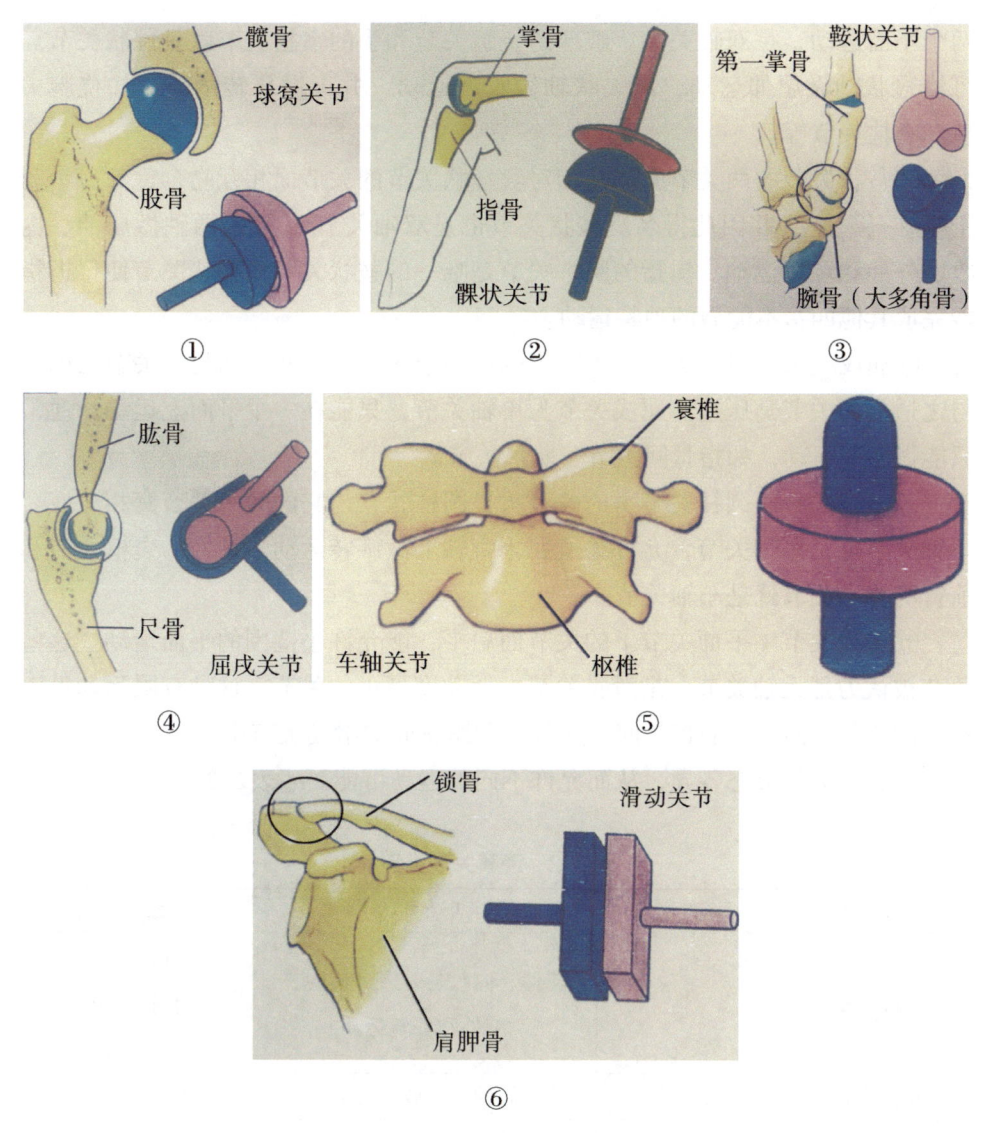

图2-1-3　滑膜关节分类

①球窝关节由球状关节头和较浅的凹面关节窝组成。球窝关节有最大运动的可能，可做屈、伸、收、展、旋内、旋外和环转运动。它是三轴关节，可在矢状面、冠状面和水平面3个平面上运动。典型的球窝关节包括肩关节和髋关节。

②髁状关节（椭圆关节）类似球窝关节，但其卵圆形的关节面接近于扁平的环或椭圆。一些关节面类似于前面描述的骨圆形隆突，即髁。髁状关节能在

17

两个平面运动，是双轴关节。腕部的桡腕关节和手的掌指关节就是髁状关节。可沿冠状轴做屈伸运动，沿矢状轴做收展运动，并可做环转运动，如桡腕关节、寰枕关节等。

③鞍状关节的两关节面凹凸相对。鞍状关节的关节面相互吻合，像一个骑士坐在马鞍上，并因此得名。鞍状关节也是双轴关节，可沿两轴做屈伸、内收、外展和环转运动。拇指的腕掌关节是唯一的鞍状关节。鞍状关节使得拇指能完成其他四指不能做的独特运动。

④屈戌关节（滑车关节）关节中的一关节头呈滑车状，而另一关节面则有与之适应的关节窝压迹。屈戌关节为单轴关节，只能在一个平面上运动。通常只能做屈伸运动，如指骨间关节、肱尺关节。

⑤车轴关节（圆柱关节）的关节头呈圆柱状，与它的另一关节窝相适应。车轴关节也是单轴关节，允许关节在垂直轴上做旋转运动。颈椎的寰枢关节和前臂的桡尺关节就是车轴关节。

⑥滑动关节（平面关节）的关节面扁平，能允许小范围的平面运动。这些关节被认为是无轴关节，是滑膜关节中活动度最小的关节。这种有限运动见于椎骨的关节突间、上肢带骨间、腕骨间和跗骨间的滑动关节中。

滑膜关节的形态各异，从而允许不同的运动可能。（表2-2）

表2-2　滑膜关节类型

关节类型	平面/轴数	活动方式	举 例
球窝关节	三轴	屈伸、内收、外展、旋内、旋外和环转运动	肩关节 胸锁关节 髋关节
鞍状关节	双轴	屈伸、内收、外展	拇指的腕掌关节
髁状关节 （椭圆关节）	双轴	屈伸、内收、外展	桡腕关节 寰枕关节
屈戌关节 （滑车关节）	单轴	屈伸	指骨间关节 肱尺关节
车轴关节 （圆柱关节）	单轴	旋转	寰枢关节 桡尺关节
滑动关节 （平面关节）	无轴	平面运动	肩锁关节 腕骨间关节

(二) 人体重要关节

人体一举一动都离不开关节，或者说没有关节也就没有人体运动，关节是人体骨骼的重要连接方式，起着铰链、杠杆和减震器的作用。对于武术擒拿，人体的六大关节非常重要，六大关节不仅是肢体运动的关键点，也是擒拿控制或击打的针对点。

1. 肩关节

肩关节（shoulder joint）由肩胛骨的关节盂和肱骨头构成，属球窝关节。关节盂周缘有纤维软骨环构成的盂缘附着，加深了关节窝。（图2-1-4）

肩关节为全身最灵活的关节，可做屈伸、收展、旋转及环转等多种运动。肩关节的肱骨头与关节窝的面积差度大，关节囊薄而松弛等结构特征，使它具有灵活性运动的机能。肩关节周围有大量肌肉通过，这些肌肉对维护肩关节的稳固性有重要意义，但肩关节的前下方肌肉较少，关节囊又最松弛，所以是肩关节稳固性最差的薄弱点，也是容易脱位的关节之一（图2-1-5）。特别当上肢处于外展、外旋位向后跌倒时，手掌或肘部撑地，极容易发生肩关节的前脱位。当然，擒拿技术也会针对肩关节的这个特点，加以攻击。

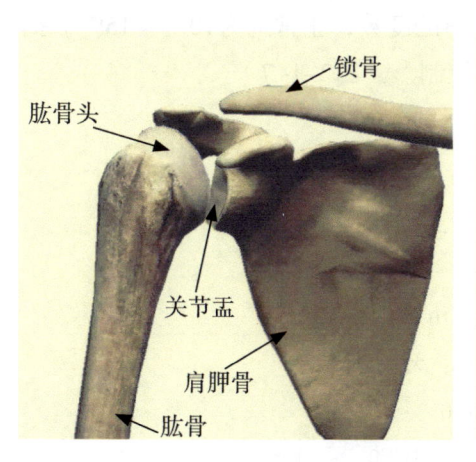

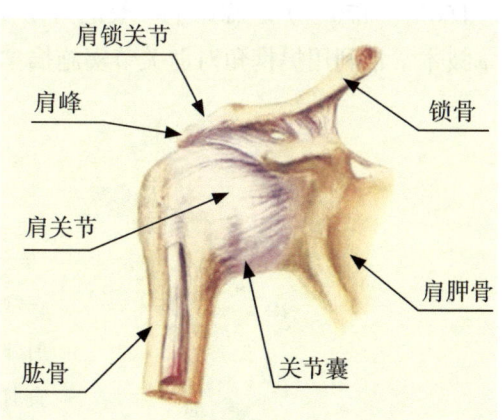

图2-1-4

图2-1-5

2. 肘关节

肘关节（elbow joint）由肱骨下端和尺骨、桡骨上端构成（图2-1-6），包括三个关节，即肱尺关节、肱桡关节和桡尺近侧关节。可做前屈、后伸运动，也参与前臂的旋前和旋后运动。

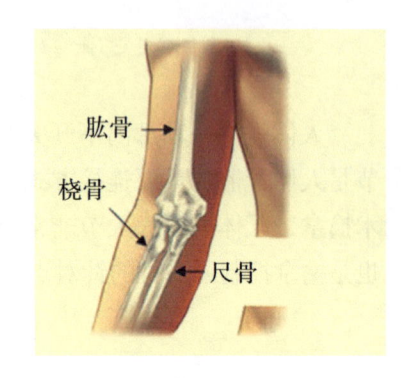

图2-1-6

肘关节是一个复关节，由三个关节共居同一关节囊而成。

（1）肱尺关节：是肘关节的主关节，由肱骨滑车与尺骨滑车切迹构成的滑车关节。可展伸140°。

（2）肱桡关节：由肱骨小头和桡骨的关节凹构成的球窝关节。由于受尺骨的限制只能做曲伸和回旋运动不能做内收外展运动。

（3）桡尺近侧关节：由桡骨环状关节面与尺骨上端的桡骨切迹构成的圆柱关节。

当肘关节伸直，前臂处于旋后位时，上臂与前臂并不在一条直线上，前臂的远侧端偏向外侧，二者之间形成一向外开放的钝角称为肘关节提携角（160°～170°）。临床上一般记为互补角的度数，正常约为10°～15°。擒拿技术常常利用提携角对肘关节实施擒拿控制。（图2-1-7）

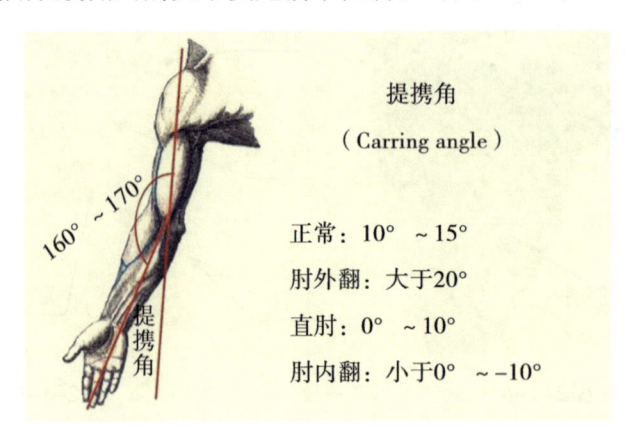

提携角

（Carring angle）

正常：10°～15°

肘外翻：大于20°

直肘：0°～10°

肘内翻：小于0°～-10°

图2-1-7

3. 腕关节

腕关节（wrist joint）又称桡腕关节（radiocarpal joint），是典型的椭圆关节，尺骨不参与此关节的组成。腕关节由手舟骨、月骨和三角骨的近侧关节面作为关节头，桡骨的腕关节面和尺骨头下方的关节盘作为关节窝而构成。（图2-1-8）

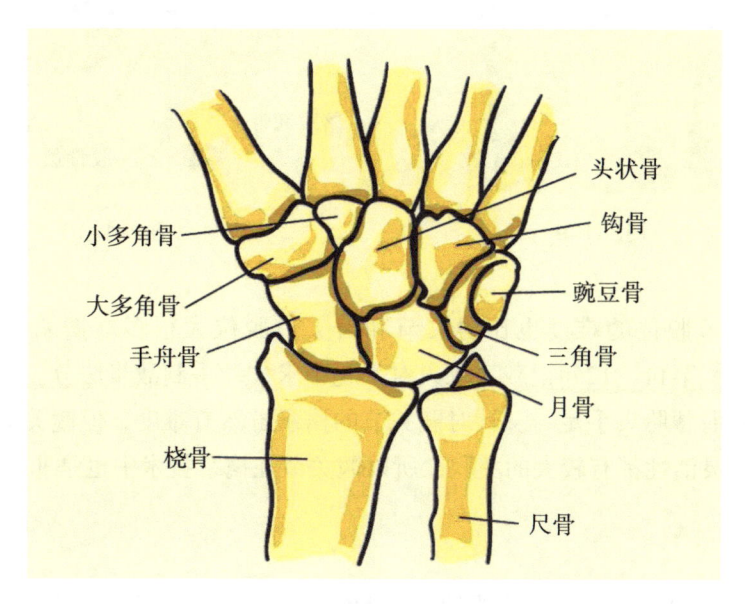

图2-1-8

桡腕关节可做曲伸、内收、外展和环转运动。桡腕关节与腕间关节共活动的范围是：屈最大，约90°，伸45°，内收40°，外展20°，环转度极小。

擒拿秘籍《九重天·总诀》第11句记载"双人对手腕中求，动手制敌步法分"。可见腕关节在擒拿中的重要性。

4. 髋关节

髋关节（hip joint）由髋臼和股骨头组成，属于球窝关节。髋关节为多轴性关节，能做屈伸、收展、旋转及环转运动。由于股骨头深嵌在髋臼中，髋臼又有关节盂缘加深，包绕股骨头近2/3，所以关节头与关节窝二者的面积差甚小，故运动范围较小，灵活性则甚差。加之关节囊厚，限制关节运动幅度的韧带坚韧有力，因此，与肩关节相比，该关节的稳固性大。（图2-1-9、图2-1-10）

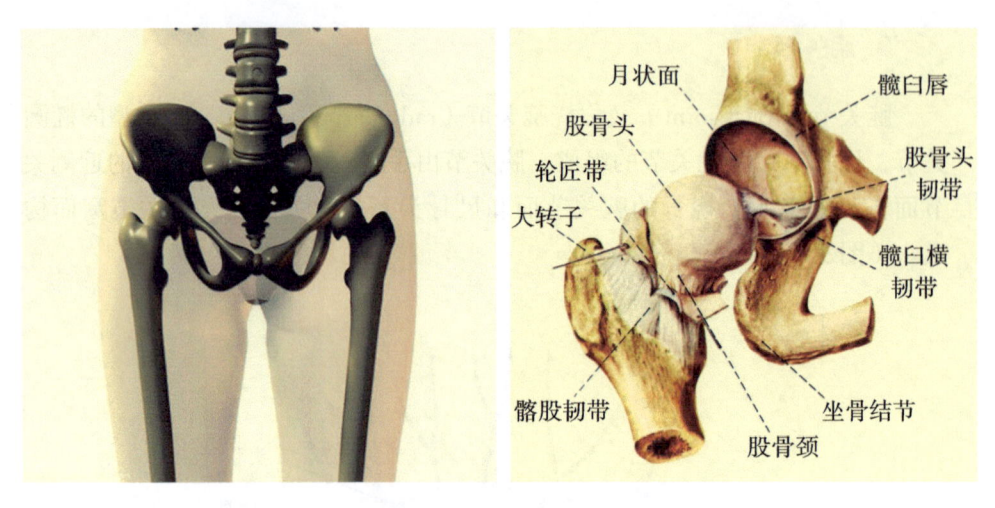

图2-1-9　　　　　　　　　　　图2-1-10

髋关节脱位的难度也比肘关节和肩关节脱位大很多。擒拿秘籍《九重天·总诀》第11、12句记载"双人对手腕中求，动手制敌步法分。上下前后左右使，肩肘膝胯头手足"。针对髋关节的擒拿虽然有难度，但髋关节对于步法和身法的灵活性都有较大的关联，所以髋关节在擒拿技术中也是非常重要的。

5. 膝关节

膝关节（knee joint），由股骨内、外侧髁和胫骨内、外侧髁以及髌骨构成，为人体最大且构造最复杂、损伤机会亦较多的关节，属于滑车关节。（图2-1-11）

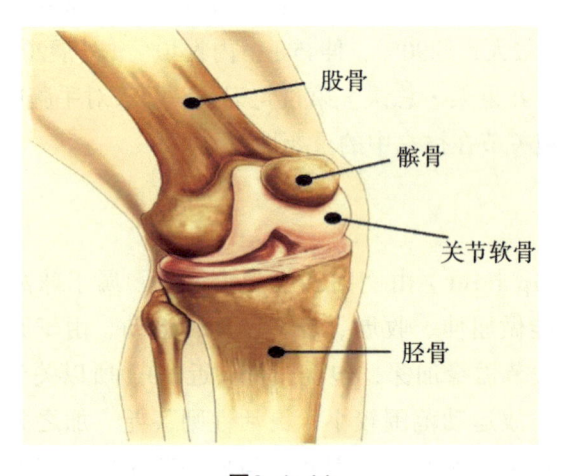

图2-1-11

关节囊较薄而松弛，附着于各骨关节软骨的周缘。关节囊的周围有韧带加固。前方的叫髌韧带，后方有腘斜韧带加强，内侧有胫侧副韧带，外侧为腓侧副韧带。（图2-1-12）

膝关节内有月牙状的关节盘，叫半月板，其内侧大，外侧小。当膝关节半屈于内旋或外旋位时，突然的强力伸膝运动，可使半月板损伤。半月板损伤、前后交叉韧带的撕裂或断裂和内外副韧带的损伤是膝关节常见的运动损伤，这些也是擒拿主要针对的攻击点。

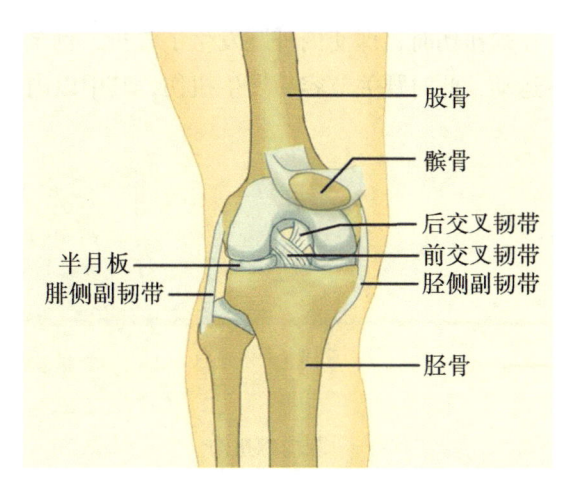

图2-1-12

6. 踝关节

踝关节（ankle joint），由胫、腓骨下端的关节面与距骨滑车构成，属滑车关节。踝关节负重最大，关节面较小，但踝关节囊有韧带加强，内侧韧带从内侧将内踝、足舟骨、距骨和跟骨（图2-1-13）。因踝关节周围韧带强而有力，以致

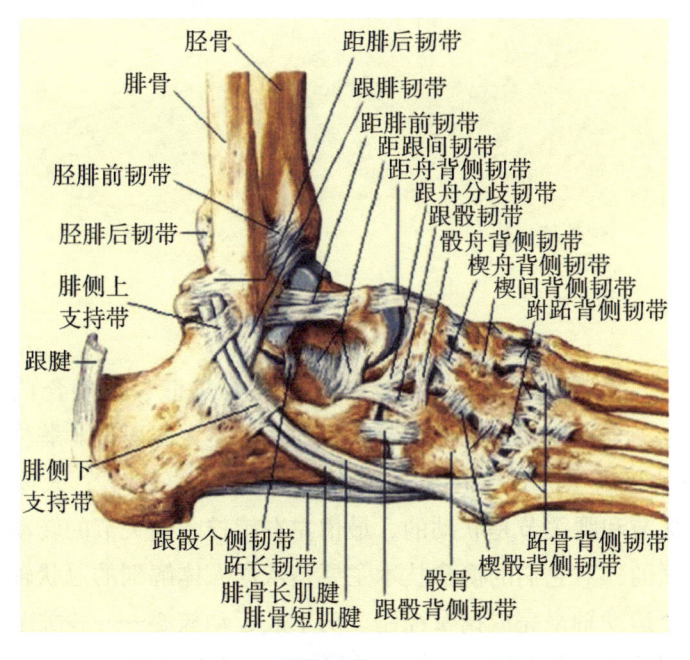

图2-1-13

在踝扭伤时，即使内外踝发生了骨折，韧带却尚未受损。踝关节松动且能做侧方运动，此时踝关节容易发生扭伤，其中以内翻损伤最多见。（图2-1-14）

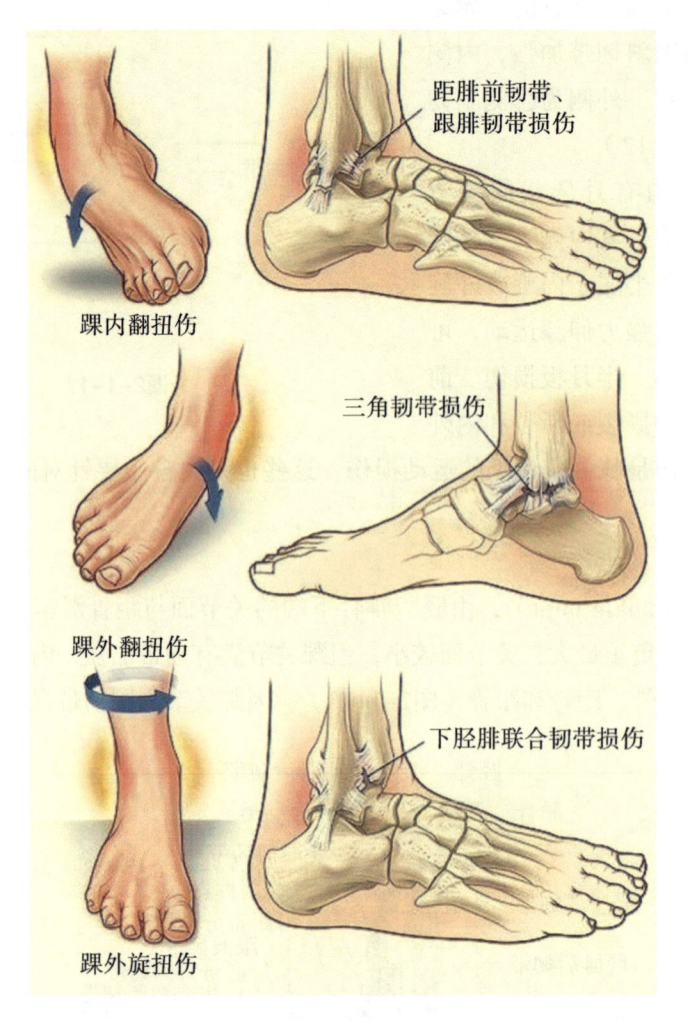

距腓前韧带、跟腓韧带损伤

踝内翻扭伤

三角韧带损伤

踝外翻扭伤

下胫腓联合韧带损伤

踝外旋扭伤

图2-1-14

《九重天·七星诀》中记载："髀杵曲颈看连骸，连骸合核左右旋。髀枢连骸依三定，合核四动骸髀连。"大致的意思是大腿股骨（髀杵）的上端股骨颈是弯曲的。擒拿股骨要看与之有关联的膝关节（骸）。人体下肢髋关节（髀）、膝关节和踝关节是联动的，最怕左右旋拧。髋关节的转动与膝关节的运动是相关联的，对它们的擒拿技术主要是依据人体解剖的冠状轴、矢状轴、水平轴的三个运动轴来完成擒拿控制。对下肢运动核心——膝关节的擒拿有四种形式，分别是膝关节后屈、前伸、外展外旋、内收旋内。

二、擒拿常用术语

人体运动有着各自的形式和特点，擒拿经常利用这些特点来控制对方，从而形成了擒拿技术和技理。为了更好地研究擒拿技理，擒拿贤者经常使用一些术语，如活动度、运动偶、效应性运动、锁定效应、运动链等。我们也要先了解擒拿常用术语，以便更好地学习和理解擒拿技理。

1. 关节活动度

关节活动度是指关节活动时可达到的最大幅度，又称关节活动范围。人体各个关节的活动度是有限的，这样擒拿控制对方才有可能。关节活动度有主动与被动之分，主动活动度是自己依靠自己的力量和意志力完成关节的活动度。作为擒拿练习者要知道主要关节的正常活动范围。被动活动度是指自己被动地被他人强迫的关节活动范围。被动运动范围会比主动活动范围要大。当被动活动突破关节活动度的临界点时，就会造成诸如肌肉、韧带、关节囊、关节软骨、筋膜的损伤。（图2-1-15）

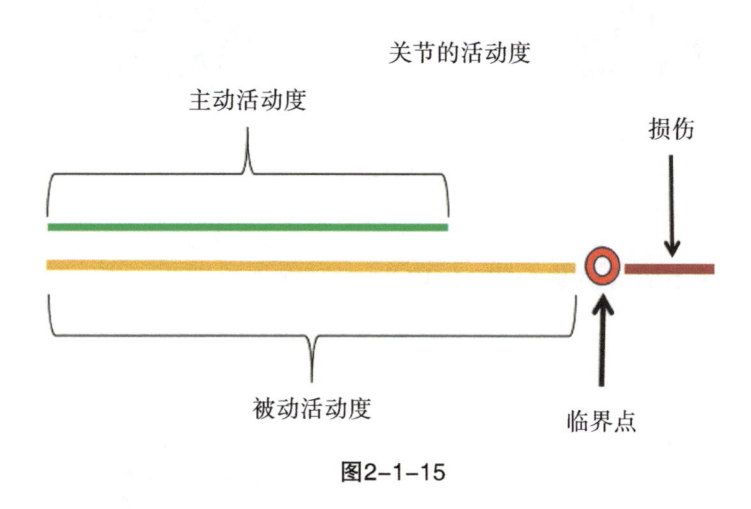

图2-1-15

人体的众多关节都可以提供一定的运动量。关节的活动形式和范围受到关节的形态结构等因素影响，同时关节囊及周围韧带的弹性，以及肌肉的力量和张力也决定一个关节的灵活性。像肩关节和髋关节都是球窝关节，就具有很大的活动范围。擒拿技理注重对关节运动方式和运动度的研究。擒拿习练者也应注重关节灵活性的练习。

为了让擒拿练习者更加了解关节的活动度，下面利用图和表的形式给大家介绍几个重要关节和部位的活动度。

（1）颈椎的活动度（图2-1-16）

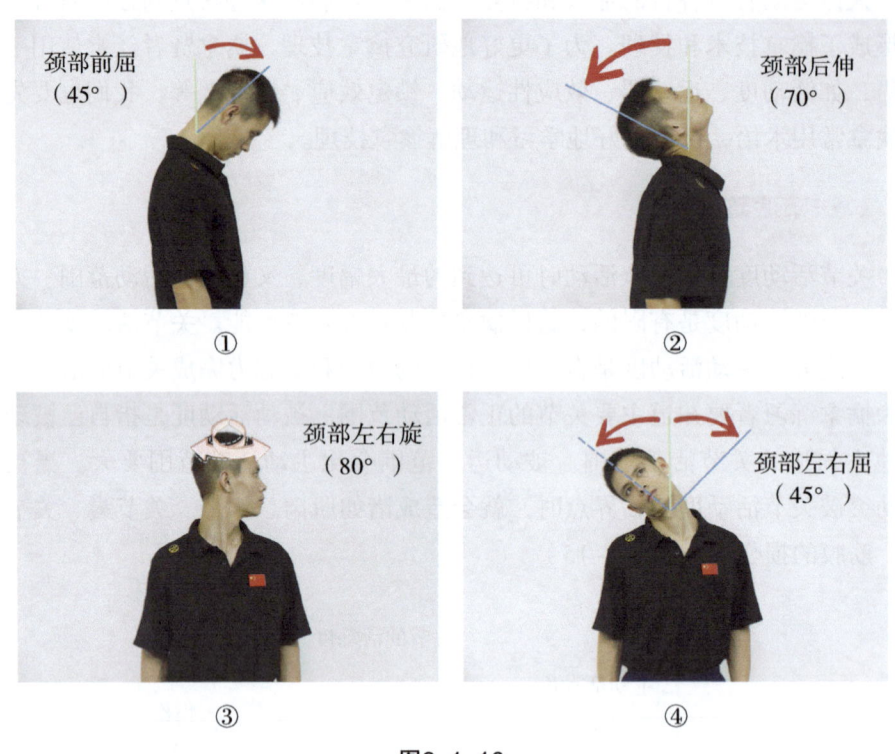

① 颈部前屈（45°）　② 颈部后伸（70°）

③ 颈部左右旋（80°）　④ 颈部左右屈（45°）

图2-1-16

（2）肩关节的活动度（图2-1-17）

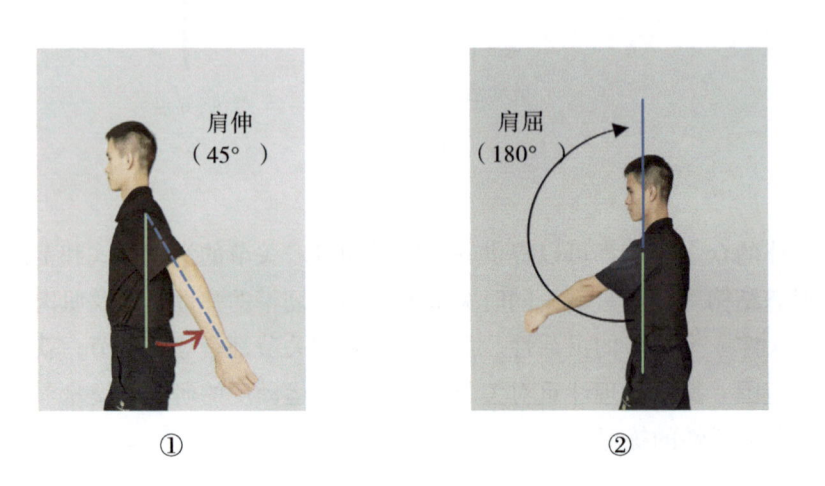

① 肩伸（45°）　② 肩屈（180°）

第二章 擒拿攻防的主要目标

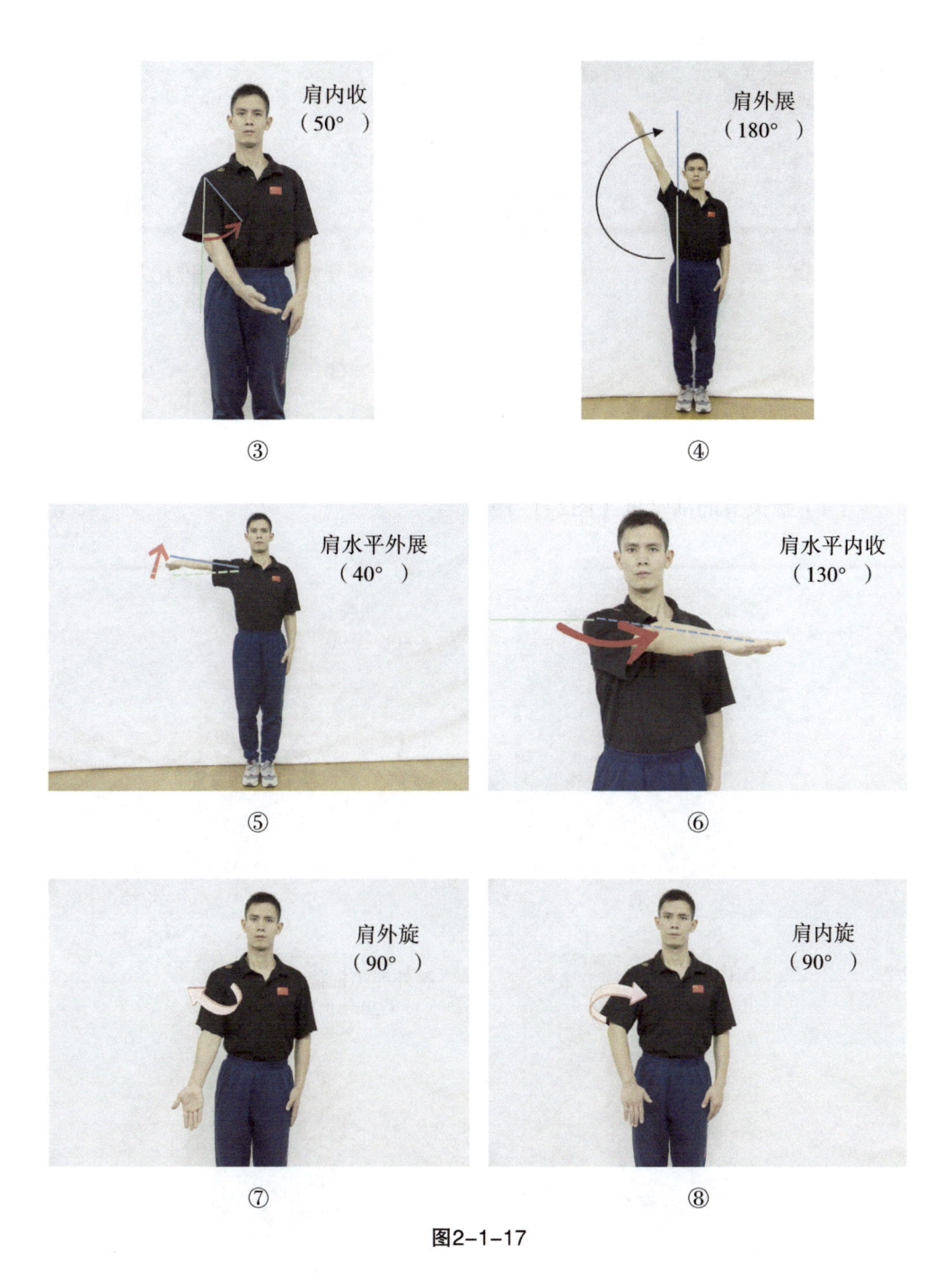

肩内收（50°）

③

肩外展（180°）

④

肩水平外展（40°）

⑤

肩水平内收（130°）

⑥

肩外旋（90°）

⑦

肩内旋（90°）

⑧

图2-1-17

（3）肘关节与前臂的活动度（图2-1-18）

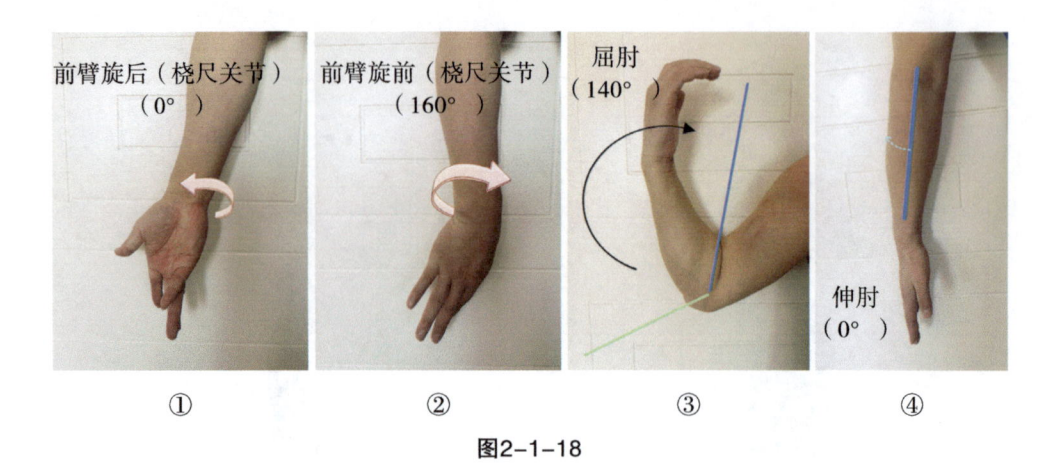

① 前臂旋后（桡尺关节）（0°）
② 前臂旋前（桡尺关节）（160°）
③ 屈肘（140°）
④ 伸肘（0°）

图2-1-18

（4）腕关节的活动度（图2-1-19）

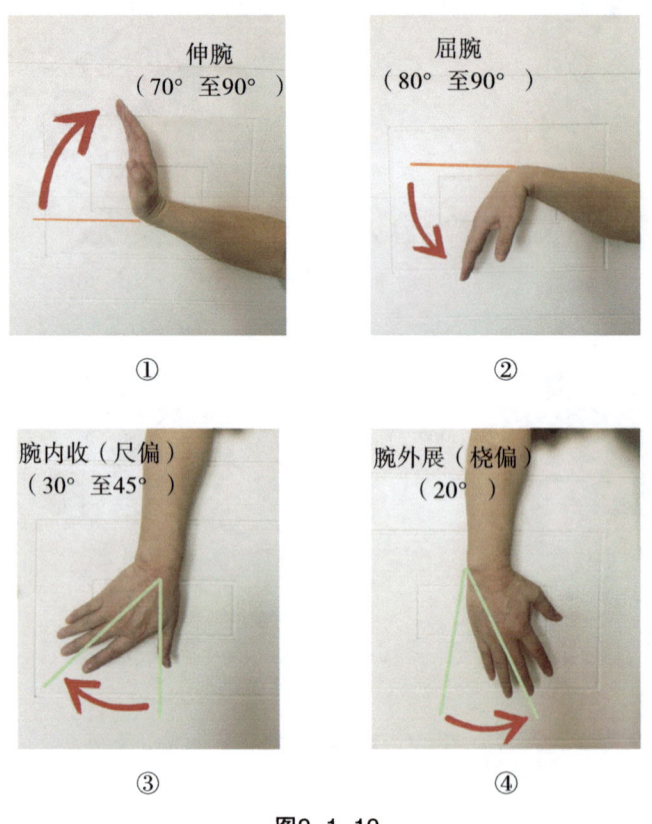

① 伸腕（70°至90°）
② 屈腕（80°至90°）
③ 腕内收（尺偏）（30°至45°）
④ 腕外展（桡偏）（20°）

图2-1-19

（5）髋关节的活动度（图2-1-20）

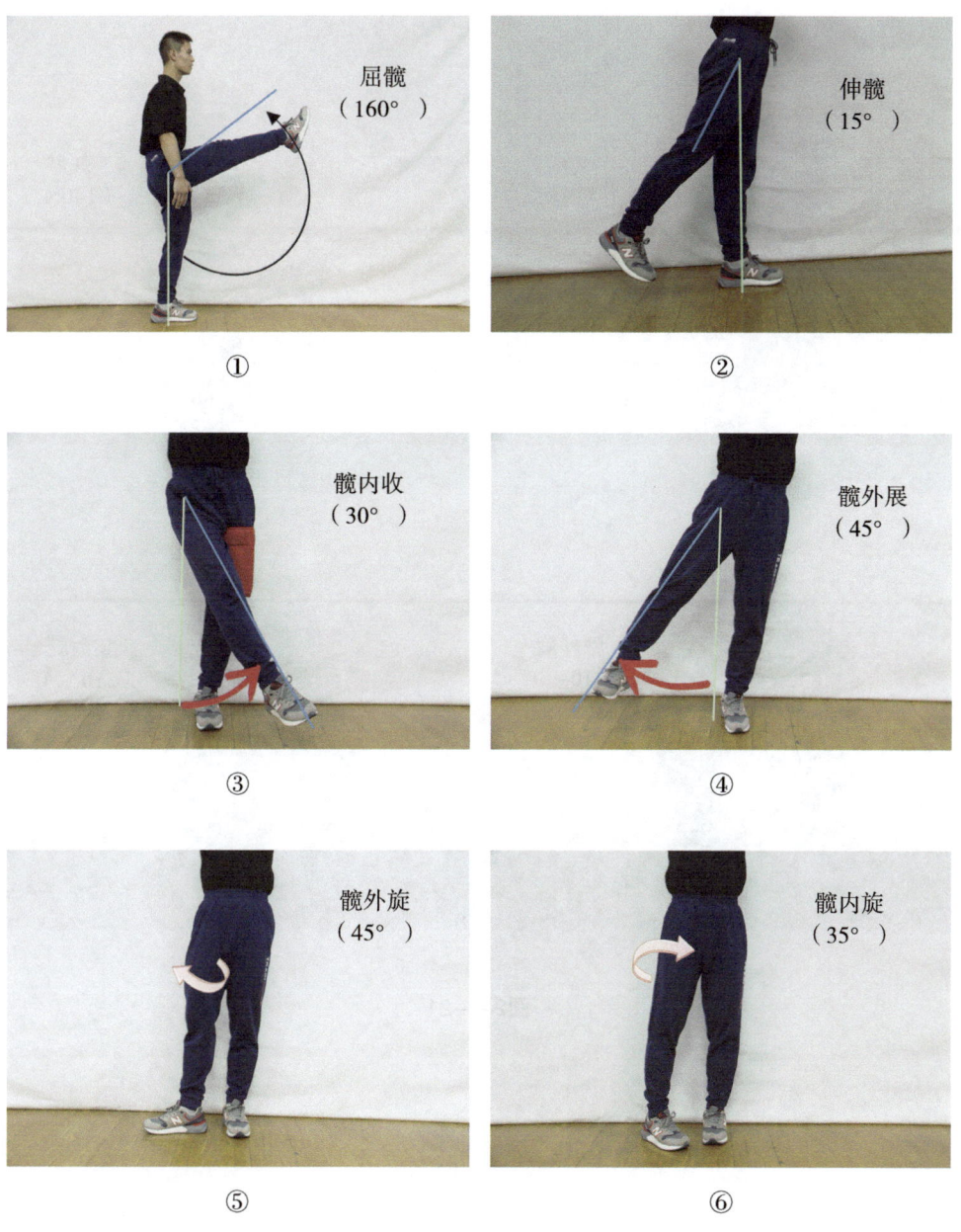

屈髋（160°）

伸髋（15°）

① ②

髋内收（30°）

髋外展（45°）

③ ④

髋外旋（45°）

髋内旋（35°）

⑤ ⑥

图2-1-20

（6）膝关节的活动度（图2-1-21）

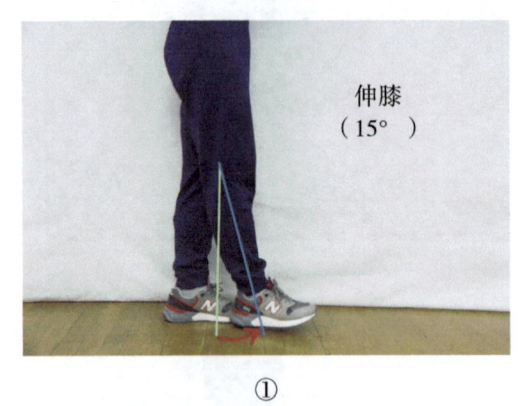

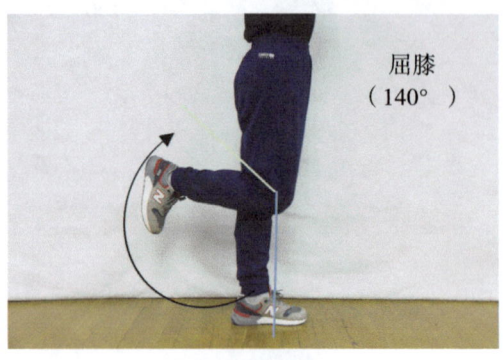

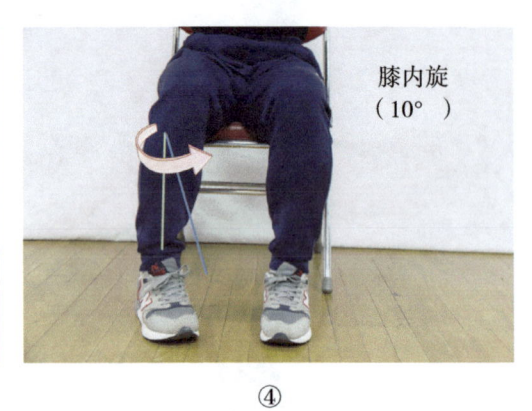

① 伸膝（15°）　② 屈膝（140°）

③ 膝外旋（10°）　④ 膝内旋（10°）

图2-1-21

（7）踝关节的活动度（图2-1-22）

踝关节背屈
（20°）

踝关节跖屈
（50°）

①

②

足内翻（旋内）
（45°至60°）

足外翻（旋外）
（15°至30°）

③

④

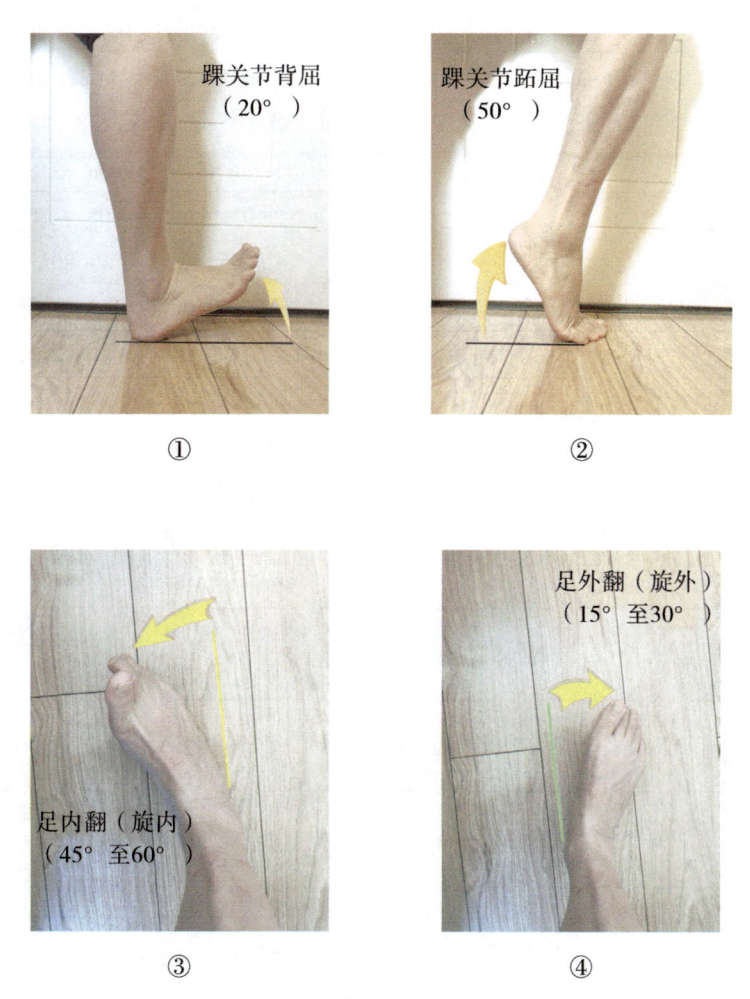

图2-1-22

擒拿可以进攻的关节很多，了解各个关节的活动度对于擒拿技理大有裨益。下面用表格的形式给大家介绍一些关节和部位的活动度。（表2-3）

表2-3　关节的运动形式和活动度

部位	关节活动度	运动形式和关节活动度
头部	颞下颌关节活动度	下降35～55mm　上提0mm 前移3～6mm　后移3～4mm 水平偏移10～15mm
颈部	颈椎活动度	屈40°～60°　伸40°～75° 侧屈45°　旋转50°～80°
颈部	寰枕关节活动度	屈5°　伸10°　侧屈5°　旋转5°
颈部	寰枢关节活动度	屈5°　伸10°　侧屈40°　旋转40°
脊柱	脊柱总活动度 （颈椎+胸椎+腰椎）	屈120°～150° 伸75°～115° 侧屈95°　旋转85°～115°
胸部	胸椎活动度	屈30°～40°　伸20°～25° 侧屈30°　旋转30°
腰部	腰椎活动度	屈50°　伸15° 侧屈20°　旋转5°
躯干部	肩锁关节中肩胛骨的活动度	向上旋转30°　向下旋转0°
躯干部	胸锁关节中肩胛骨的活动度	向上旋转60°　向下旋转0°
肩部	肩关节	屈180°　伸45° 外展180°　内收10° 外旋50°　内旋90°
肩部	胸锁关节活动度	上提45°　下降10° 外展30°　内收30° 上旋45°　下旋0°
上肢部	肱尺关节活动度	屈145°　伸0°
上肢部	桡尺关节活动度	旋前160°　旋后0°
上肢部	腕关节的活动度	屈80°　伸70° 内收（尺偏）30° 外展（桡偏）20°

（续表）

部位	关节活动度	运动形式和关节活动度
上肢部	第1腕掌关节活动度	屈40° 伸10° 内收10° 外展60°
躯干部	骨盆活动度	前倾30° 后倾15° 下移30° 旋转15°
下肢部	髋关节活动度	屈120° 伸10° ~ 15° 内收10° 外展45° 外旋45° 内旋45°
	膝关节活动度	屈140° 伸5° 内旋15° 外旋30°
	踝关节活动度	背屈20° 跖屈45°
	距下关节活动度	内翻20° 外翻10°

2.运动偶

运动偶也叫生物运动偶是指两个相邻骨环节之间的可动连接。运动偶以关节为转动轴，互为动骨与不动骨，彼此相对运动。例如图2-1-23的手臂，肘关节为转动轴，运动情况可以有多种，例如：前臂动与上臂不动；前臂不动与上臂动；前臂与上臂都动；前臂与上臂都不动。但不管是什么情况，一个关节的两个相邻骨是一对儿的，从擒拿技理上我们必须注意到控制其中一个骨或者锁定中间的关节必须考虑到它的运动偶。

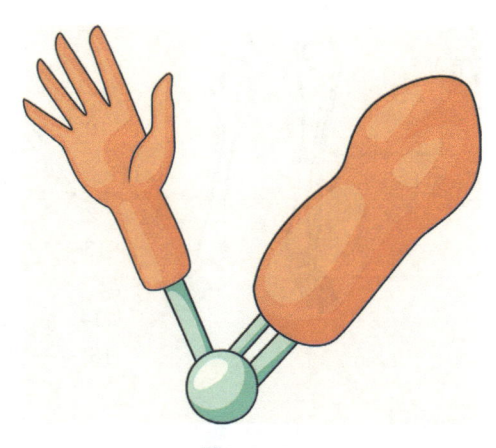

图2-1-23

3. 运动链

人体若干环节借助关节按一定顺序衔接起来，称为运动链。在人体上肢由肩胛、肩关节、上臂、肘关节、前臂、腕关节、手等形成上肢运动链。下肢由骨盆、髋关节、大腿、膝关节、小腿、足等形成下肢运动链。人体的运动不是单一关节骨杠杆的运动，而是相邻多个关节乃至全身的运动，多以可传递的运动链形式出现。人体是一个有机整体，是一个巨大开放系统。人体本来有200多个环节，为了研究和学习方便，我们把它抽象为15个环节和以主要关节连结而成的5个运动链子系统（图2-1-24）。

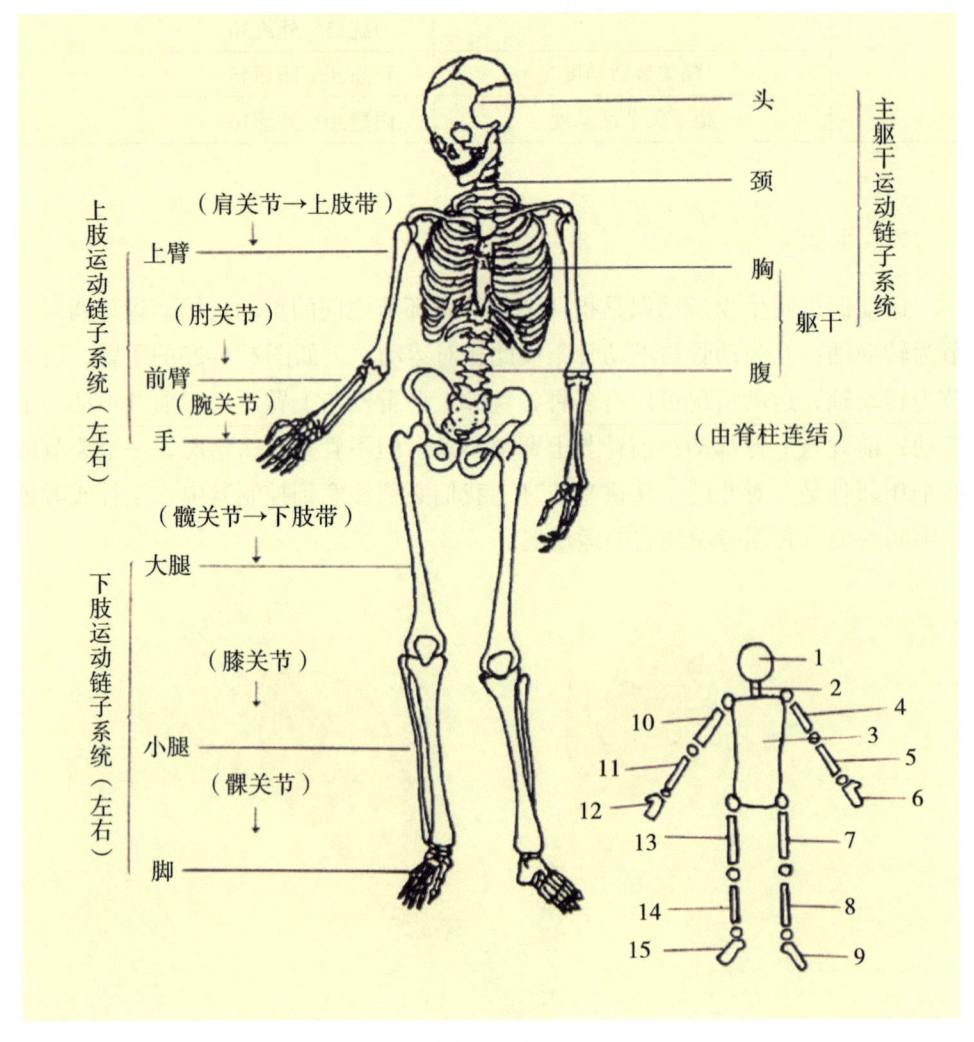

图2-1-24

人体主要有15个环节,分别是:头、颈、躯干(胸腹),也就是图中的1、2、3;左上臂、左前臂、左手,即图中的4、5、6;左大腿、左小腿、左脚,对应图中的7、8、9;右上臂、右前臂、右手,也就是图中的10、11、12;右大腿、右小腿、右脚,则是图中的13、14、15。各个环节形成人体的运动链系统,我们可以分为5个运动链子系统,分别是主躯干运动链子系统、上肢运动链子系统(左右)和下肢运动链子系统(左右)。(图2-1-24)

首先,主躯干运动链子系统是由头、颈、躯干(胸腹)组成,以脊柱相连结的人体主干,它是人体生命系统和运动系统的主体部分,其他4个运动链子系统均是以它为基础,并围绕它进行生命活动和运动。

体腔中有人体全部的脏器和生命系统,保持着人体各种复杂的生命活动。因此在擒拿格斗中,对主躯干运动链系统要害部位的击打、掐拿,往往能使对方完全丧失抵抗能力,并会对其人身造成重大伤害,甚至危及其生命。

主躯干运动链子系统本身有较大幅度运动能力的只有颈椎和腰椎,因而对颈椎和腰椎的旋拧、锁扣是擒拿技法的重要组成部分,尤其是对颈椎的旋拧、缠锁,更能直接造成擒拿,并直接危及对方生命。对于腰椎的旋拧多是通过上肢运动链子系统的传导,从而形成擒拿。

其次,上肢运动链子系统是人体运动功能最多、最灵活,运动幅度最大、变化最多的运动链子系统,也是人体擒拿格斗中最重要、最常用的运动链子系统(图2-1-25)。上肢运动链系统是由锁骨、肩胛骨、肱骨、尺骨、桡骨、手骨所组成,并由关节相连结,形成以骨骼为中轴,关节为枢纽,肌肉按关节运动轴分群、分层排列(图2-1-26);有血管和支配手臂运动及感觉的神经穿行其间;并有手太阴肺经、手阳明大肠经、手少阴心经、手太阳小肠经、手厥阴心包经、手少阳三焦经运行其中。

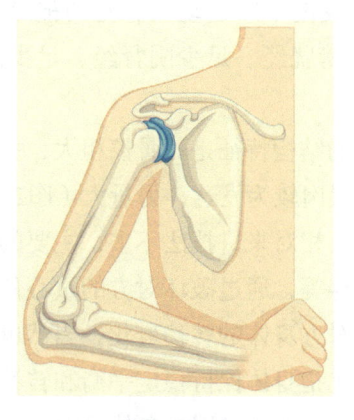

图2-1-25

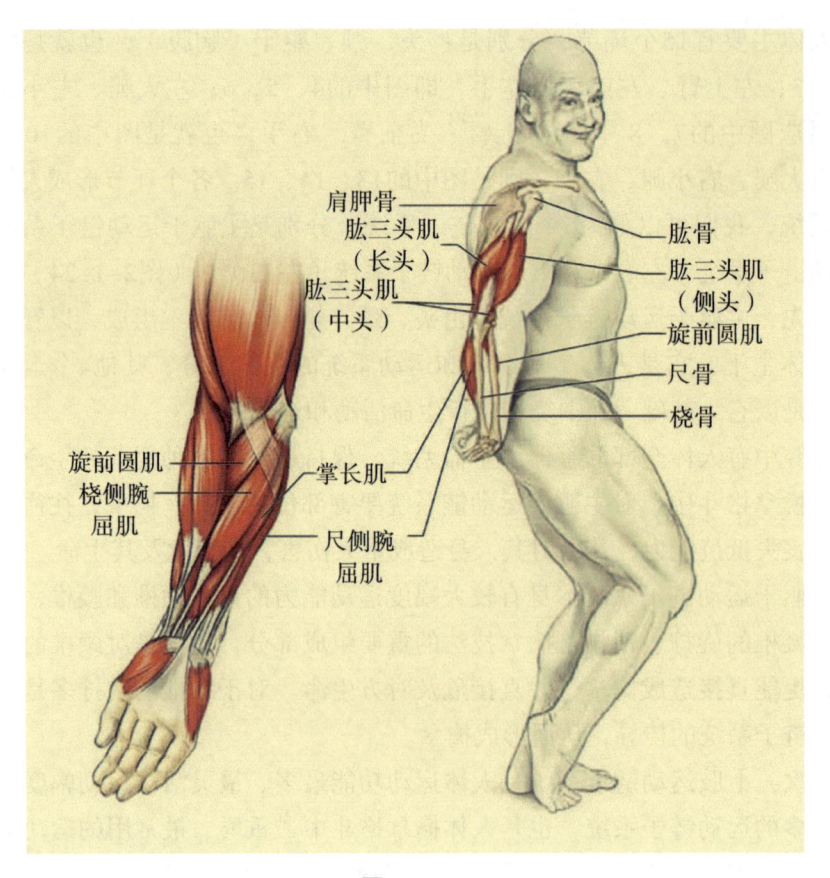

图2-1-26

第三，下肢运动链子系统（髋、大腿、膝、小腿、踝、足）是由下肢带与躯干下部连结而成，具有支持体重，使人运动和位移的功能。下肢带和自由下肢骨以关节相连结，形成以骨骼为中轴，关节为枢纽，肌肉按关节运动轴分群、分层排列，有血管和支配下肢运动及感觉的神经穿行其间，并有足阳明胃经、足太阴脾经、足太阳膀胱经、足少阴肾经、足少阳胆经、足厥阴肝经运行其中。（图2-1-27）

人体下肢运动链系统的结构特征是：骨骼粗大，关节面宽，辅助结构多而坚韧，稳定性大于灵活性，肌肉较为发达，力量大（图2-1-28）。因而对下肢运动链系统直接施用的擒拿技法相对来讲技法不多，主要的是对下肢运动链某环节实施破坏性击打、蹬踢、别绊等，通过破坏对方的重心位置使之离开支撑点，致其身体失去平衡，或者阻止对方身体的转移变化，当然也可以配合其他擒拿技法实施擒拿。下肢运动链子系统是身体保持稳定平衡和转移变化的基础，也是技术动作运用中支撑和发力的基础，还是实用擒拿技术中重要的组成部分。

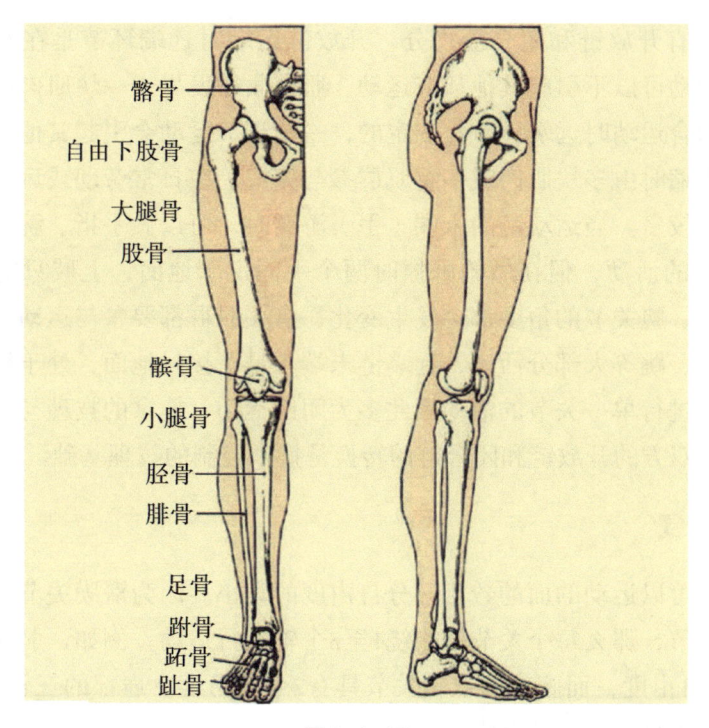

图2-1-27

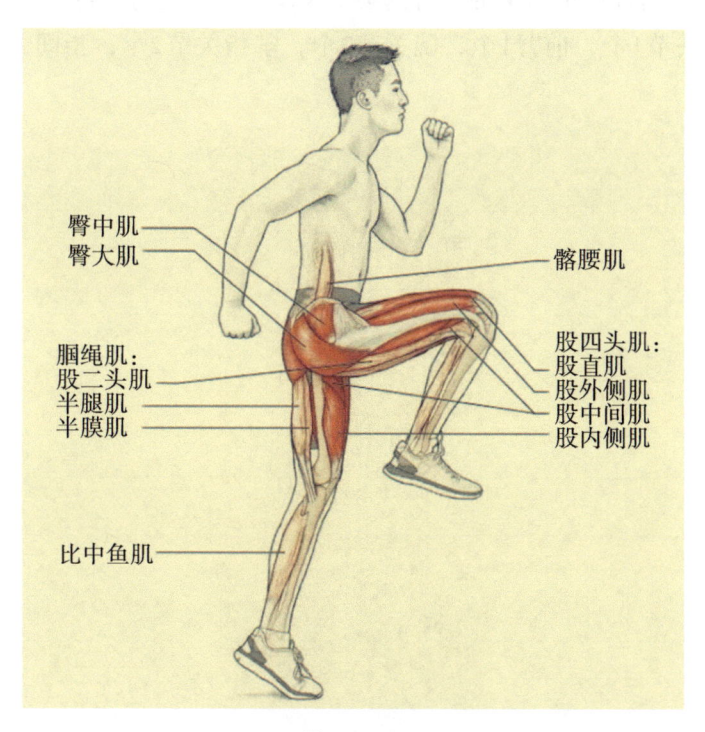

图2-1-28

运动链有开放链和闭合链之分。开放链运动时远端环节是在游离状态，一个环节运动可以不引起其他环节运动，肌肉收缩发生于一块肌肉或功能相符的肌群。闭合运动时远端环节是固定的，一个环节运动会引起其他环节同时运动，肌肉收缩时由多块肌肉或多组肌群参与完成。在日常劳动或运动时，上肢开放链运动较多。当运动链的末端（手）游离时，可以做手指、腕关节、肘关节、肩关节的活动，但在做俯卧撑时两个手固定于地面，上肢只能做闭链运动，肩、肘、腕关节的角度都会发生变化，有关肌群都要参与运动。下肢则相反，走、跑、跳等大部分活动，远端链末端（足）接触地面，处于被固定的状态，不可能进行单一关节的活动因此多为闭链运动。擒拿的技理与运动链关系密切，敌我双方的开放链和闭合链的转换是擒拿控制的技理基础。

4. 自由度

关节以可以运动的面的数目区分自由度的大小。因为滑膜关节有单轴、双轴或三轴关节，那么每个关节都能绕1至3个轴进行运动。例如，肘部的单轴关节具有1个自由度，而腕部的双轴关节具有2个自由度。肩部的三轴关节则有3个自由度，为自由度的最大值。

要完成从肩部到拇指尖的所有的必要运动，上肢就需要11个自由度（肩关节3个，肘关节1个，前臂1个，腕关节2个，掌指关节2个，指间关节2个）。（图2-1-29）

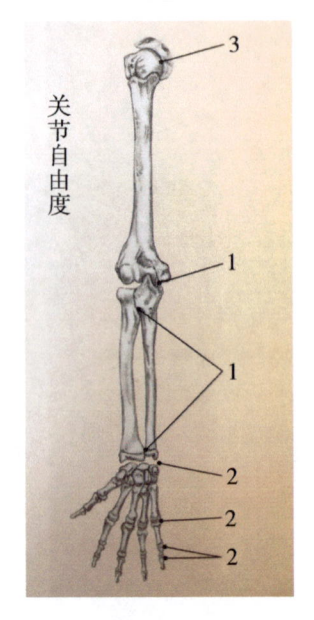

图2-1-29

那么针对关节实施擒拿控制时，就必须考虑每个关节的自由度，防止对方利用关节的自由度脱逃或反击。练习解脱时也应该发挥出各个关节的自由度。

5. 效应性运动与擒锁效应

效应性运动是指在擒拿中对某一运动链子系统中某一部位、某一关节施加一定方向的力，同时固锁该部位或关节，则对偶骨和相邻关节必产生相应的运动，这种连锁反应就是效应性运动。例如：我方屈臂前顶对方手掌使其腕关节极度背伸，则对方的前臂和上臂都会向上运动，其肘关节窝向上，手臂成为直臂，其上肢运动链子系统（左）被我调动和控制。类似的效应性运动在擒拿技术中比比皆是，或者说擒拿就是利用人体的效应性运动才能形成巧妙的擒拿控制。（图2-1-30）

图2-1-30

擒锁效应是指对某一关节或部位实施擒拿时，利用人体的效应性运动锁定相邻关节乃至全身。擒拿技术就是追求将对方某一关节或部位运动至某一特定位置时，不但可以锁定该关节或部位，而且还可以同时锁定其相邻关节，乃至整个运动链系统。也就是武术中常说的"控一点而制全身"。

（注：擒锁效应是笔者在恩师赵大元先生提出的"锁定效应"的基础上改进的。修改的原因是在经济学中也有"锁定效应"的概念，是阿瑟（Arthur W.B.）最先提出的，为了避免混淆，把锁定效应改为擒锁效应。）

例如图2-1-31中所示，我方双手抱别对方手臂，将对方手掌外旋，对方的腕关节和肘关节必然有外旋动作；加之我右肘向上挑并前顶其肘部；对方为缓解其肘、腕和肩关节的疼痛，对方腰胯效应性地前挺，从而我方锁定对方的整个身体，完美地诠释了擒拿技术的擒锁效应（具体内容可以参见《山东体育学院学报》2015年发表的论文：《对擒拿技理"三环套月勾股弦"的阐释》）。

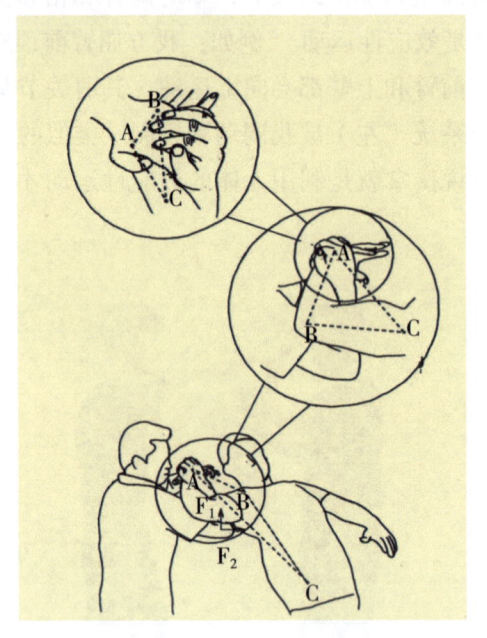

图2-1-31

综上所述，学习实用擒拿技术，不能只考虑对某一部位或某一关节的分筋错骨、抓筋拿脉，而应该重点考虑人体运动链系统的特点，从关节的活动度、效应性运动和擒锁效应出发，整体性地去学习擒拿技理，才能真正掌握擒拿技术。擒拿控制相较于拳腿打击是更加复杂且精细的，只有综合地处理相邻关节、各个子系统之间的关系，处理好局部与整体之间的辩证关系，才能有效地擒拿控制住对方。

第二节　神经系统与擒拿

学习实用擒拿，除了要了解骨关节的结构和运动特点外，还应该了解神经系统。神经系统由中枢神经系统和周围神经组成。中枢神经系统包括脑和脊髓。周围神经系统按照连接部位可以分为由脑发出的脑神经（12对）和由脊髓发出的脊神经（31对）；按其分布范围不同，又可分为躯体神经和内脏神经。躯体神经分布于皮肤、肌肉、关节等处，内脏神经分布于内脏、血管、腺体等处；按照功能的不同，也可以分为感觉神经（也叫传入神经）和运动神经（也叫传出神经），神经系统是一个不可分割的整体。（图2-2-1、图2-2-2）

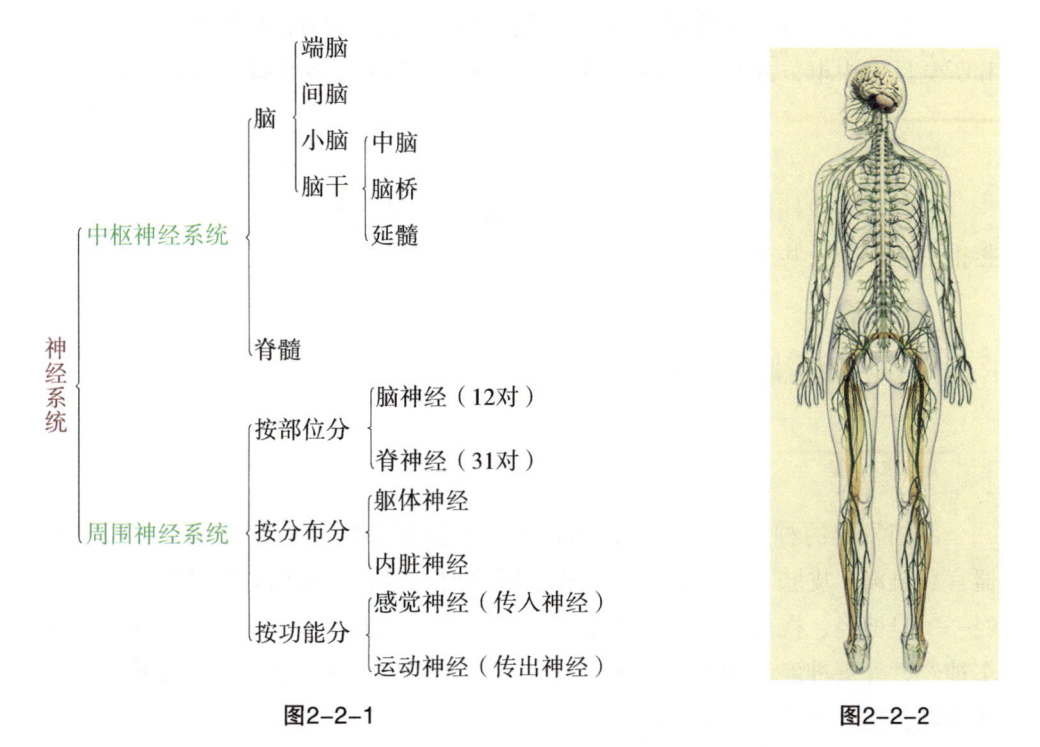

图2-2-1

图2-2-2

一、神经系统

（一）中枢神经系统

1. 脑

脑位于颅腔内，分大脑、间脑、中脑、脑桥、延髓和小脑6个部分。中脑、脑桥和延髓合在一起又称脑干。

大脑皮质管理身体感觉以及运动中枢、感觉中枢、视觉中枢和听觉中枢等机能区，可对传入的刺激（信号）进行综合分析。

小脑位于大脑的后下方，它的主要功能是维持身体的平衡、调节肌张力和协调肌肉的活动。

间脑位于中脑上方两个大脑半球之间。间脑的下丘脑是自主神经的皮质下中枢，它控制和协调内脏活动，还调节水盐代谢、体温、食欲和情绪反应等活动。间脑的丘脑是皮质下的感觉中枢。

脑干包括中脑、脑桥和延髓，是连接大脑、小脑和脊髓的桥梁，它有视觉和听觉反射中枢，并与自主神经的活动、肌张力调节以及维持清醒状态有关。

2. 脊髓

脊髓位于脊柱椎管内，上端在枕骨大孔处与延髓相连，下端缩细止于第一腰椎下缘。全长共31节，发出31对脊神经。

（二）周围神经系统

1. 脑神经

由脑发出的神经称脑神经，共12对，在脑底和脑相连，分布于头颈部的器官、肌肉、皮肤，以及心、肺、胃、肠等内脏器官。这12对神经为：感觉神经——嗅神经、视神经、前庭神经（位听神经）；运动神经——动眼神经、滑车神经、外展神经、副神经、舌下神经；混合神经——三叉神经、面神经、舌咽神经、迷走神经。（图2-2-3）

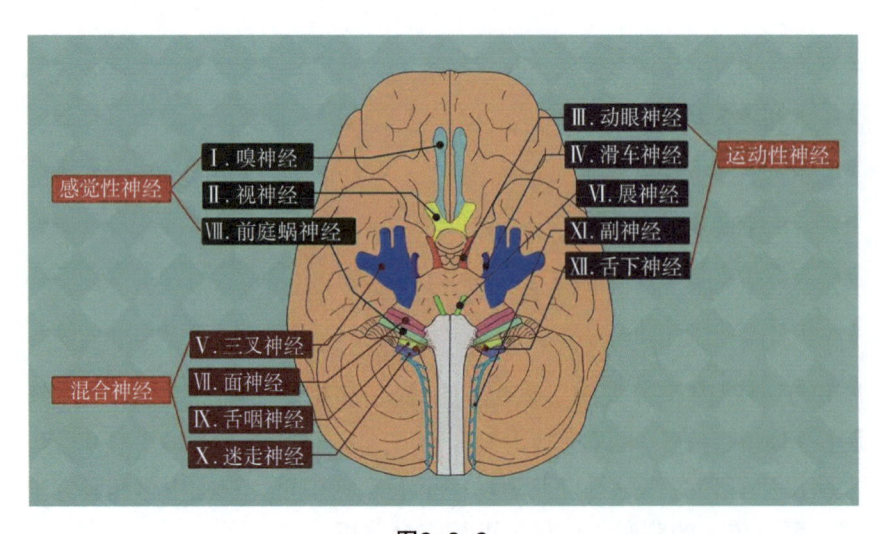

图2-2-3

在擒拿中主要掐拿的脑神经是迷走神经和副神经,因为它有主干在后颈部通过,支配平滑肌、心肌的活动和腺体的分泌,以及内脏器官的感觉。

2. 脊神经

由脊髓发出的神经称脊神经,它们是混合性神经,含有感觉纤维和运动纤维,共31对,即颈神经8对、胸神经12对、腰神经5对、骶神经5对、尾神经1对。它是擒拿中主要掐拿击打的神经。(图2-2-4、图2-2-5)

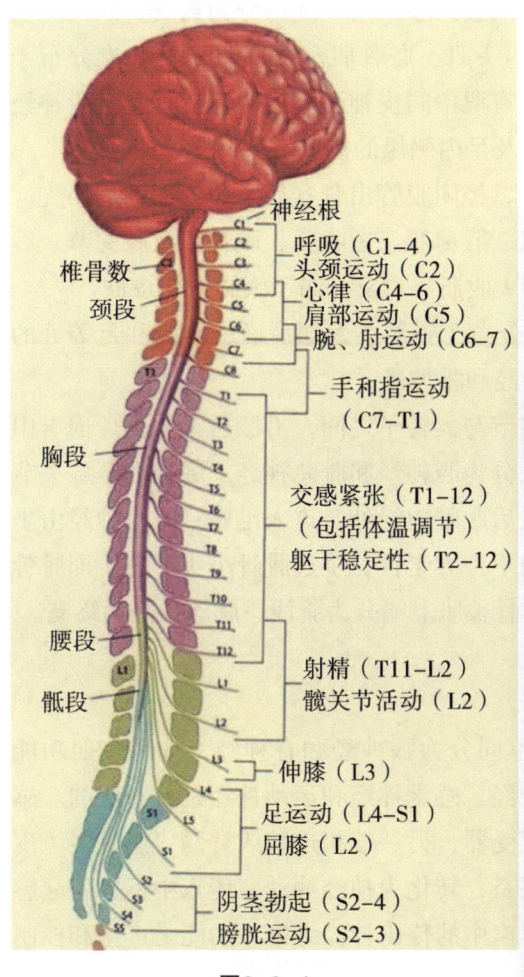

图2-2-4

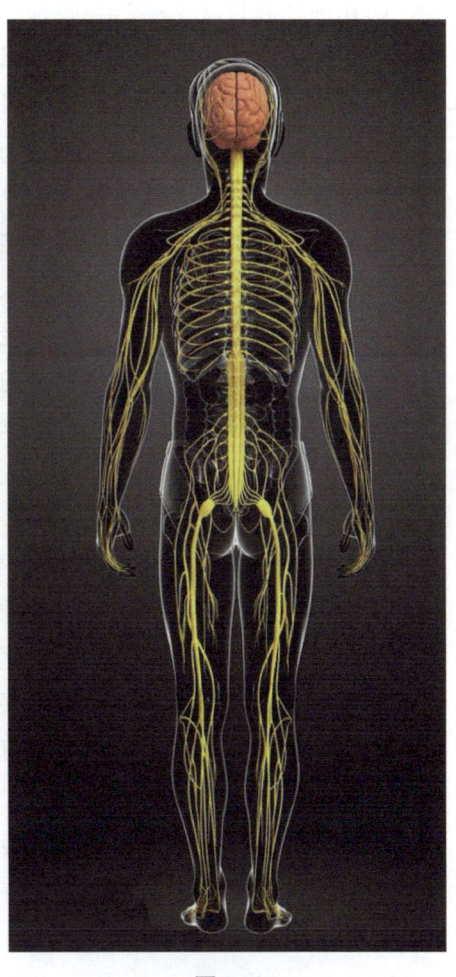

图2-2-5

（1）颈丛：颈丛发出的神经分布于头颈部肌肉和皮肤，其中最长的一条是膈神经，它进入胸腔分布于膈肌（主要的呼吸肌）。

　　（2）臂丛：从颈椎和胸椎前支相互交织发出的脊神经形成臂丛，经锁骨后方进入腋窝，分布于上肢的肌肉和皮肤，主要神经有肌皮神经、正中神经、尺神经、桡神经，均伴随主血管支行走。

　　（3）腰丛：腰椎和骶椎前支相互交织发出的脊神经形成腰丛，腰丛经腹股沟中点入大腿，分布于大腿前面和内侧面，主要有股神经和闭孔神经。

　　股神经——经肌腔隙于股动脉外侧进入股三角，随即分为数支，肌支（支配肌肉的神经）分布于大腿前面股四头肌、耻骨肌和缝匠肌，关节支分布于髋、膝关节。皮支（皮肤感觉神经）有股中间皮神经和股内侧皮神经。股神经终支为隐神经，分布于小腿前内侧面及足内侧缘的皮肤。

　　闭孔神经起自腰丛第2至4腰神经，经闭膜管出骨盆后，分为前、后两支。前支位于短收肌表面，分支至长收肌、股薄肌、短收肌、耻骨肌及膝关节。后支位于短收肌后面，支配闭孔外肌和大收肌。皮支分布于大腿内侧皮肤。

　　（4）骶丛：从骶丛发出的神经分布于臀部，大腿后面、小腿和足等处的肌肉和皮肤，主要有坐骨神经、胫神经和腓神经。

　　骶丛发出的坐骨神经，经坐骨结节与大转子之间，沿股后（大腿后面）中线下行，在大腿下三分之一交界处，分为胫神经和腓总神经。胫神经至膝关节后窝中线下行，进入小腿后部，到足后跟腱内缘处，进入足底；腓总神经由坐骨神经起始后，沿股二头肌内侧缘向下外方走行，绕过腓骨小头下方（即腓骨颈）向前进入小腿上部的外侧，穿腓骨长肌上端分为腓浅、腓深神经两终支。

3. 感觉神经与运动神经

　　周围神经系统按照连接部位的不同分为脑神经和脊神经，如果按照功能的不同则可以分为感觉神经和运动神经。感觉神经和运动神经是相对应的。感觉神经一端由感觉神经末梢分布于感受器，另一端相连脑或脊髓，感受器（皮肤）感受到机体内外的刺激后产生兴奋，转化为神经冲动，传入中枢，引起感觉或反射。运动神经是指支配躯体肌肉中的传出神经纤维，功能是产生和控制身体的运动。

　　视神经为特殊躯体感觉神经，传导视觉冲动。视神经于眶内行向后内，经视神经管入颅中窝，连于视交叉，再经视束止于外侧膝状体，传导视觉冲动。（图2-2-6、图2-2-7）

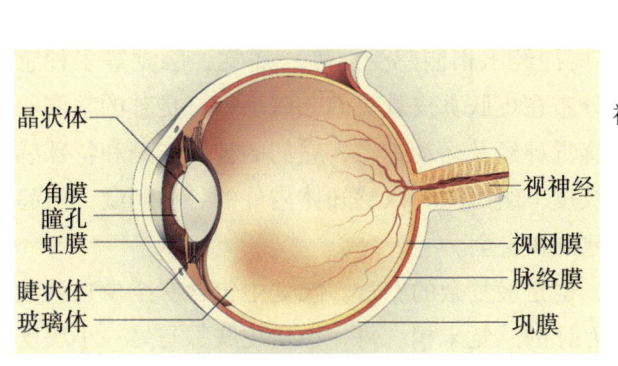

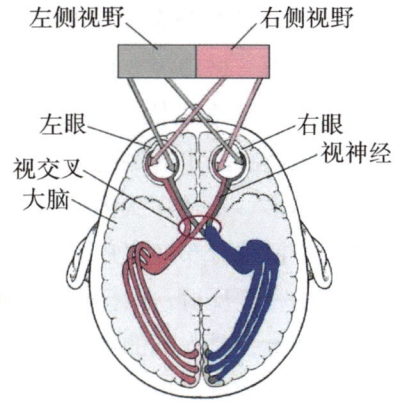

图2-2-6　　　　　　　　　　　　　图2-2-7

位听神经又称前庭蜗神经，人的第8对脑神经，为感觉神经，由蜗神经和前庭神经两部分组成。蜗神经的感觉神经元胞体位于内耳蜗轴内的螺旋神经节，为双极神经元，周围突分布于螺旋器的毛细胞，中枢突在内耳边聚成蜗神经，止于脑干的蜗神经前、后核，传入听觉冲动。前庭神经的感觉神经元胞体位于内耳道底的前庭神经节，是双极神经元，周围突分布于内耳的球囊斑、椭圆囊斑和壶腹嵴的毛细胞，中枢突聚成前庭神经。止于脑干的前庭核群及小脑，传入平衡觉冲动。两根神经都出内耳门，同行入颅腔，称为位听神经，其功能是把与听觉和平衡觉有关的神经冲动传入脑。当位听神经完全损伤时，则表现为伤侧耳聋及前庭功能的丧失；部分损伤时，可出现眩晕、眼球震颤和听力障碍。（图2-2-8、图2-2-9）

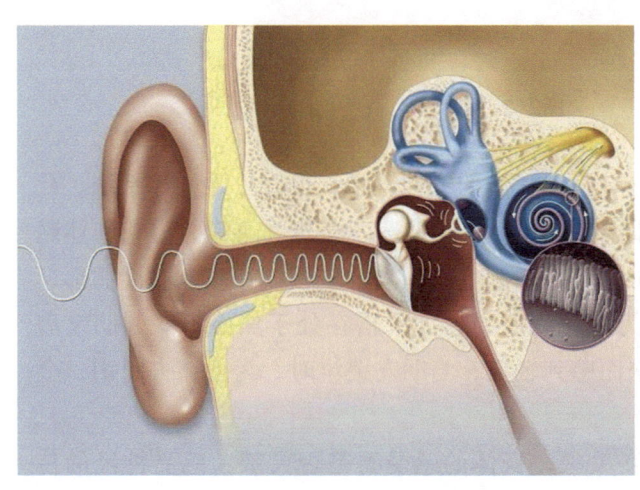

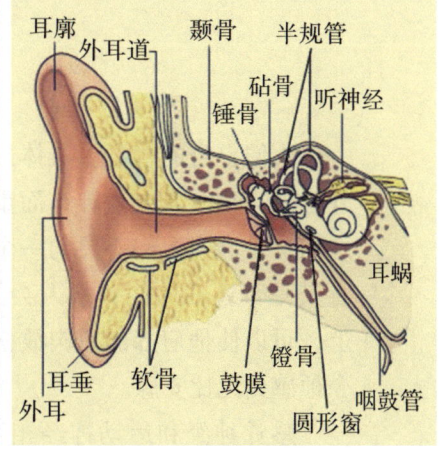

图2-2-8　　　　　　　　　　　　　图2-2-9

触觉是指分布于全身皮肤上的神经细胞接受来自外界的温度、湿度、疼痛、压力、振动等方面的感觉。多数动物的触觉器是遍布全身的，像人的皮肤位于人的体表，依靠表皮的游离神经末梢能感受温度、痛觉、触觉等多种感觉。人体神经中的触觉小体，分布在皮肤真皮乳头内，以手指、足趾的掌侧的皮肤居多。正常皮肤内分布有感觉神经及运动神经，它们的神经末梢和特殊感受器广泛地分布在表皮、真皮及皮下组织内，以感知体内外的各种刺激，引起相应的神经反射，维持机体的健康和安全。

触觉，是人类的第五感官，也是最复杂的感官。触觉中包含有至少11种截然不同的感觉。皮肤上有数百万计的感觉末梢。每一小块皮肤都与另一小块皮肤不同。每一小块皮肤上感觉器官分布的数量也不同，因此，对于疼痛、冷、热以及其他的感觉也不相同。（图2-2-10）

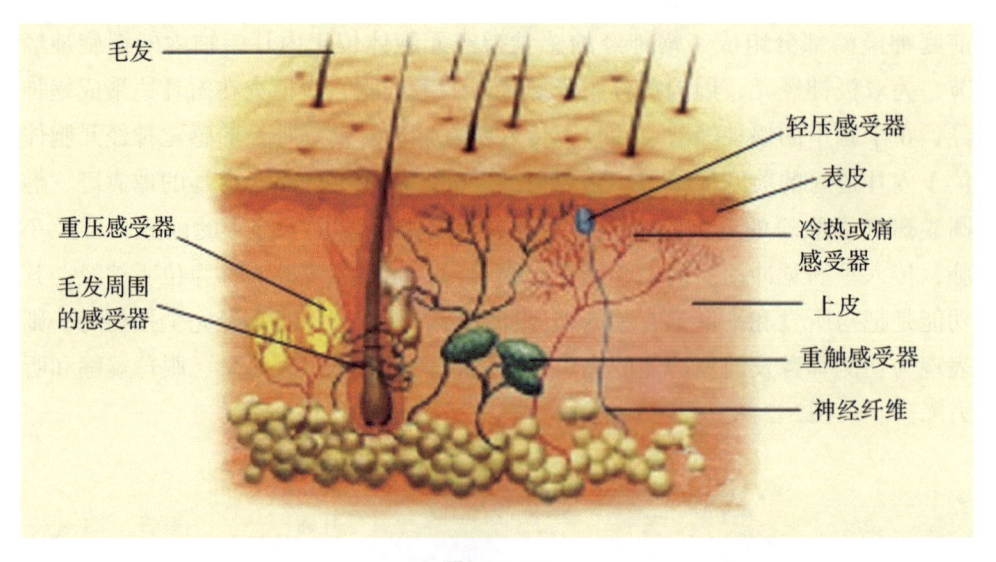

图2-2-10

人们自身的触觉对机体是有益的，如伸一伸懒腰，可以松弛神经系统。此外，触觉还有着更为神奇而重要的作用，即用来表示亲密、善意、温柔与体贴之情，是启迪人们心灵的一个窗口。如医生用温暖的手触摸在病人的面额部，看其是否还在发烧，病人会为此感到欣慰；如果搭在处于焦虑不安的朋友肩上，可以使他肩部的肌肉放松而感到轻松；当朋友哭泣时，为他擦去眼泪，会令他感到无比安慰。

感觉神经和运动神经相互关联，身体的感受器是否灵敏，感受神经的传入速度、运动神经的传出速度，效应器的功能对于擒拿和擒拿解脱都非常重要

（图2-2-11）。擒拿技术会根据神经在肢体的走向和浅显部位，进行掐拿、击打，使对方产生触电般酸麻感，从而失去运动能力和抵抗意志。擒拿、解脱或者反擒拿时皮肤的感觉神经的灵敏性是技术完成至关重要的前提条件。太极推手中有"听劲"一说，其实擒拿更精细，更讲求"听劲"。

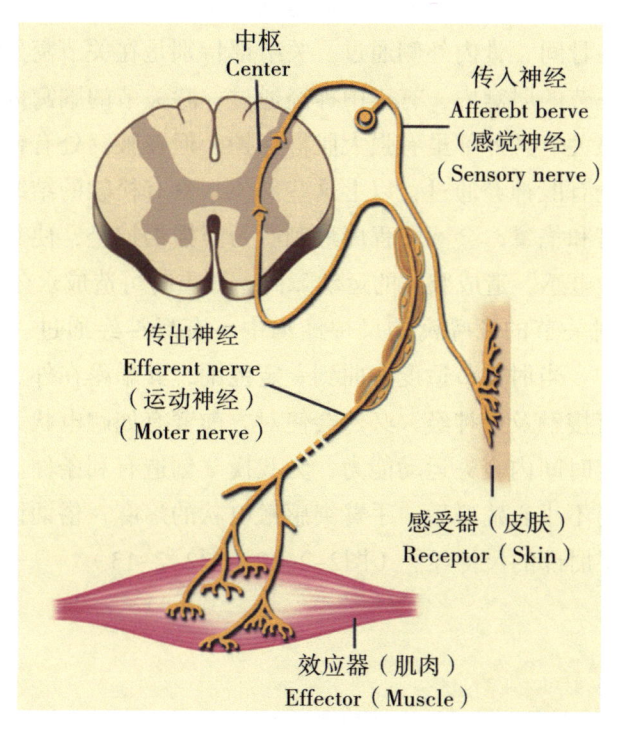

图2-2-11

二、擒拿针对神经的特殊部位

神经系统是人体内主要的调节系统，它调节人体各器官的功能活动，使人体成为一个统一整体。人体的一切动作，都是在神经系统的支配下完成，因而我们在研究学习实用擒拿技术时，必须了解神经在躯体、肢体的走向、浅露部位。神经常和血管、淋巴沿骨伴行，形成血管淋巴神经束，大都在肌群的深处行走，外部有厚实的肌群保护，但当其穿行身体的某些特定部位时，会形成浅支，其外没有厚实肌群保护，只有表皮和结缔组织，这是擒拿技术中掐拿击打的要害部位之一，经掐拿击打就会直接刺激神经系统，使对方立即产生触电状酸麻感和剧烈疼痛，从而失去抵抗能力。

（一）关节神经表浅处

　　运动神经在穿越骨连结（关节）处时，如肘、腕、指、膝、踝关节处，因其外没有厚实的肌群保护，又处于经常运动状态，所以是在其关节间的骨神经沟中通过，或在骨间、骨内外侧通过。关节部特别是在关节窝处的神经分支较为丰富，如肘关节的肘窝内，有正中神经通过；膝关节的腘窝内，有胫神经通过；肩关节和髋关节其外部虽有强大肌群保护，但在腋窝处有臂丛神经通过；在腹股沟中点处有股神经通过，以上这些部位，只有松软的结缔组织。因而对这些部位的击打和擒拿，会不同程度地刺激乃至损伤神经，使其剧烈疼痛、肢体麻痹、有如触电感，造成肢体的运动障碍，严重时可造成永久性损伤。

　　例如，在肘关节的鹰嘴窝的尺神经沟中，有尺神经通过。在其外部没有厚实的肌群保护。当肘关节适度弯曲到一定范围，其暴露在外。这时对该部位的击打擒拿将直接触及尺神经，必然会使对方前臂有如触电状无法忍受的疼麻感，手臂在一定时间内丧失运动能力，为我擒拿创造有利条件。我们在平时生活中，常有曲肘不小心磕碰后，手臂突感触电状的疼麻，俗话说碰着麻筋了，就是碰着刺激了肘部的尺神经。（图2-2-12、图2-2-13）

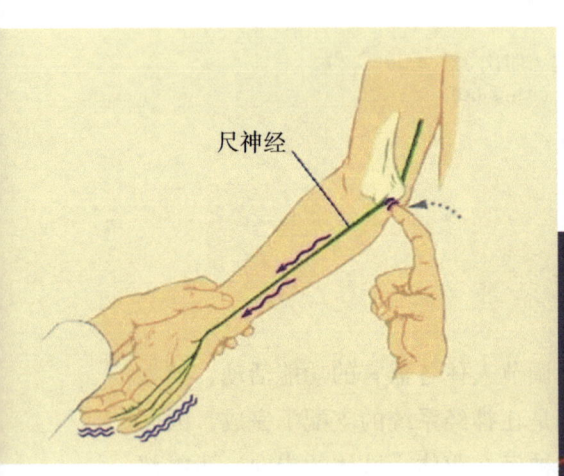

图2-2-12

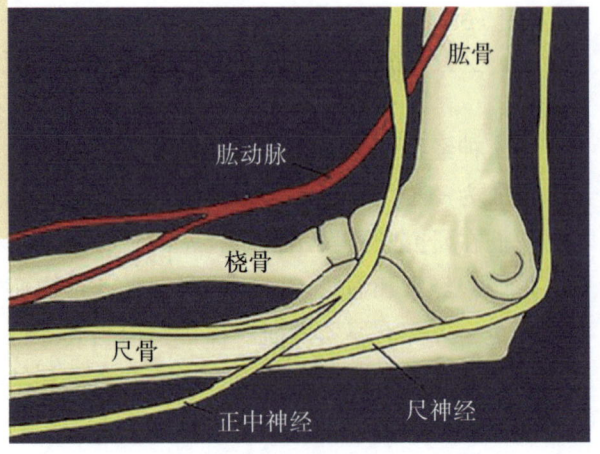

图2-2-13

腋窝中分布着支配上肢的神经和血管，窝内有淋巴结群。肘窝是一个经络密集的部分，分别有手太阴肺经、手厥阴心包经、手少阴心经三条经络通过。这三条经络里擒拿经常针对的穴都在肘窝内，它们分别是肺经的尺泽穴、心包经的曲泽穴和心经的少海穴。心口窝位于剑突之下，由肋骨和剑突合围形成窝。它的左边是脾，右边是肝，上边是心肺，下边是横结肠和胃，自然就成了人体的要害部位。腘窝又称膝窝，在窝的中心点上，有一个重要穴位叫委中穴，攻击腘窝的委中穴会让对手直接跪下。

（二）人体的窝处

由于人体生理结构的特点，神经多在深处行走，所以人体各处的窝内多有重要神经通过。所谓"窝"就是凹陷的松软部位，如：耳垂后的耳后窝，内有大量脑神经分支通过（图2-2-14、图2-2-15）；锁骨上大窝，内有臂丛神经通过；锁骨内上小窝，内有锁骨上神经和膈神经通过。

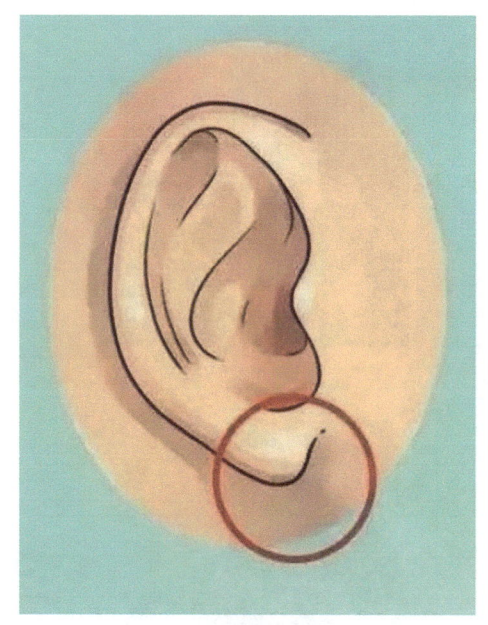

图2-2-14

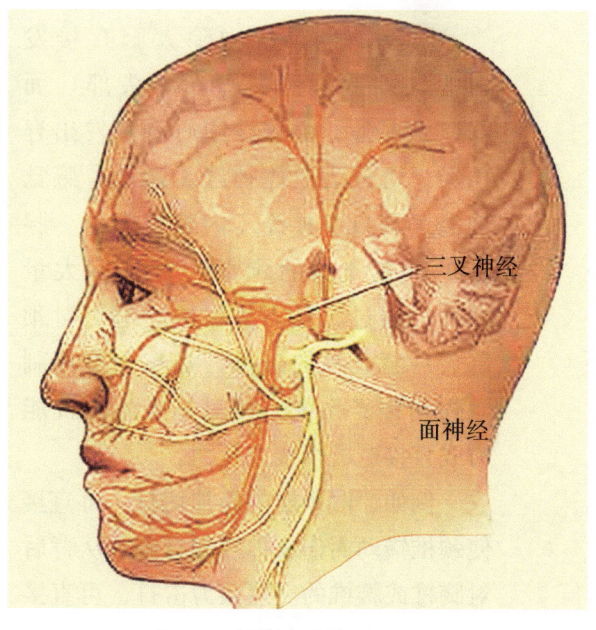

图2-2-15

另外，如胸骨上窝、心口窝等，这些凹陷的窝都是掐拿、插击的擒拿部位。一经掐拿、插击必然会造成剧烈疼痛，削弱乃至其完全丧失抵抗能力。例如，在实施控臂擒拿技术时，对方虽然上体前屈，但全力反抗，用力上挺。我除去折别其肘关节，使其局部剧烈疼痛外，还可利用插压其肩部的那只手（左手），掐插其锁骨上窝。使其肩部也感到难忍的酸痛，而完全丧失抵抗能力。（图2-2-16、图2-2-17）

图2-2-16

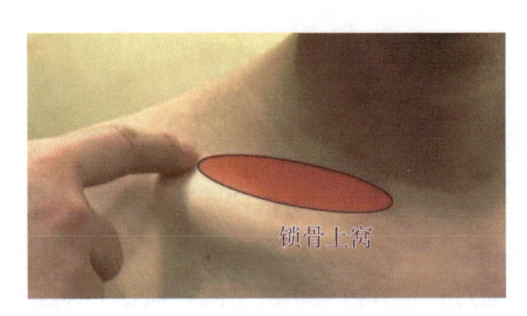

图2-2-17

（三）头颈、脊柱部

周围神经系统中除大脑直接发出的12对脑神经，分布于头部、面部、颈部外，由脊柱中心脊髓发出脊神经，可分为躯体神经（运动、感觉神经）和自主神经（内脏、血管、腺体）。在人体的颈部、背部有大量的神经通过，且不易保护。那么对颈部、后背脊柱的击打，必然会直接刺激损伤神经系统，使对方丧失抵抗能力或直接造成伤残或死亡。

例如，对颈椎的旋拧切打，可直接使颈椎错动而伤及神经和脊髓；从背后对胸椎或腰椎的突然猛力击打，可直接损伤脊神经或造成死亡。（图2-2-18）

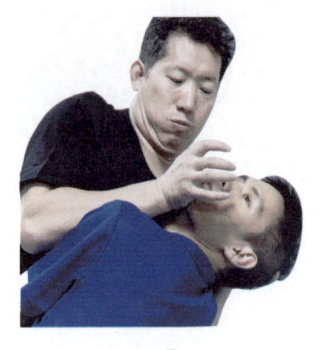

①

②

图2-2-18　颈椎的旋拧切打

（四）重要脏腑浅表部

自主神经分布于内脏、血管、腺体等处，尤为内脏部位较为丰富。因而对人体重要内脏浅表部位的击打、掐拿，均可造成剧烈疼痛而丧失抵抗能力，严重时甚至造成破坏性损伤而危及生命。如：肝区（腰肋部右侧）、脾区（腰肋部左侧）、胃区（心口左下侧）、前胸心区（心窝处）、背后心区、背后腰肾区等。（图2-2-19）

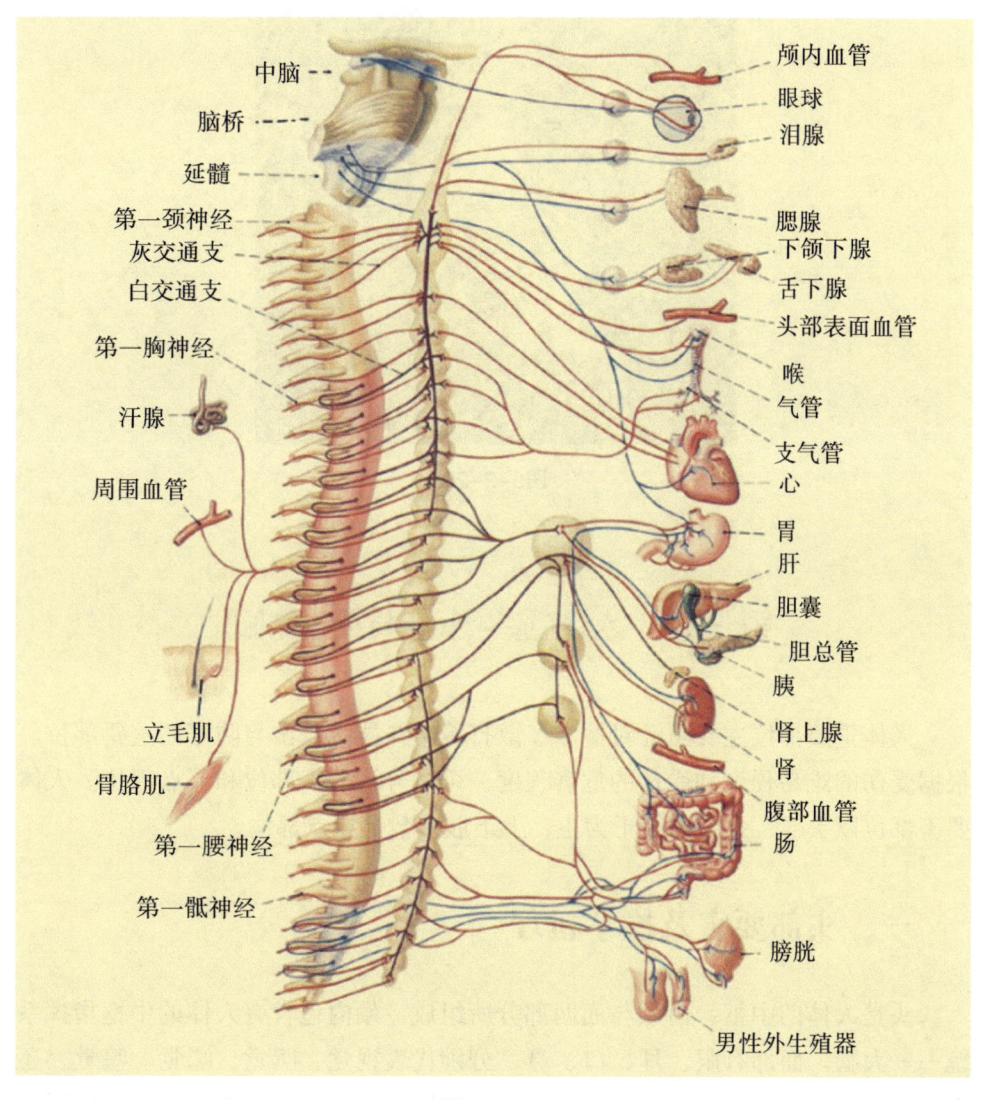

图2-2-19

例如：在腹部（中右部）有腹神经、淋巴丛结，一经击打造成剧烈放射状疼痛，引起整个腹肌痉挛，而使对方直不起腰来，丧失反抗能力，被我擒拿。（图2-2-20）

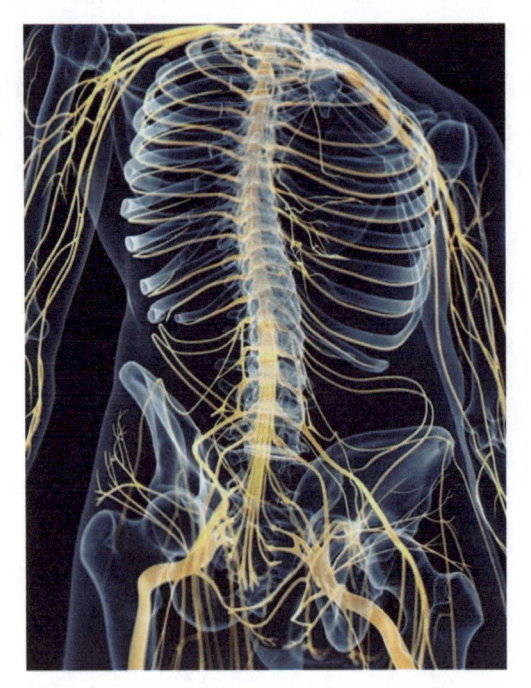

图2-2-20

第三节　人体重要部位与擒拿机理

人体重要部位主要是针对擒拿、散打等格斗技术攻击与防守的重要部位。根据受伤的难易程度和受伤的危害程度，可以分为要害部位和要点部位。人体要害部位以头部、颈部和躯干为主，上下肢多数是要点部位。

一、头部要害及擒拿机理

头是人体的中枢，由颅与面两部分所组成。颅内包含有人体的中枢指挥系统——大脑。面部有眼、耳、口、鼻，分别代表视觉、听觉、味觉、嗅觉，还有一种感觉器官是位于内耳前庭的"位置器"，也叫"平衡器"。头部的器官都非常重要，对于头部的击打、掐拿可直接使对方完全丧失抵抗能力，甚至危及生命。

在擒拿技法中，头部的打击和掐拿部位较多而集中，头部的重点穴位较多，如太阳穴、百会穴、风府穴等都是擒拿打击的目标。头部的凹陷处，如眼窝，耳后窝，耳前窝，腮窝等，则是点按、掐拿、扳旋和击打的要害部位。

1. 太阳穴（翼点）

太阳穴属经外奇穴，位于眉尖和外眦（俗称外眼角）之间向外移一指左右的凹陷中（图2-3-1）。此处是颅骨骨质薄弱的部分，深面有脑膜中动脉前支经过。

颅骨平均厚度为5毫米，最厚处达1厘米，而太阳穴处平均厚度只有1～2毫米，医学上称此处为翼点（图2-3-2）。故击打此处时，可据力量大小，轻则直接震荡大脑，使人视线模糊、眩晕，重则出现外板完整，而内板发生骨折，同时，骨折片可刺伤颅内的血管、静脉窦、脑膜和脑组织而引起严重的合并症。另一方面，脑表面的脑膜中动脉经过该处，因此骨折易引起该动脉血管破裂，致硬膜下血肿、脑挫裂伤，继而引起脑疝死亡。故而不可轻易击打此处，如因特殊情况，击打此处后可导致对方昏倒，如不及时救治可危及生命。

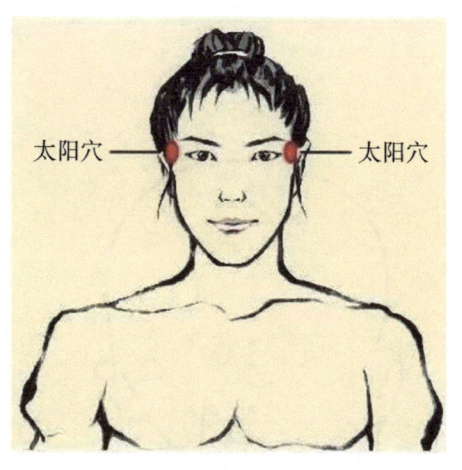

图2-3-1

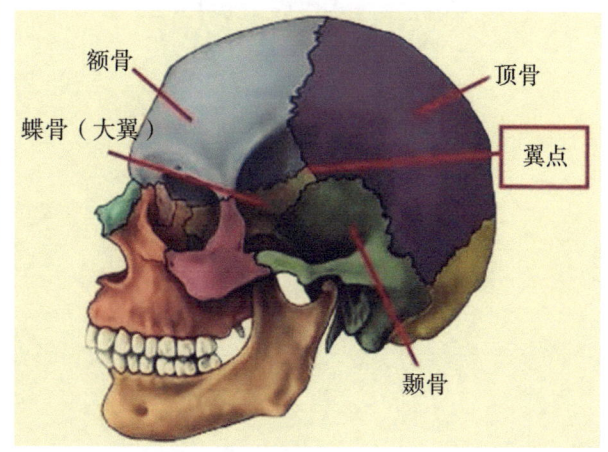

图2-3-2

2. 风府穴、风池穴

风府穴属督脉经穴位，在枕骨下沿的凹陷中。枕骨位于顶骨之后，并延伸至颅底。在枕骨的下面中央有一个大孔，叫枕骨大孔，枕骨下缘紧临颅底的枕骨大孔，此孔为脑和脊髓相连的通路。孔的两侧是枕骨与脊柱的寰椎关节相连，枕骨大孔的后上方有一枕外隆凸，此处俗称反骨。风府穴在脑后与颈椎相连处可摸到枕外隆凸的下缘与两侧斜方肌之间凹陷中，是督脉和阳维脉的交会穴。快速切击风府穴，可直接引起寰椎与枕骨大孔相错，轻者造成脑脊神经损伤，使人立即昏厥，重者直接错断脑脊神经的连通，而使人立即死亡，切记不可轻易使用。（图2-3-3）

风池穴为足少阳胆经穴位，在脑后枕骨下缘，胸锁乳突肌和斜方肌起始部之间的凹陷中，此处为寰枕后膜及寰椎后弓两侧，有枕大神经经过。向斜上方掐拿此处，可控制其头部的运动，并造成剧烈酸疼。如同时向斜前下方插掐，其必前俯直至前倒。若对方不听指令行走时，可掐拿此处控制对方行走。在擒拿过程中亦可配合其他技术，掐插此处，使对方立即倒地，实施锁捆擒拿技法。（图2-3-4）

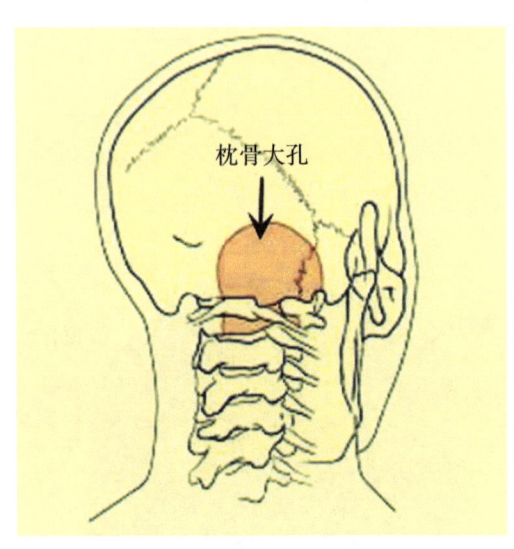

图2-3-3

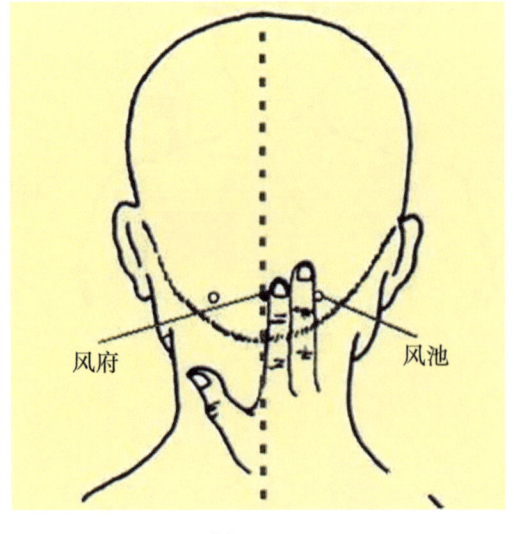

图2-3-4

3. 百会穴

百会穴是督脉经穴位，在头顶正中，位于两耳尖直上，与头顶正中线交叉之点。此处为颅骨连结的冠状缝与矢状缝的交点。医学临床上常借此处的膨出或凹陷，判断颅内压的高低。故而此处也是头部的薄弱要害部位，击打此处，轻则造成震荡而引起眩晕丧失抵抗能力，重则造成脑损伤，颅内出血而导致死亡，因而不可轻易以重手法击打此处。《九重天·七星诀》中记载："囟（xìn）颠最怕天雷击，玉梁双合鬼神嚎。"中的囟颠就指百会穴。（图2-3-5）

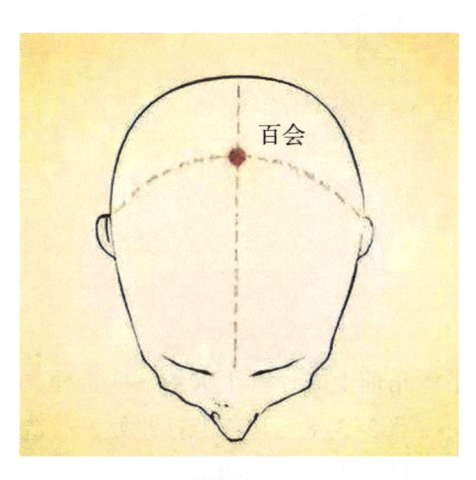

图2-3-5

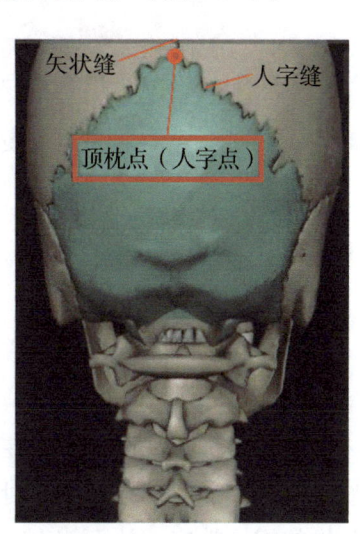

图2-3-6

4. 顶枕点

顶枕点又称人字点，位于脑后枕外隆凸上方6厘米处，是颅骨连结的矢状缝与人字缝的相交点，呈三角形，也是头部的薄弱要害部位（图2-3-6）。击打此处，或后倒此处撞击地面。轻则造成震荡而引起眩晕，重则造成颅内出血，脑损伤而死亡，不可轻易击打此处。

5. 眶上切迹

眉弓又称为"眉骨"，位于眶上缘上方的弓状隆起。眉弓处有一眶上孔也叫眶上切迹，有眶上血管和神经穿出，击打此处可引起眶上血管及神经损伤，同时亦可震荡损伤眼部，造成眼球充血，并引起剧烈疼痛。因为眉弓保护着眼窝凹陷中的双眼，击打眉弓虽能损伤双眼引起疼痛，但不致于致瞎致残。眼球受伤及眶上神经受到刺激会引起疼痛和出血，触及视神经会造成视线模糊，因而失去判断与支配自己的攻守能力，从而给我方实施擒拿技术造成有利的时机。（图2-3-7）

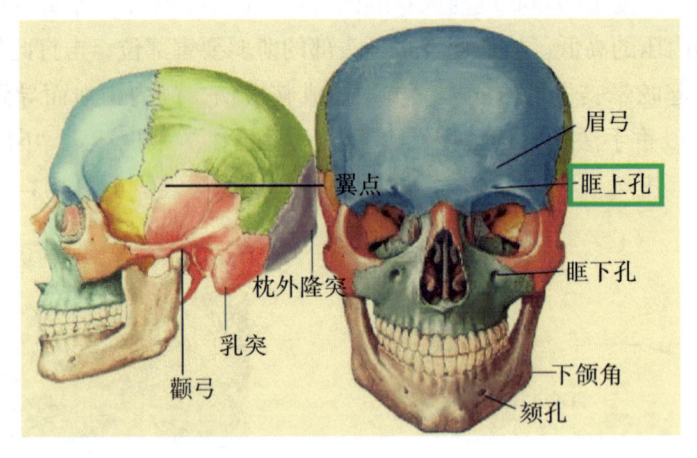

图2-3-7

6. 颊车穴

颊车穴俗称"跌倒穴"，在面颊部，下颌角前上方，耳下大约一横指处，咀嚼时肌肉隆起时出现的凹陷处，左右各一（图2-3-8）。若击打此处，易造成颈椎的震摆效应，从而使人直接跌倒。下颌角位于下颌体的下缘与下颌支后缘相交处，下颌角骨质较薄，击打此处常常容易引起骨折，造成剧烈疼痛而使对方丧失战斗意志（图2-3-7）。在实际搏击中人们常常要微收下颌，或做耸肩动作来保护此处。

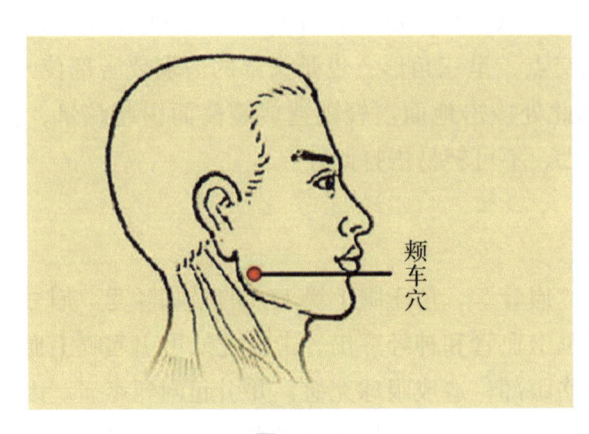

图2-3-8

7. 鼻骨、泪骨

鼻骨是成对的长方形骨板，构成鼻腔上壁的一部分，它上厚下薄，中有鼻骨孔通过小静脉，并有筛前神经分支经过，同时有来自眼动脉的鼻背动脉、额内侧动脉，内眦动脉及筛前动脉。故而击打此处极易造成鼻骨骨折，引起大量出血，造成呼吸困难。同时因鼻骨与泪骨相邻，泪骨薄而脆，击打鼻骨的同时往往累及泪骨，造成鼻部酸疼难忍，流泪不止，视线模糊，从而削弱或丧失战斗力。（图2-3-9）

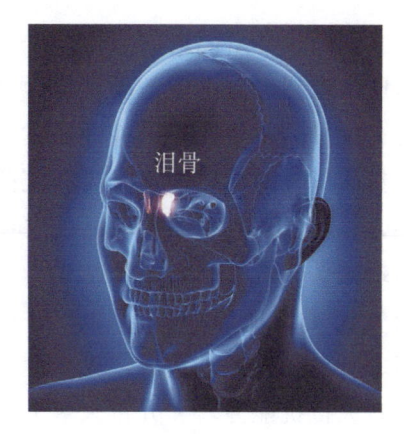

图2-3-9

8. 下颌颈

腮部的下颌颈及颏孔均较薄弱，暴力击打后，极易引起下颌颈与颏孔部骨折，从而伤及血管神经，使对方丧失战斗意识；同时在对方张嘴或叫喊时，向斜下方搓击或击打。因下颌关节是联合关节，关节窝宽而浅，韧带松驰，关节灵活，在开口时由于下颌小头移至关节结节而处于不稳定状态，此时向下用力击打，使下颌骨过度下降，下颌小头与关节盘，可通过关节囊薄弱的前壁，移至关节结节的前方，形成前脱位，造成剧烈疼痛，闭不上嘴，无法叫喊，削弱其战斗力。（图2-3-10）

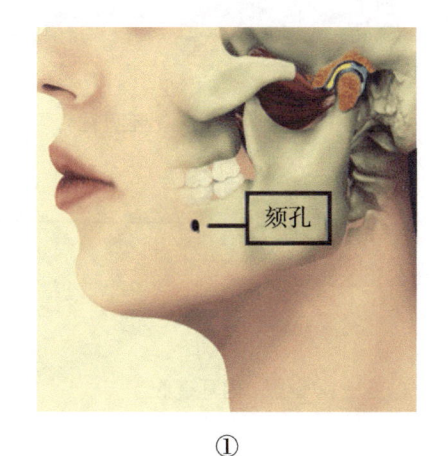

① ②

图2-3-10

9. 耳门

耳门是耳沿洞前的穴位之一，但通常也指解剖学中的外耳道，其处有大量的重要血管、神经通过。击打该部位时造成冲击气流和震荡冲力，通过外耳刺激震荡耳前庭器和蜗器，轻者引起耳鸣、眩晕。重则气流击穿鼓膜导致耳聋，并震荡、刺激脑神经，造成休克，使对方丧失抵抗能力。《九重天·七星诀》中记载："囟颠最怕天雷击，玉梁双合鬼神嚎。"中的玉梁就指耳门。（图2-3-11、图2-3-12）

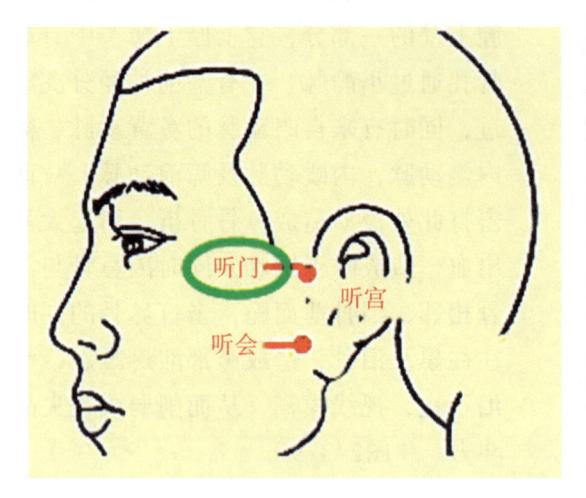

图2-3-11

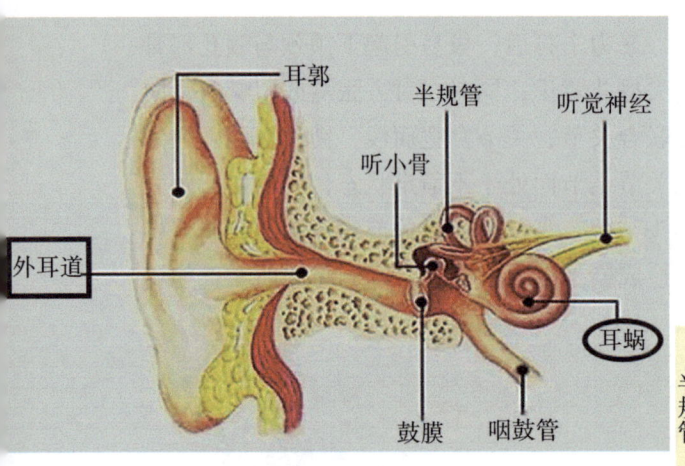

①

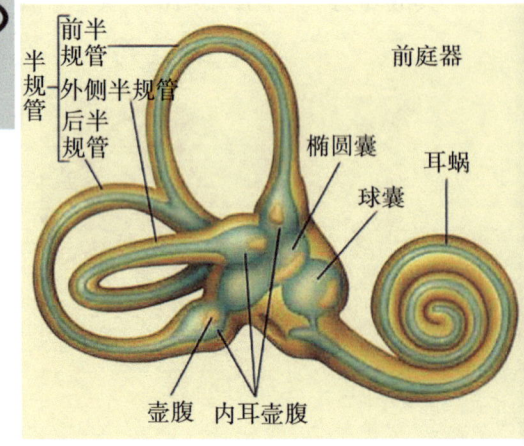

②

图2-3-12

10. 翳风穴

翳风穴为手少阳三焦经穴位，在耳垂后乳突和下颌骨之间的凹陷处。此处有大量的神经血管经过，如有面神经、舌下神经、迷走神经、耳大神经、副神经等。插、掐此处可引起剧烈酸疼，而减弱反抗能力。尤其是对方不服从指挥行走时，我又不能使用暴力伤害对方时，可用各种手法插、掐此部位，如用拇、食指合掐其耳垂，用中指插其翳风穴（耳垂后窝），或用四指扶其颈部，拇指在其窝穴中，合力掐拿等，均可引起剧烈酸疼，并控制其头部，迫使对方服从命令。（图2-3-13）

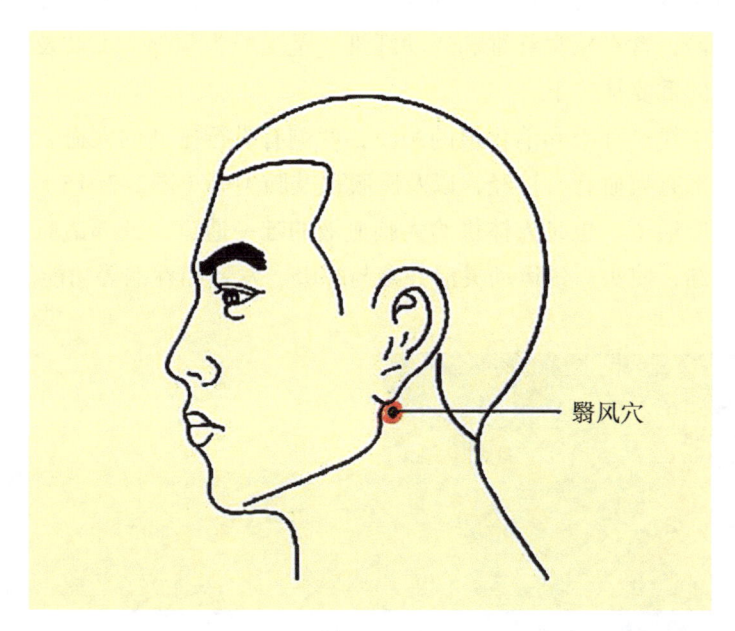

图2-3-13

另外，如用拳背指根骨节处击打，或用掌击打此部时，因其为颅底与颈椎连结的侧异，遭暴力击打易引起脑脊神经损伤，轻者昏厥，重者立即死亡，千万要谨慎使用。

《九重天·七星诀》中记载："寿台后台两钩翻，旋台旋击扶桑尽。"中的寿台即完骨，穴位就是"翳风穴"。后台是指头后枕骨，穴位是"风府穴"。两钩骨是指下牙床骨，穴位为"颊车穴"，容易使人跌倒。旋拧颈椎尤其是寰椎和枢椎（旋台骨）和击打扶桑（太阳穴），可直接致人死亡。

二、颈部要害部位及其擒拿机理

（一）颈部的主要结构特征和运动特点

颈部位于头、胸和上肢之间。颈椎将颅骨与胸椎相连接，并发出8对颈神经，形成颈丛神经和臂丛神经（图2-3-14）。从颈丛发出的神经，分布于头颈部肌肉与皮肤，其中最长的一条是膈神经，入胸后分布于膈肌。臂丛神经由颈侧，经锁骨中段处入臂形成肌皮神经、正中神经、尺神经和桡神经。臂丛神经是混合性神经，含有感觉纤维和运动纤维，是支配头颈部、上肢及膈肌（主要的呼吸肌）的重要神经干。

颈前方中线有呼吸和消化道的颈段；两侧有纵行排列的大血管、神经和淋巴结；颈根部有大血管、神经，以及胸膜顶及肺尖等（图2-3-15）。颈部是人体主要的呼吸通道，也是人体供给大脑血液的唯一通道。颈部诸肌作用于颈、脊柱间的连结，使头、颈运动灵活并参与呼吸、发音和吞咽等功能。

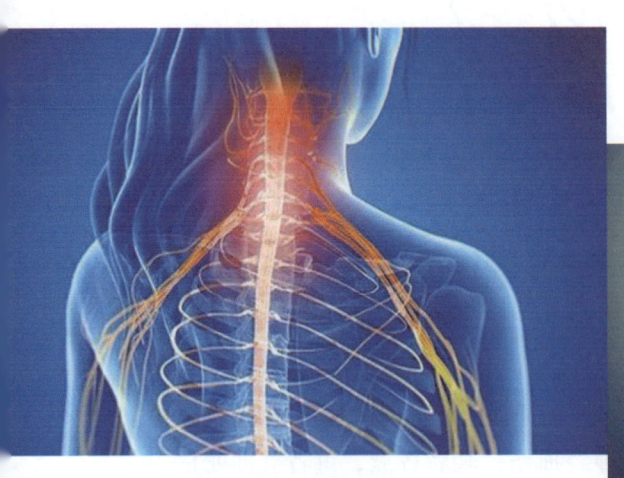

图2-3-14

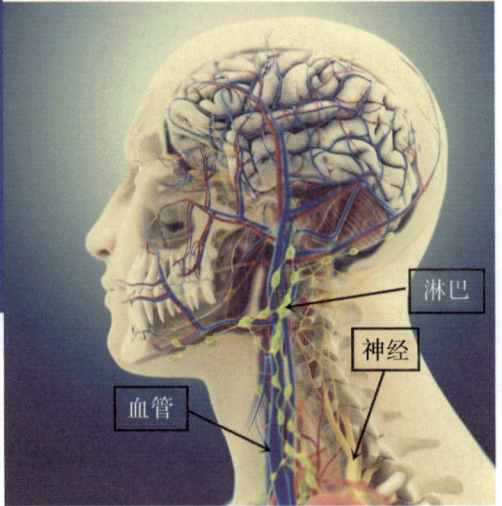

图2-3-15

（二）颈部要害部位及擒拿机理

由于颈部所处的重要位置及其生理作用与结构、运动特点，因此在实用擒拿技术中，可以通过对颈部的插、掐、缠、抱、挟阻断人体呼吸，阻断对大脑中枢神经的血液供应。并根据用力的大小、作用部位及作用时间的长短，使对方窒息、昏厥直至死亡。对颈部的切打、旋拧是作用于颈椎，尤其是寰枕关节和寰枢关节。寰枕关节和寰枢关节构成联合关节，使头能作多轴运动，即能使头作俯仰、侧屈和旋转运动。损伤颈椎关节还可以达到损伤和阻断中枢神经的目的，所以对颈部的各种擒拿手法，可削弱或完全解除对方的反抗能力。它是实用擒拿技术中重要的技法之一，往往能达到一招制敌的目的。因此一定要针对敌情的不同、矛盾性质的不同慎重使用，特别是可造成重大伤害或直接致死的技法，更应慎之又慎，不得轻易妄使。

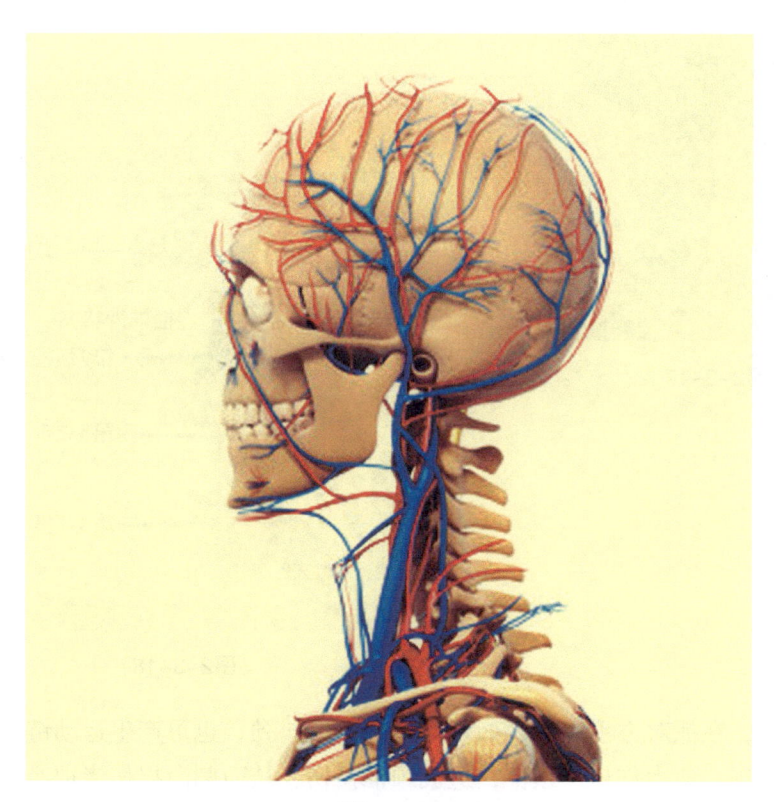

图2-3-16

1. 第1、2颈椎

由于头部质量大，位于颈部后、侧部的第1、2颈椎又是颈部诸肌肉起始部，切击此部位可使头部产生反弹震荡效应，从而加大作用于寰枕、寰枢及其他颈椎关节的力。轻则使寰枢关节的齿突移动，刺激压迫脊髓，使对方沿脊柱产生触电热灼感，而削弱或丧失抵抗能力；或使对方立即昏厥，并引起严重后果；重则直接使颈椎错位，切断脊神经、脊髓，造成对方立即死亡。因而目前的散打、泰拳、综合格斗等竞赛，颈部都作为禁击部位。（图2-3-17、图2-3-18）

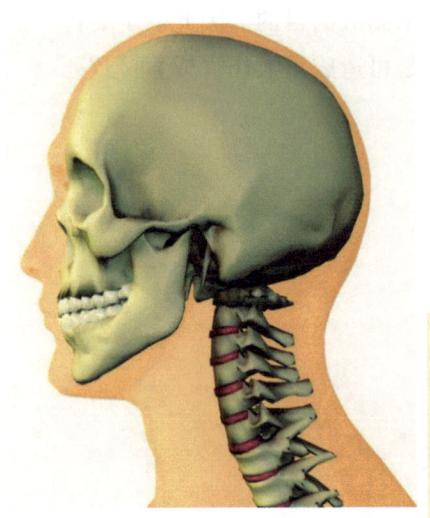

图2-3-17

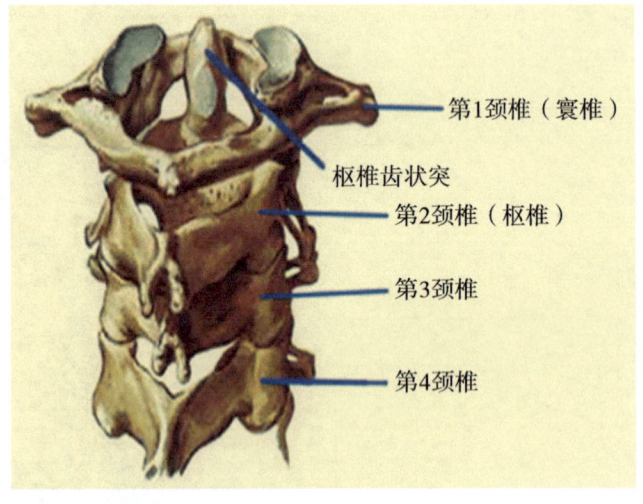

图2-3-18

另外，在抓对方手腕后，如果突然向下发抖劲，也可产生运动链的效应反弹震荡作用，使力作用于颈椎，造成颈椎损伤，从而刺激损伤诸神经，轻者使对方颈项僵直疼痛、颈肌痉挛而丧失抵抗能力；重者造成对方肩、臂麻木、颈椎受损，甚至四肢麻木、瘫痪等严重后果。

2. 喉结

喉是构造复杂的管状器官，不仅是空气出入的管道，也是发音器官，还有一部分感受味觉和吞咽的功能。甲状软骨是最大的喉软骨，它与环状软骨、会厌软骨等连结形成。喉结突出部位是甲状软骨的前角，可以简单地把喉结理解为甲状软骨（图2-3-19、图2-3-20）。甲状软骨周围有丰富的血管和神经，其外下缘周围又有甲状腺。切击此处可造成剧烈疼痛，并同时引起吞咽、语言及呼吸障碍，从而减弱对方的抵抗能力，严重时可造成暂时性窒息。特别是当对方仰头时，突然切击此处效果更好。

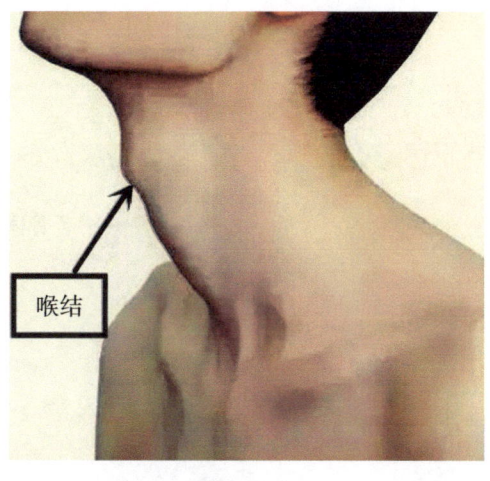

图2-3-19

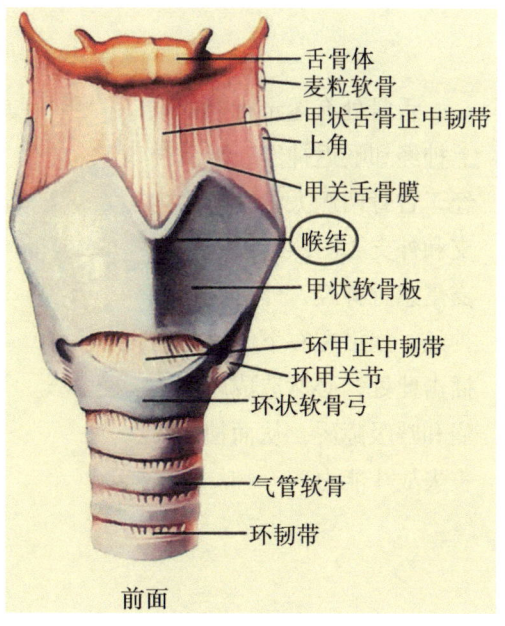

图2-3-20

3. 舌骨

舌骨亦称"语言骨"，位于颈部，是中轴骨中较独特的部分，它不与其他任何骨形成关节，而是以韧带及肌肉悬挂在颞骨的茎突。舌骨在下颌骨与喉之间支持舌头，并当作某些舌头肌肉的附着处。（图2-3-21、图2-3-22）

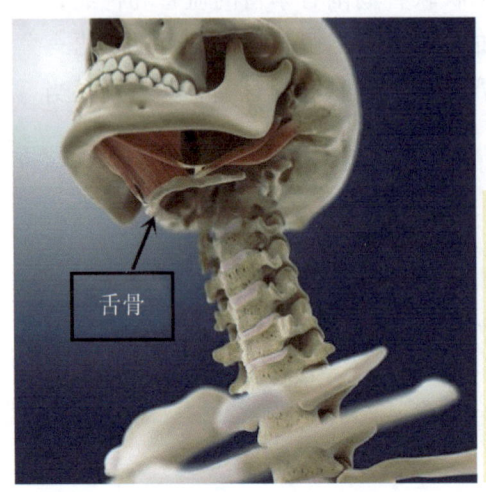

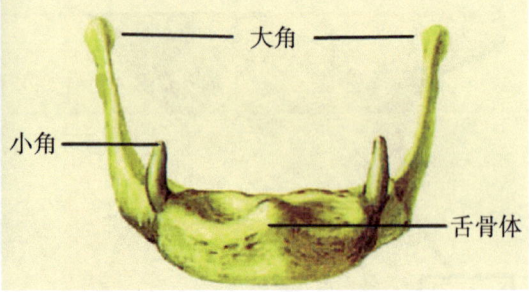

图2-3-21

图2-3-22

舌骨处有迷走神经的喉上神经和喉返神经，喉上神经于舌骨两侧大骨处分为内支和外支（图2-3-23）。内支是感觉神经，外支是运动神经。如沿左右下颌骨猛力插击此处，必然造成剧烈疼痛和呼吸障碍，从而使对方丧失战斗能力。

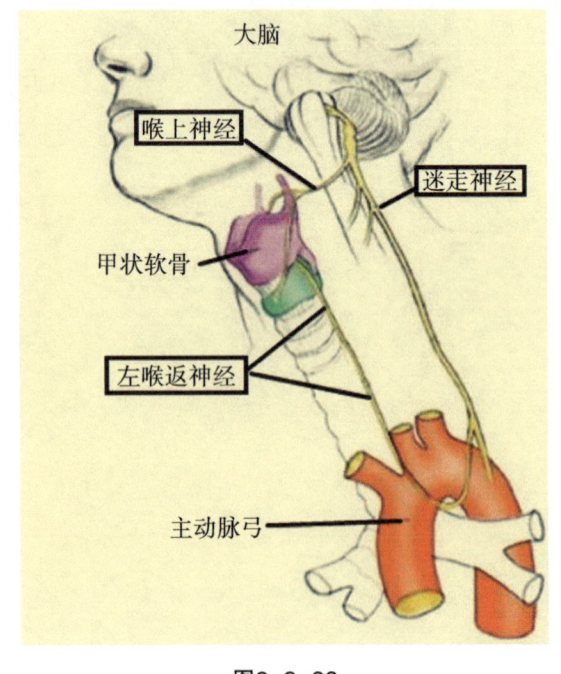

图2-3-23

4. 天突穴（胸骨上窝）

天突穴是任脉经穴位，在胸骨切迹上缘正中上0.5寸凹陷处，也就是颈下正中凹陷处（图2-3-24）。向斜下方插击此处，可阻断气管、颈总动脉、锁骨下动脉，同时刺激膈神经、迷走神经等。造成对方剧烈疼痛、呼吸困难、心跳加速、恶心等症状。一般采用手指作钩状，一面插压，一面下拉，其必前跌，造成擒拿态势（图2-3-25）。

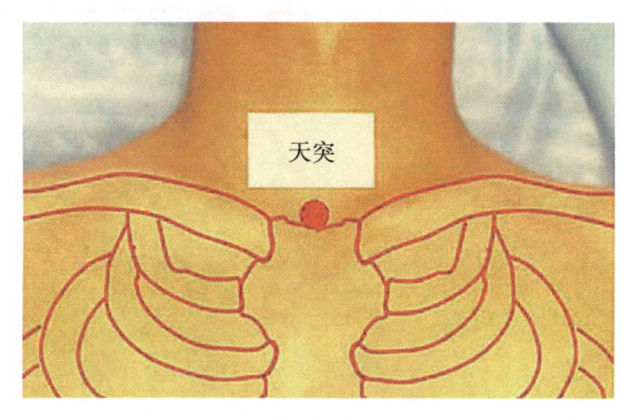

图2-3-24

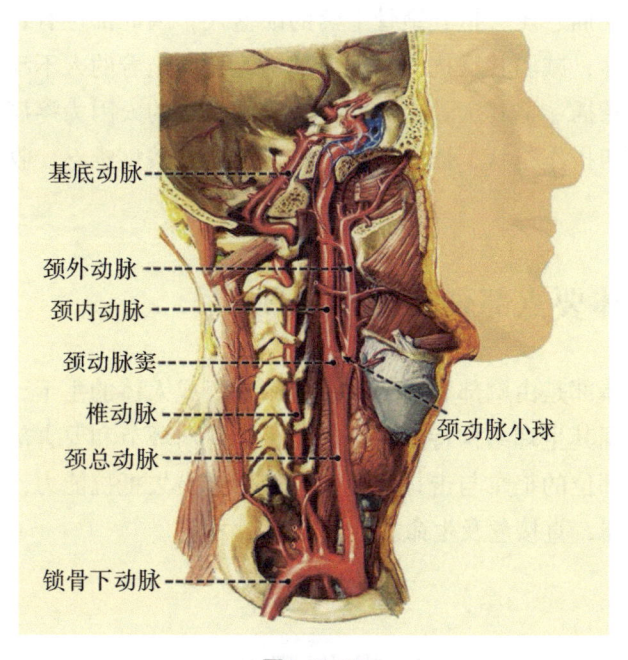

图2-3-25

5. 缺盆穴（锁骨上窝）

缺盆穴属足阳明胃经。缺盆穴位于人体的锁骨上窝中央，距前正中线4寸，直对乳头。在锁骨上窝之中点，有颈阔肌、肩胛舌骨肌，上方有颈横动脉通过，浅层有锁骨上神经和颈外静脉分布，深层有肩丛神经丛和锁骨下动脉经过。（图2-3-26、图2-3-27）

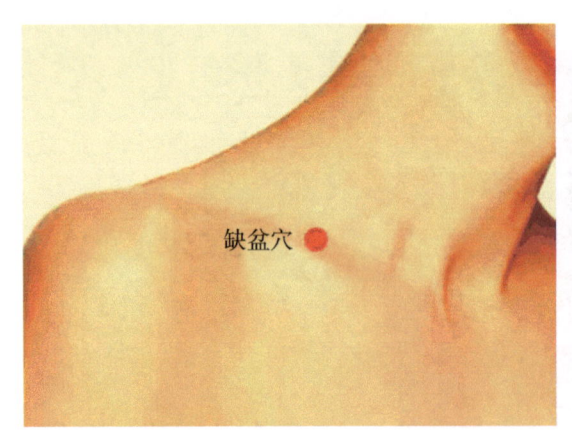

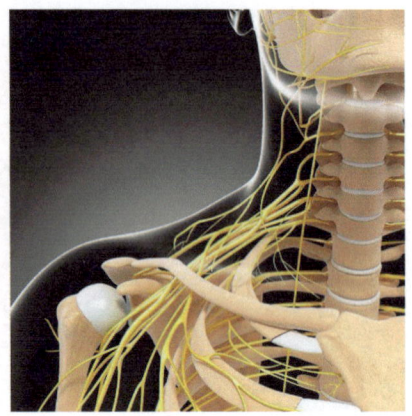

图2-3-26　　　　　　　　　　图2-3-27

擒拿技术中插、压、抠其锁骨上窝的缺盆穴，因此部位有臂丛神经通过，可造成剧烈酸疼，减弱其反抗的能力。如想让背向坐着的人不动，我方可用四指扶其肩，拇指插、掐其锁骨上窝缺盆穴，则坐着的人因为疼痛则不能随意站立；也可采用四指作钩状，插压拉该部位，使对方酸疼难忍，收腹弓背，随手前跌。

三、躯体要点部位及擒拿机理

人体的躯体部是由胸部和腹部所组成，它组成人体的主干，其内有人体的全部脏器，依据其生理结构特点，存在着不少薄弱环节和要害部位。对这些薄弱环节和要害部位的掐拿与击打，不仅会使对方丧失抵抗能力，而且有的部位可直接损伤脏器，直接危及生命。

1. 胸骨下角（心口窝）

胸骨下角是中心两侧肋弓与剑突共同形成向下开放的角，俗称心口窝，即胸骨剑突部位（图2-3-28）。因剑突后的内脏器官有心脏下部（心室），下缘正好是肝与胃的重叠处，而剑突往往是软骨组织，此处又无肋骨保护脏器，故而击打此处可直接震荡心脏，刺激膈肌与下位肋间神经，使人心闷，呼吸困难、腹壁剧烈疼痛以致强直，丧失抵抗能力。严重的可同时引起胃充血，心脏震颤，肝脏破裂大出血，而导致昏厥或直接引起死亡。（图2-3-29）

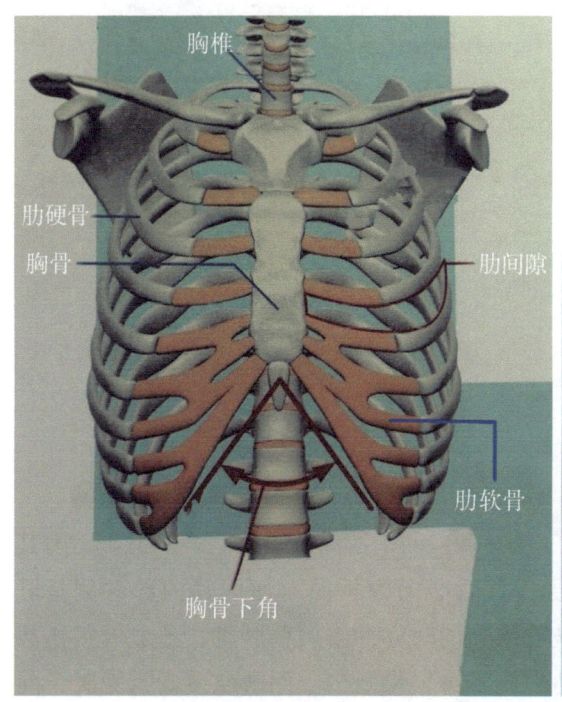

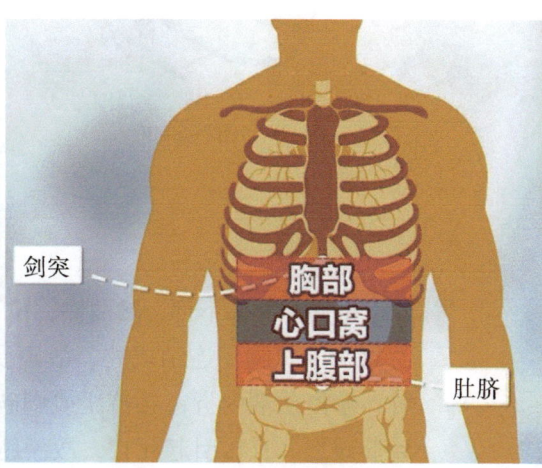

图2-3-28

图2-3-29

击打时一般应注意击打部位稍靠下一些，以免直接波及心脏，造成死亡。

2. 两肋

两肋指人体躯干部脊椎骨两侧的肋骨。人体肋骨共有12对，左右对称，后端与胸椎相关节，前端仅1至7肋借软骨与胸骨相连接，称为真肋；8至12称为假肋，其中第8至10肋借肋软骨与上一肋的软骨相连，形成肋弓，第11、12肋前端游离，又称浮肋（图2-3-30）。从骨骼结构看，真肋不易损伤，假肋的肋骨与软骨连结处易发生骨折，此两侧若受到暴力击打时，易使心脏受到震荡刺激，严重时可出现肋骨的内向骨折，致使心脏、肝脏损伤，导致大量出血而死亡，因此，不可轻易使用（图2-3-31）。

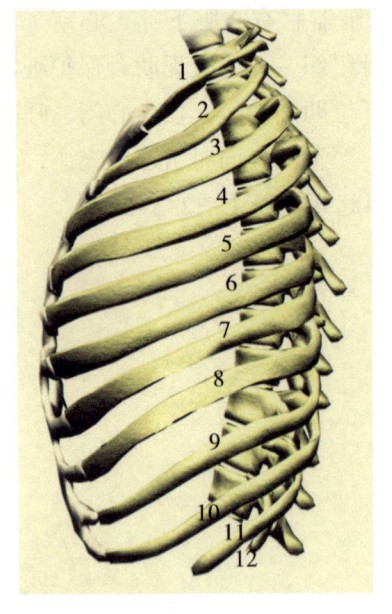

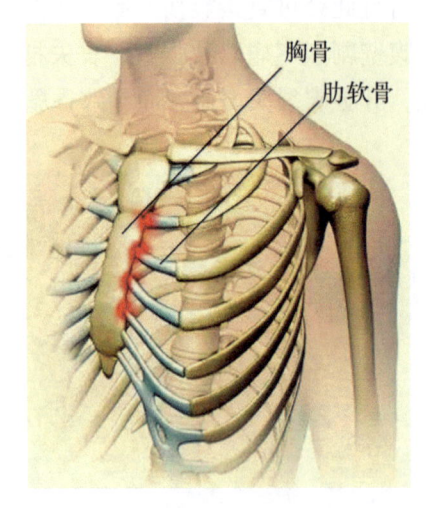

图2-3-30　　　　　　　　　　　图2-3-31

3. 两胁

两胁即胸廓下部，腰两侧，位于第11和12两个游离肋端（图2-3-32）。因其游离端未与胸骨连结成腔，故遭受击打后必向内折曲，而因其内部右侧是肝脏，游离肋端内折，必挤压或刺破肝脏，同时亦冲击震荡肝脏，造成肝损伤甚致肝破裂，直接引起死亡，故两胁右侧不可轻易猛击。两胁左侧内为脾脏，同上述道理，易引起脾破裂而大出血、危及生命。

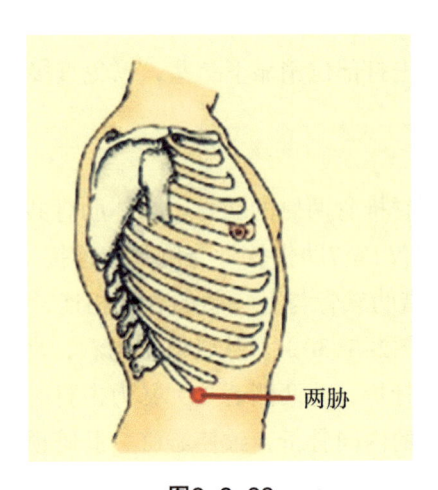

图2-3-32

与两胁对应的穴位是章门穴，属于足厥阴肝经，脾经募穴。它位于人体的侧腹部，第11肋游离端的下方。上曲前臂，用肘尖夹紧两侧肋骨，肘尖正对处即是章门。（图2-3-33）

在警卫工作中，如围观者不听劝阻前拥时，即可用四指插其两胁，或两肘后顶其胁，其必后退。在对方抱搂或摔我时，我方亦可插抓其两胁（章门穴），使对方酸痛而不易发力，便于我方解脱而实施擒拿技法。

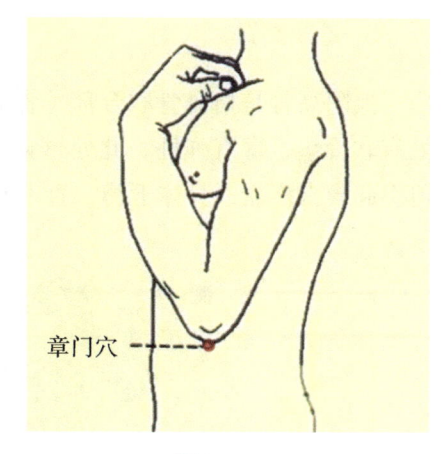

图2-3-33

4. 极泉穴

极泉穴属于手少阴心经，在上臂腋窝中间。腋窝位于胸廓与臂部之间，由肌肉围成腔隙，其内充满疏松结缔组织，为颈部与上肢血管、神经的通路，腋筋膜中央较薄，由许多血管、神经和淋巴通过，呈筛状腋窝，有臂丛神经、腋动脉通过。从解剖特点上来说，此处既无肌肉，又无骨骼保护。因此插击、掐拿此部位，一般可使对方手臂有放射状触电感，从而丧失运动能力；重则损伤神经、血管，造成上肢运动障碍，甚至血肿、瘫痪及其他合并症。（图2-3-34）

如遇被对方抓住手腕不放或者对方手拿凶器不放时，可猛力插击对方极泉穴，使其松手。

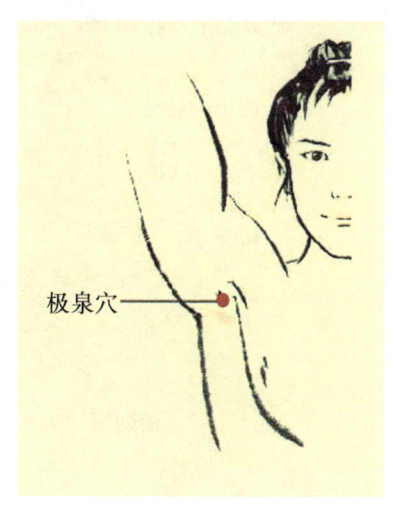

图2-3-34

5. 撩阴高骨

撩阴高骨是指耻骨联合部（骨盆前联合），位于阴部毛际，由于耻骨联合处有软骨垫，富有弹性，此处感觉神经敏锐，所以踢击此部位，不损伤脏器，但引起异常疼痛，身体下蹲，直不起腰而丧失抵抗能力。（图2-3-35）

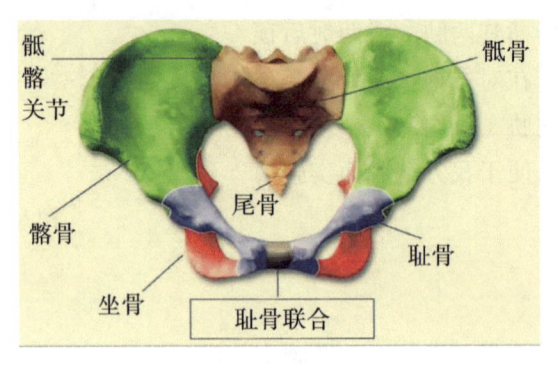

图2-3-35

6. 会阴部

会阴部神经非常丰富，此处很难承受一定的外力击打，因为盆腔内有重要脏器，如膀胱等。外有外生殖器、阴囊、睾丸等。踢打此处，轻则引起剧烈难忍的巨疼，完全丧失抵抗能力；重则引起睾丸、膀胱等破裂，导致休克而死亡。（图2-3-36）

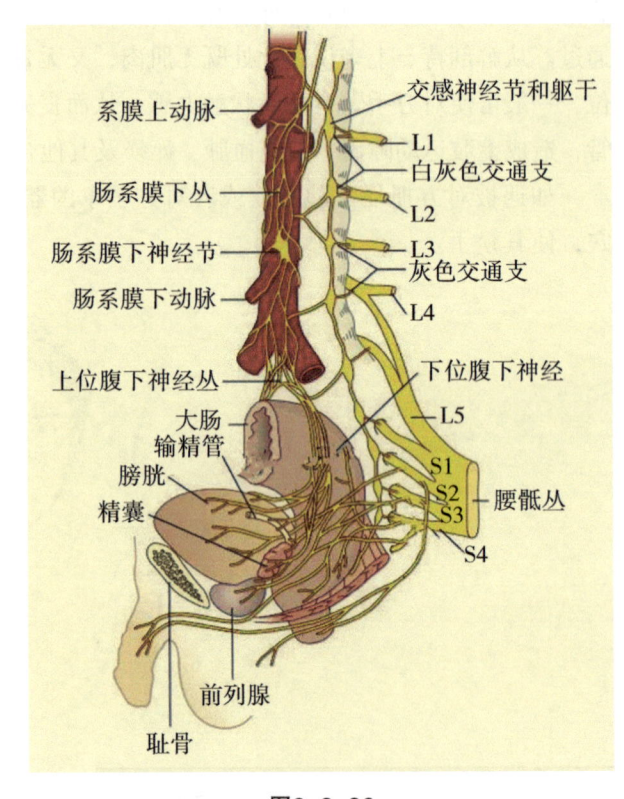

图2-3-36

会阴穴是人体任脉上的要穴，位于人体肛门的生殖器的中间凹陷处。会阴穴与人体头顶的百会穴为一直线，是人体精气的通道。百会为阳，会阴为阴，二者互相依存，维持体内阴阳气血的平衡，它是人体生命活动的要害部位。（图2-3-37）

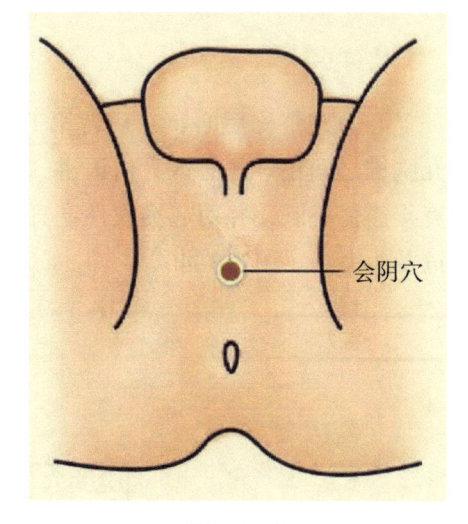

图2-3-37

7. 长强穴

长强穴是位于尾骨端与肛门之间的一个穴道，又名尾闾穴。此处脊神经暴露，若受暴力击打，能直接损伤中枢神经，引起巨疼和瘫痪。在擒拿技术中可击打，亦可抓扣提拉此处。（图2-3-38）

8. 肾俞穴

肾俞穴属于足太阳膀胱经，在后背第二腰椎棘突旁开1.5寸处，两肾位于十二肋与第三腰椎之间。击中后，冲击肾脏，伤气机，易引起截瘫。两肾是一对实质性器官，具有泌尿作用，形如蚕豆状。在腰椎两侧紧贴腹后壁。从生理上看，肾脏是全身代谢最快的器官，有丰富的血管。从解剖角度来讲，肾脏没有肋骨保护，脆弱的两肾，紧贴腹腔后壁，因此击打背后肾俞穴（两肾区），会造成剧烈腰疼，丧失抵抗能力，重则造成内出血，肾破裂而引起严重后果。（图2-3-39）

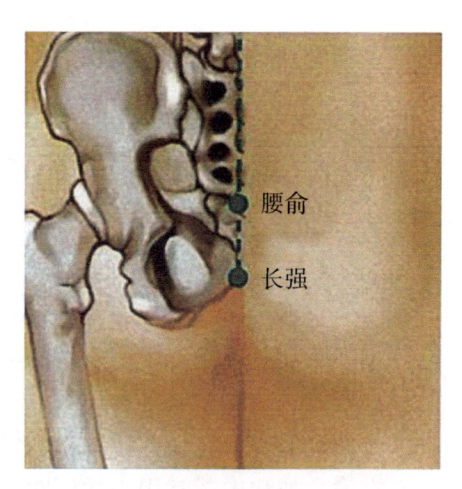

图2-3-38

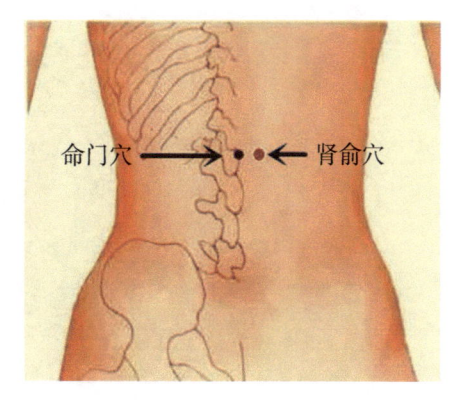

图2-3-39

9. 心俞穴

心俞穴俗称后心，在后背第五胸椎棘突下，旁开1.5寸。在第五胸椎至第九胸椎之间正好是心区，俗语讲"前心深如井，后心薄如饼"，击打此区，可直接震荡心脏，并引起突发性窒息，使对方完全丧失抵抗能力，严重时可直接危及生命。（图2-3-40）

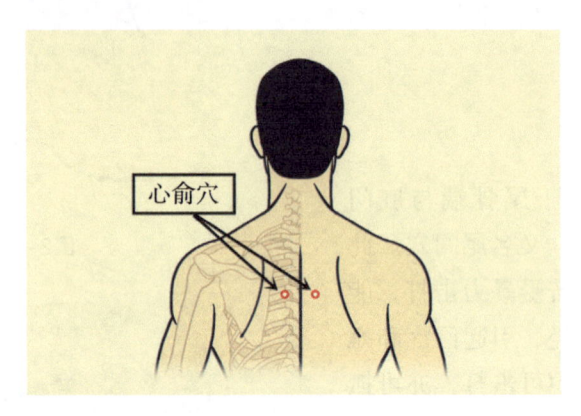

图2-3-40

10. 腹股沟

腹股沟位于大腿股部与腹前壁的交界处，在腹股沟中段，是股动脉、大隐静脉等重要血管及坐骨神经、生殖股神经、髂腹股沟神经等重要神经的通路，其口下两侧又有卵圆孔和腹股沟管，而其表面又无强大肌群保护，因此插切此处，必使其酸疼难忍，人必后坐跌倒。（图2-3-41）

在擒拿技法中，常用手插压对方腹股沟中段，使其向后跌坐倒地。

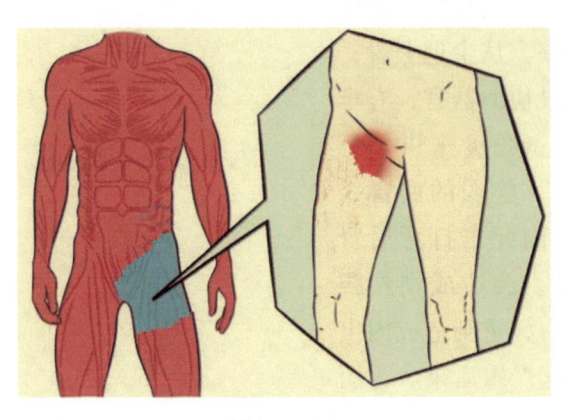

图2-3-41

四、上肢的要点部位及擒拿机理

上肢带骨包括锁骨和肩胛骨。上肢带肌分布于肩关节周围，均起自上肢带骨，止于肱骨，能运动肩关节，并能增强关节的稳固性。上肢带肌主要有：三角肌、冈上肌、冈下肌、小圆肌、大圆肌、肩胛下肌。

（一）上肢带的要点部位及擒拿机理

1. 天宗穴

天宗穴归属手太阳小肠经，位于肩胛部，肩胛冈下窝的凹陷处。天宗穴区有斜方肌、冈下肌；有旋肩胛动、静脉肌支；分布着肩胛上神经。可配合其他擒拿技法掐拿、顶压此穴位，必造成对方酸痛难忍，并削弱其手臂的反抗能力，造成擒拿。（图2-3-42、图2-3-43）

如对方不听行走指令时，除在头颈部介绍的掐拿穴位外，亦可在其身后，以四指扶其肩背，用拇指插、掐其天宗穴，配合四指合力，迫其按指令行走。

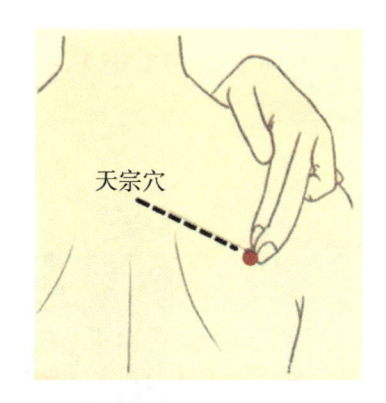

图2-3-42

2. 肩胛骨

肩胛骨也叫胛骨、琵琶骨。位于胸廓的后面，是倒置的三角形扁骨，介于第2至7肋之间。肩胛骨的运动可分为上提、下抑、外旋、内旋、外展及内收等6种运动。（图2-3-43）

顶锁肩胛骨可帮助实施其他擒拿技法，因锁其肩带关节，故在初步控制手臂时，进而锁定肩关节，使其身体不能转动，达到控制全身的目的，以完成全部擒拿技术。

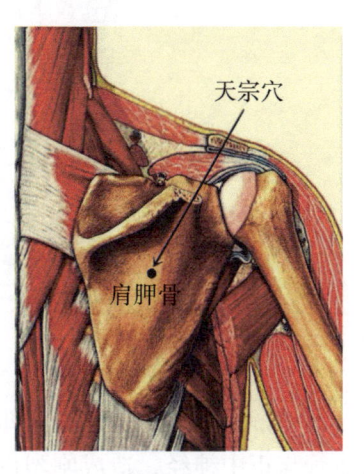

图2-3-43

（二）肘部要点部位及其擒拿机理

1. 肘窝

肘关节囊前后壁较薄而又松驰，又无肌群覆盖保护，在肘窝内有肱二头肌肌腱通过，直臂时肱二头肌腱靠近关节囊，屈肘时肱二头肌腱则离开关节囊而隆起（图2-3-44）。肌腱下有肱动脉、肘正中静脉和正中神经通过。因而掐拿肘窝可造成剧烈疼痛及减弱手臂的运动能力，配合其他关节技法，可实施多种擒拿技术。

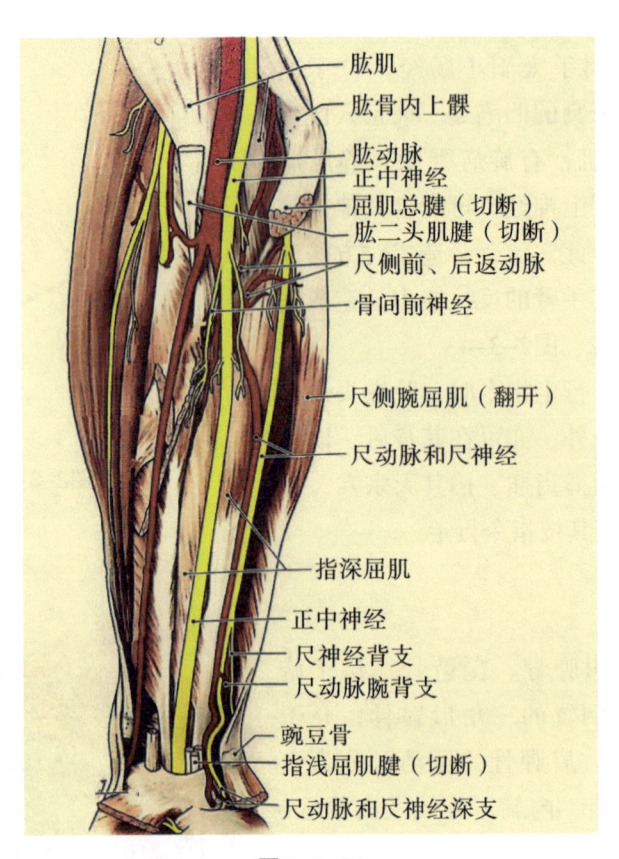

图2-3-44

例如，用拇指掐挑或者用四指掐勾对方的肱二头肌肌腱，这样可挤压、刺激血管与正中神经，造成剧烈疼痛；拇指插挑在肱二头肌腱下所形成的窝内，再配合其他手法控制、旋拧对方肘关节，形成擒拿。

2. 鹰嘴沟、肱骨外上髁

在肘尖内侧，尺骨鹰嘴与肱骨内上髁有一沟，称鹰嘴沟或尺神经沟，沟内有尺神经通过，当屈臂到65°左右时，此沟最明显。此处一经掐拿便会产生触电状剧烈麻痛，而使手臂失去运动能力，俗称磕到麻筋了。在肘窝外侧肱骨外上髁上有桡神经通过，如沿肱骨外上髁用力向里掐拿桡神经，效果与上述相同。（图2-3-45～图2-3-47）

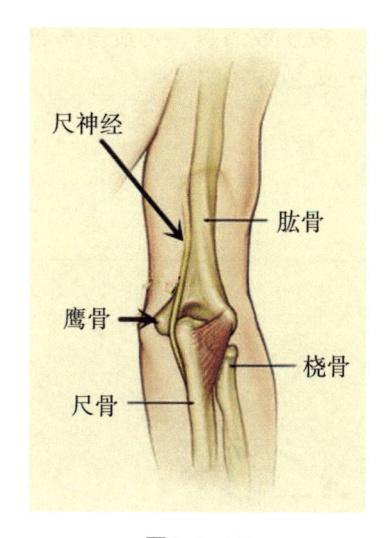

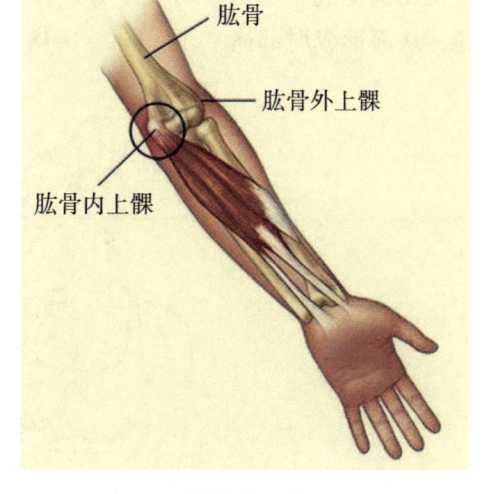

图2-3-45

图2-3-46

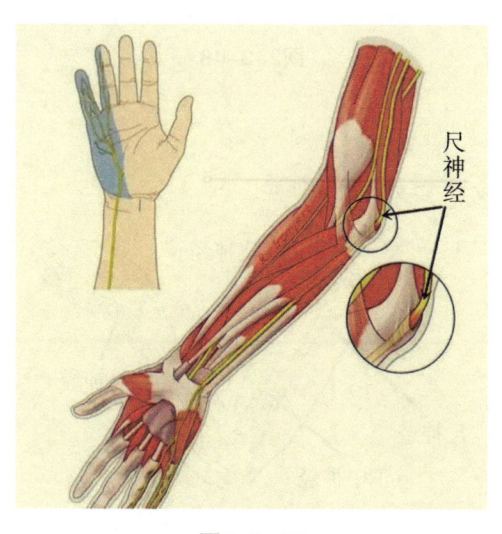

图2-3-47

掐拿肘部肱骨外上髁，常和掐拿肘窝同时使用。如拇指掐挑肘窝、肱二头肌腱，则四指掐拿肱骨外上髁；拇指掐鹰嘴沟，则四指由肘窝外侧向里掐勾肘窝和肱二头肌腱；拇指掐肱骨外上髁，四指则掐鹰嘴沟。手法变化很多，在此不多赘述。

总之，在肘部最主要的擒拿位置有五个，第一个鹰嘴沟主要针对尺神经沟，第二个肱骨外上髁主要针对桡神经，第三个肘窝正中主要针对正中神经和曲泽穴，第四个肘窝外侧主要针对尺泽穴，第五个肘窝内侧主要针对少海穴。技术要依据当时的手抓位置，拇指与四指配合，同时掐拿两处，另外一只手还要配合使用其他擒拿手法，对其手臂进行拧锉、扳压或缠裹、刁旋等多种技法的实施，从而形成肘部擒拿。（图2-3-48、图2-3-49）

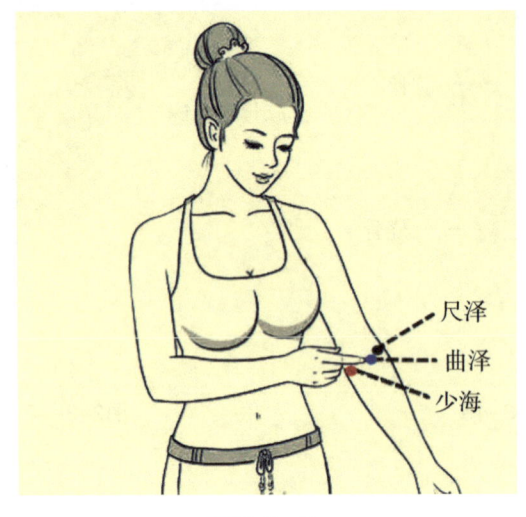

图2-3-48

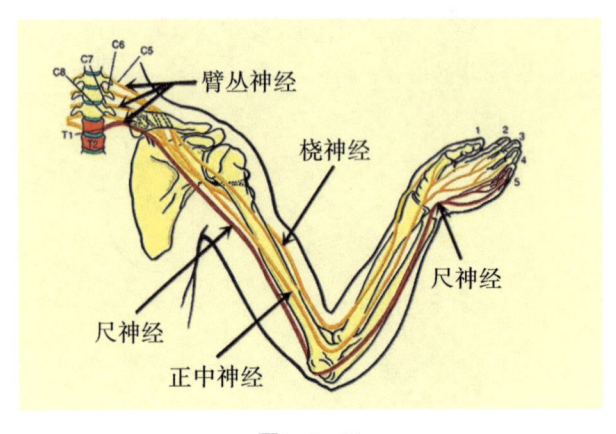

图2-3-49

（三）前臂和腕部的要点部位及擒拿机理

前臂和腕部处于上肢运动链的前端，是实用擒拿技术中最常用的刁、扣、拿、掐的部位，也是在格斗中双方接触概率最高的部位，因此应重点掌握对这些部位掐拿、击打的主要手法，并了解其机理。

1. 内关穴

内关穴属手厥阴心包经，在前臂掌侧，腕横纹上二寸，手臂正中二肌腱之间凹陷处。穴内有正中神经通过，在刁扣前臂前端时，可用四指或拇指向内掐拿此穴，必使对方感到剧烈疼痛。在格斗中也可用拳脊猛击对方内关穴，造成对方剧烈疼痛，削弱对方的战斗力，并乘隙采用技法施以擒拿。这种手法可作为实施擒拿技术的辅助手法。（图2-3-50）

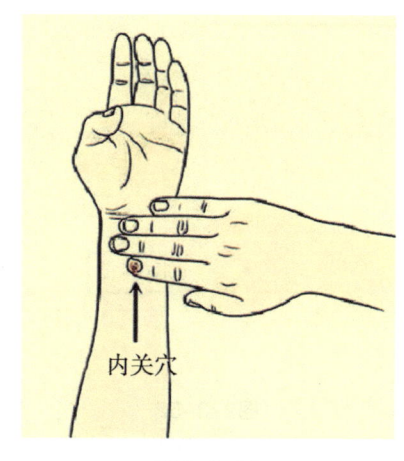

图2-3-50

2. 阳溪穴、阳池穴、阳谷穴

阳溪穴属手阳明大肠经，在手腕背桡侧舟状骨与桡骨之间的凹陷中，解剖学上称此凹陷为"鼻烟壶"。此处窝底有桡动脉和桡神经通过。在刁扣拿腕部时，可用四指或拇指用力掐拿此处，必造成剧烈酸痛，并使对方手指握力减弱以至开掌。这一手法是旋拧前臂的重要手法之一。（图2-3-51）

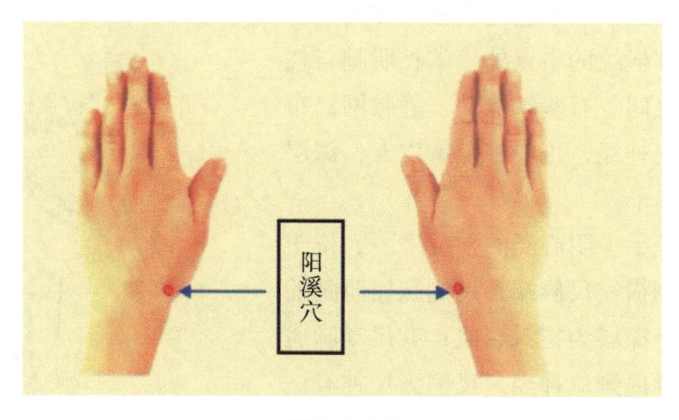

图2-3-51

阳谷穴是手太阳小肠经常用腧穴之一，位于腕背横纹尺侧端，尺骨茎突与三角骨之间的凹陷处。在手掌筋膜深面，尺神经的深支和尺动脉的掌深支行于小鱼际肌浅面，支配并营养该肌群，动脉还组成掌深弓。（图2-3-52）

阳池穴是手少阳三焦经的常用腧穴之一，位于腕背横纹中，指总伸肌腱的尺侧缘凹陷处，下为腕背侧韧带，在指伸肌腱（桡侧）与小指伸肌腱之间；布有腕背静脉网、尺动脉腕背支的分支；有尺神经手背支、前臂后皮神经分布。（图2-3-53）

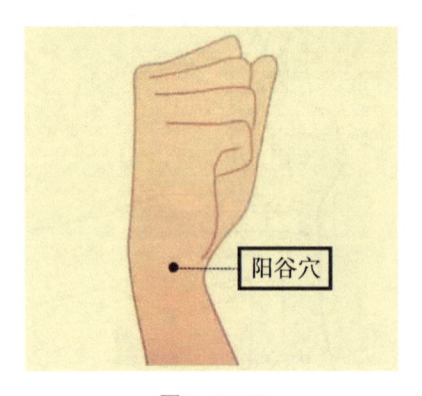

图2-3-52 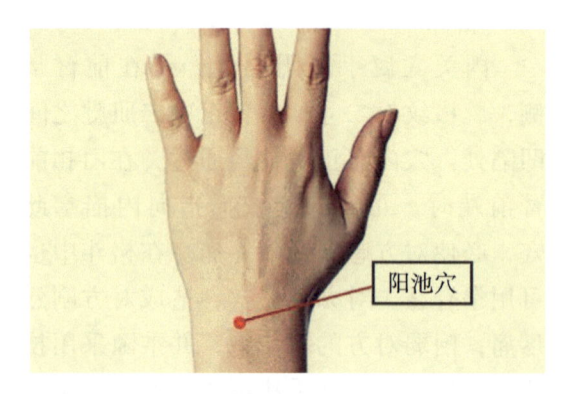　　　　　　　　　　图2-3-53

3. 太渊穴、大陵穴、神门穴

太渊穴位于腕前区，桡骨茎突与舟状骨之间，拇长展肌腱尺侧凹陷中。桡侧腕屈肌腱的外侧，拇长展肌腱内侧，有桡动脉、桡静脉，布有前臂外侧皮神经和桡神经浅支混合支。

大陵穴是手厥阴心包经的输穴和原穴。大陵穴在腕掌横纹的中点处，掌长肌腱与桡侧腕屈肌腱之间。有腕掌侧动、静脉网；布有前臂内侧皮神经，正中神经掌皮支，深层为正中神经本干。

神门穴是手少阴心经的穴位之一，位于腕部，腕掌侧横纹尺侧端，尺侧腕屈肌腱的桡侧凹陷处。深层为指深屈肌；有尺动脉通过；布有前臂内侧皮神经，尺侧为尺神经。（图2-3-54）

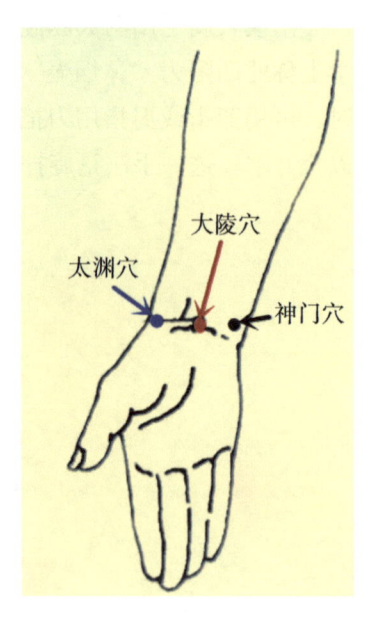

图2-3-54

在尚巧的擒拿技术中，不提倡无精确目标地大把抓握对方腕部，随后更不能死拉硬拽地实施动作技术。擒拿技术应是以拇指和四指作环状，精准地拿扣在对方的桡骨茎突、尺骨茎突与腕骨之间的环状沟带中，并能够有力地刺激桡神经、尺神经及环状沟带中的"阳谷""阳池""阳溪""太渊""大陵""神门"等重点穴位，使对方腕部产生酸、麻、疼、无力等感觉。这样才能较好地控制、锁拿住对方的腕关节，从而更有利地完成整个擒拿技术。

在传统技法中，早年的老拳师常利用四指尤其是中指所带的类似于戒指的"指环"刺激穴位。指环在掌面方向有凸尖，这样抓、握、扣、拿对方手臂或手腕时，凸尖可直接扎顶其穴位、神经，造成对方剧烈疼痛而容易被我方擒拿。

（四）手部的重点部位及擒拿机理

手部的掐拿往往与腕部擒拿同时进行，目的是控制住对方可攻可守的游离端（手），为下一步整体擒拿打下基础。掐拿的主要部位是手部主要神经支、伸指肌腱及腱间结合、穴位（图2-3-55）。掐拿这些重点部位会使手部剧烈疼痛而削弱对方的抵抗能力，或使对方手部剧烈酸疼丧失抓握能力，为实施下一步的擒拿技术创造有利的条件和时机。

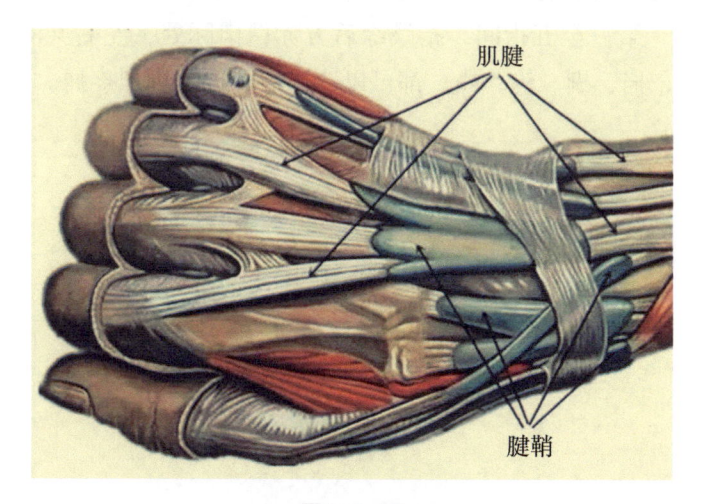

图2-3-55

1. 掌背骨间沟

掌背骨之间有肌肉、筋腱，布有神经和血管，各神经对应不同区域，用拇指的指尖剔压、掐拿掌背骨间沟，会攻击到桡神经、尺神经，必会造成剧烈酸疼，削弱对方的抵抗能力，此时便可配合肩、腕、肘部的擒拿技术，实施擒拿。（图2-3-56、图2-3-57）

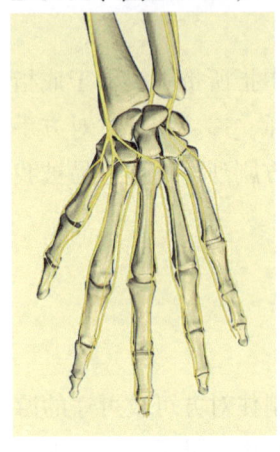

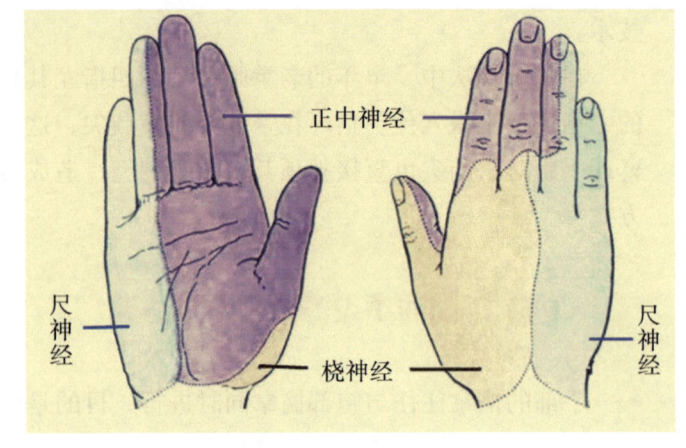

图2-3-56　　　　　　图2-3-57

2. 四指掌指关节沟（八邪穴）

除拇指之外四指的掌指关节沟，关节沟所对应的穴位是八邪穴，在手指背侧，半握拳，第一至五指间，指蹼缘后方赤白肉际处，左右共8个穴位。沟内的神经丰富，掐、剔、钩、撕，都可以造成该部位的剧烈疼痛。（图2-3-58）

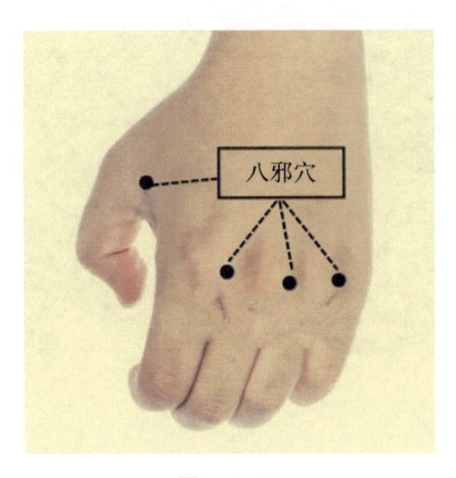

图2-3-58

3. 合谷穴、中渚穴

合谷穴别名虎口，属手阳明大肠经。在手背第1、2掌骨间，第二掌骨桡侧的中点处（图2-3-59）。穴位处布有桡神经浅支的掌背侧神经，深部有正中神经的指掌侧固有神经，并有手背静脉网，近侧为桡动脉从手背穿向手掌之处。

中渚（zhǔ）穴，是手少阳三焦经的常用腧穴之一，位于手背部，第4掌指关节的后方，第4、5掌骨间凹陷处，下为第4骨间背侧肌；有手背静脉网、掌背动脉分布；布有尺神经皮支和尺神经肌支。（图2-3-60）

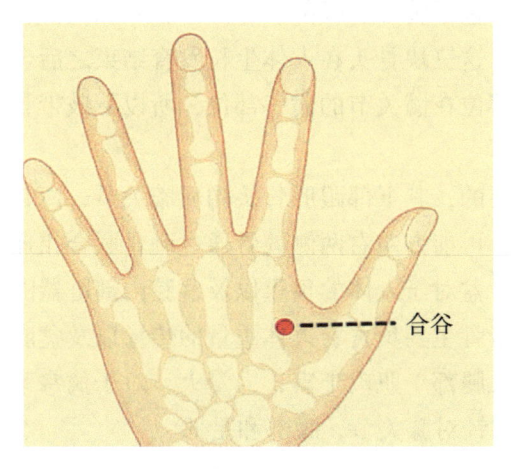

图2-3-59 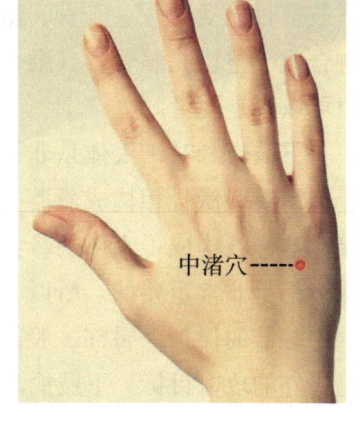　　　　　　图2-3-60

两个穴位是掐拿手背的常用把位。注意合谷穴用力应向掌心方向掐拿，会使其合谷穴产生剧烈酸疼。扣掐中渚穴并同时扣拿其大鱼际是旋拧手腕或手臂的基础性技法，可使得旋拧更加容易进而形成有益于我方的擒拿态势。

4. 指甲根部

指甲作为皮肤的附件之一，它的主要成分就是角蛋白，由甲板、甲床、甲襞、甲沟、甲根等部分组成，可以起到保护末节指腹免于受伤，增加人的手指触觉等作用。（图2-3-61）

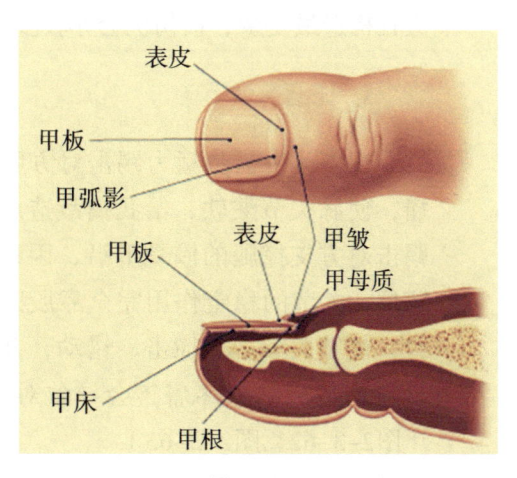

图2-3-61

如对方从后面抱住或大力抓握我方，力量悬殊无法解脱时，可疾用我手指尖指甲板，紧贴着对方手指的指甲板，向其指甲根部的甲皱掐撕，并牵拉其指。因甲皱处神经丰富，无肌肉保护，感觉敏锐，故可引起难忍的剧烈疼痛，必使对方伸指松手，我方可趁势实施各种撅指折腕技术，从而形成擒拿。

五、下肢的要点部位及擒拿机理

下肢是指人体腹部以下部分，包括臀部、股部、膝部、胫部和足部。下肢带骨包括坐骨、耻骨、髂骨，这三块骨头在人体生长发育结束之后会融合成一整块儿髋骨。其融合的部位在髋关节的髋臼部位，所以下肢带骨也可以说是髋骨。

下肢带骨对于人体是非常重要的，其下部跟股骨头构成髋关节，而其上部需要跟骶骨相构成骶髂关节，再前方左右两侧髋骨通过耻骨联合相连接，这样就构成了人体的骨盆。骨盆对于人体的负重以及盆腔内部脏器的保护都是非常重要的。所以下肢带骨主要负责着人体重量的传导以及盆腔内部脏器的保护。臀部、股部（大腿部）肌肉丰富，力量大，对于擒拿不是最好的攻击目标。下肢擒拿主要针对膝关节、胫部和足部。

（一）膝关节

膝关节由股骨内、外侧髁和胫骨内、外侧髁以及髌骨构成，为人体最大且构造最复杂、损伤机会亦较多的关节，属于滑车关节。

1. 正面髌骨下沿

在格斗中借势猛力踢击对方膝关节髌骨下沿，会给对方造成剧烈疼痛，使膝关节酸软，给我擒敌造成有利时机。尤其是对方移动时，猛力踢击对方支撑腿的髌骨下沿，因移动瞬间，对方支撑腿膝关节必处于半蹲位，关节的稳定作用完全靠股四头肌和髌骨来维持，此时突然击打髌骨，使膝关节产生撞击、错动，并使处于髌骨下沿的脂肪垫受损、肿胀出血，造成剧烈疼痛，会导致对方膝关节酸软、腿使不上劲而坐倒。（图2-3-62、图2-3-63）

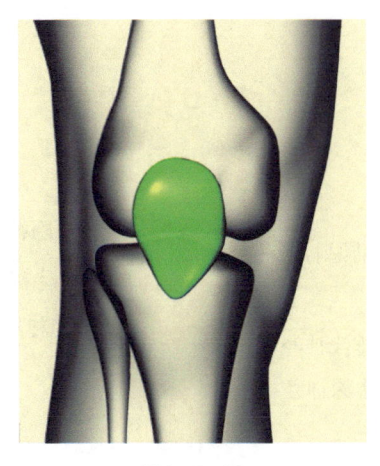

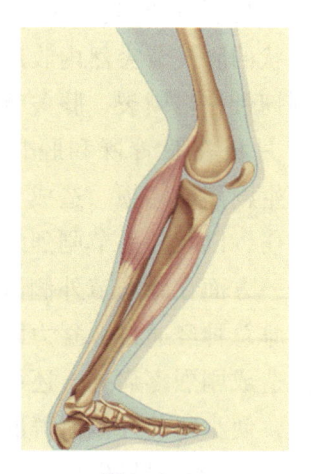

图2-3-62　　　　　　　　　　图2-3-63

2. 膝关节内、外侧

向对方膝关节内侧斜后下方猛力挫踢时，对方膝关节外展旋外，而脚又因受到向下分力的压力，无法离开地面移动时，引起大腿的外展旋外和效应性运动。这样就使开放式运动链变为闭锁式运动链，同时引起踝关节和髋关节的效应性锁定，导致对方的下肢运动链被锁定。此时对方膝关节受到来自斜上方的旋冲压力，身体必然后倒，同时踝、膝、髋关节都受到不同程度的损伤。导致外侧副韧带、半月板损伤或撕裂及髌骨软骨的损伤，造成剧烈疼痛，对方腿用不上力，形成膝关节运动障碍。（图2-3-64）

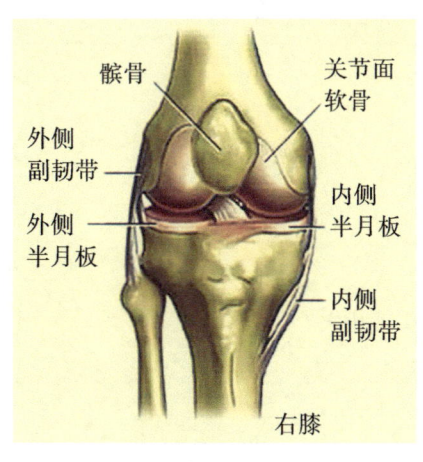

图2-3-64

挫踢膝关节外侧，一方面会使处于屈状的膝关节突然内收旋内，使内侧副韧带拉伤撕裂，膝关节产生错动，半月板在股骨髁和胫骨平台之间，产生剧烈的磨损，造成半月板和滑膜损伤，以及膝关节剧烈疼痛和酸软；另一方面在膝关节外侧沿腓骨小头处有腓总神经通过，猛力踢击此处时，除造成剧烈疼痛外，还可损伤腓总神经，使小腿前外侧肌群麻痹，严重损伤时可造成足跖屈、马蹄内翻足，导致终身残疾。（图2-3-65）

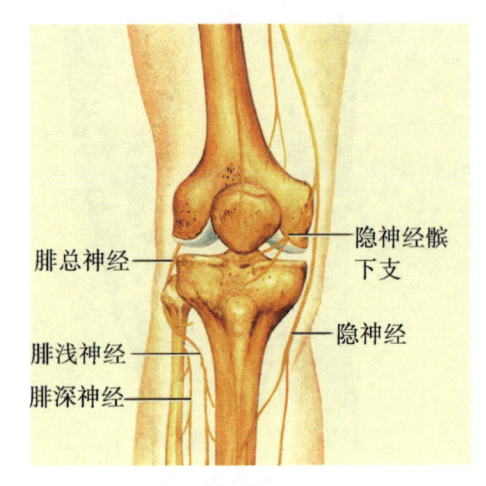

图2-3-65

3. 委中穴、委阳穴

委中穴是足太阳膀胱经两条支脉相合处的重要穴位，在腘窝正中，有腘筋膜，在腓肠肌内、外头之间，布有腘动脉、腘静脉，有股后皮神经、胫神经分布。（图2-3-66）

委阳穴是足太阳膀胱经的常用腧穴之一，位于膝部，腘横纹上，股二头肌腱的内侧缘，在股二头肌腱内侧。有膝上外侧动、静脉，浅层有股后皮神经。深层有腓总神经和腓肠外侧皮神经。（图2-3-67）

擒拿技术针对委中穴和委阳穴主要是让对方弯腿时攻击的穴位。

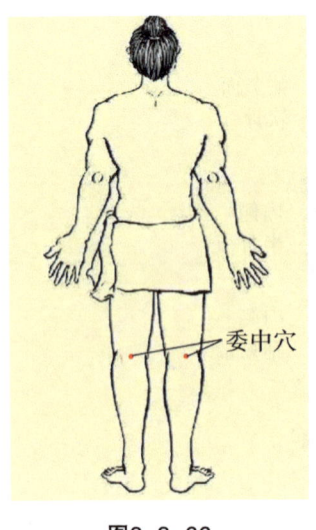

图2-3-66

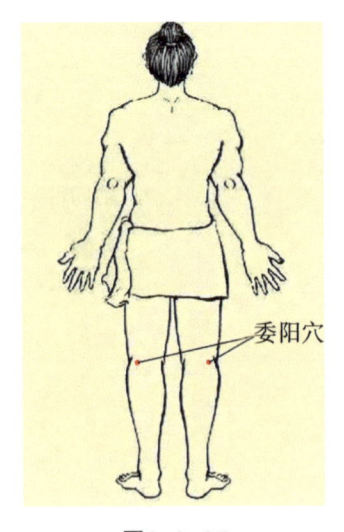

图2-3-67

（二）小腿、足部的要点部位及擒拿机理

1. 胫骨

由于小腿胫骨前脊外露，无肌肉遮盖，踢击此处时力量直接作用于胫骨，因而能直接刺激损伤胫骨骨膜，引起异常剧烈疼痛，减弱对方的运动能力，严重时可使胫骨骨裂或骨折，致使对方的小腿失去活动和支撑能力。注意，胫骨发生骨折最常见的部位是在中下1/3段，主要原因是因为胫骨干的横切面是三棱形，而胫骨远端的横切面是四边形，胫骨中下1/3是三棱形四边形的交界处，所以说这个地方当受力之后比较集中，容易发生骨折。根据机理，擒拿蹬踢技术就针对胫骨中下1/3处进行强化训练。（图2-3-68）

图2-3-68

2. 踝关节

猛力踢击内踝或抱别脚踝，一方面因内踝前后处有胫神经和隐神经通过，踢击此处可造成剧烈疼痛。另一方面往往会引起足内翻，使外侧副韧带损伤，轻者距腓前韧带也损伤，重者跟腓韧带相继损伤，使对方踝关节活动受限、行走困难或跛行。

猛力踢击外踝或抱别脚踝，因外踝处有腓浅神经通过，踢击此处可引起剧烈疼痛，同时亦可引起足外翻，使内踝三角韧带损伤，致使踝关节活动受限。

以上对内、外踝的踢击，尤其是当对方脚向内侧移动刚落地的瞬间，踢击其内踝；或当对方脚向外侧移动落地的瞬间，踢击其外踝，往往可引起踝关节严重扭伤，发生韧带断裂，或伴有胫腓下联合韧带损伤和撕脱性骨折，以致胫腓下关节分离，距骨向外侧移位，从而使对方完全丧失支撑和运动能力。（图2-3-69）

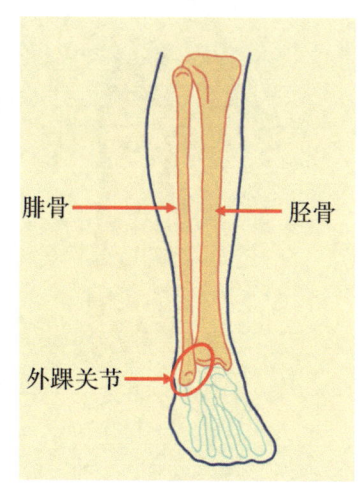

图2-3-69

3. 跟腱

跟腱是由腓肠肌和比目鱼肌的腱膜所组成，止于跟骨结节，是屈小腿、并使足屈与内翻的主要肌肉和动力来源。我方用脚背内缘或大脚趾根部，猛力挫切对方踝关节后部跟腱，可引起剧烈疼痛，同时可使对方屈小腿的功能减弱，造成跟腱纤维与腱围组织的牵拉损伤或部分撕裂，致使对方无力移动、无法发力跑跳。（图2-3-70）

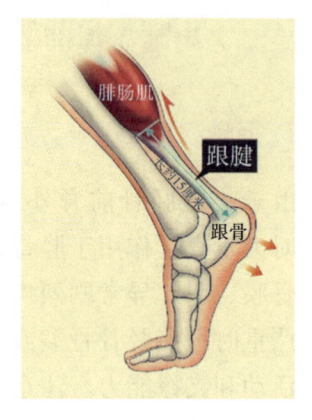

图2-3-70

4. 脚趾

脚趾的弹性使得人在走路或奔跑时有更多的用力时间，产生的动力会更强，有助于更快奔跑和移动。脚趾在运动当中灵活性很大，主要调节跖趾和脚部其他部位的相互关系，起平衡作用，以适应脚部的变化；对搏击项目具有稳定的作用。（图2-3-71）

在搏击中我方可适时地攻击对方的脚趾，使其剧烈疼痛，并影响其移动能力，为我方创造擒拿的有利时机。如踩踩对方的脚趾，俗称"落地千斤"，武术套路中的一些震脚动作多是练习此技术的方法。

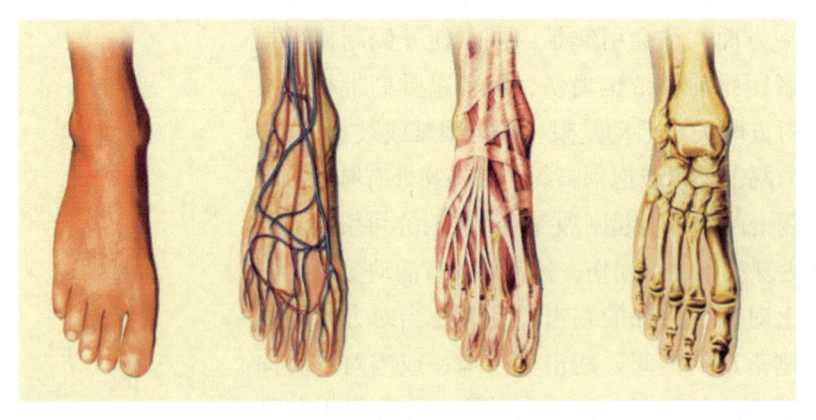

图2-3-71

第三章　擒拿24技概述

24技是擒拿技法的24个基本元素，是擒拿学习的基础，也是擒拿进修的捷径。24技有着令人羡慕的"贵族基因"，因为它的出处是武林中仅有的秘籍孤本——《九重天》，24技就记录在第九个口诀，《九重天·八卦诀》上诀中。24技有着它自身的特点，对于擒拿初学者来说，学习24技十分必要。

第一节　擒拿24技出处与要点

擒拿秘籍《九重天·八卦诀》上诀中记载："刁拿锁扣宜投前，掐插挑顶指力全。拧压缠旋走螺旋，别扛折扳（搬）是惊弹。剔盘挫撅（抉）两分张，挣斫（斩）抱挟力混元。"[①]擒拿秘籍《九重天》是一本遮盖着重重神秘面纱的武林奇书（图3-1-1、图3-1-2）。

[①] 注：擒拿秘籍《九重天·八卦诀》原文中是"搬"字，由于"搬"字的本义是挪动、迁移的意思，容易在擒拿技术中产生歧义，而"扳"字的本义是往下或往里拉，与擒拿技术非常贴合。《九重天·八卦诀》原文中采用是"抉"字，其本义是挑的意思，在擒拿24技中已有专门的"挑"技，与其同义的"撅"（juē）字在擒拿中有很多常用的技法。《九重天·八卦诀》原文中采用是"斩"字，斩技多是手臂切斩，而斫技既包含手臂切斩的同时还指用肘、肩、膝等部位较大力度的快速劈斩，丰富了斩的技法。赵氏擒拿专业委员会核心成员经过反复的商讨，并与出版社编辑协商，最终商定擒拿24技用"扳"替换"搬"，"撅"替换"抉"，"斫"替换"斩"。

图3-1-1　　　　　　　　　　　　　图3-1-2

《九重天·八卦诀》（上诀）

法分八卦论阴阳，三八相承二十四。
三节九要需分明，形正劲全变化精。
明暗弹抖气贯梢，挣钻旋化步亦行。
动静分明松肩肘，腕活掌柔指亦坚。
刁拿锁扣宜投前，掐插挑顶指力全。
拧压缠旋走螺旋，别扛折扳是惊弹。
剔盘挫撅两分张，挣研抱挟力混元。
龙腾绕盘曲中直，蛇柔缠骨粘上粘。
熊踞截斩刚寓柔，虎扑按扫走惊弹。
豹闪出手宜过步，猿攀挂劈掸相连。
隼疾扣刁穿闪进，鹭翻抓拿是连环。
虚实相变法轮转，周流圆活刚柔连。

《九重天·八卦诀》上诀的前四句是技术总则和技术要点；第五句至第七句就是擒拿的基本技法24技，后面四句是讲龙、虎、猿、鹰等擒拿八形。（图3-1-3）

法分八卦论阴阳，三八相承二十四。
三节九要需分明，形正劲全变化精。
明暗弹抖气贯梢，挣钻旋化步变行。
动静分明松肩肘，腕活掌柔指亦坚。

- 前四句是技术总则和要点

刁拿锁扣宜投前，掐插挑顶指力全。拧压缠旋走螺旋，别扛折扳是惊弹。剔盘挫撅两分张，挣斫抱挟力混元。

- 中三句是擒拿基本技法：24技

龙腾绕盘曲中直，蛇柔缠骨粘上粘。
熊踞截斩刚寓柔，虎扑按扫走惊弹。
豹闪出手宜过步，猿攀挂劈掸相连。
隼疾扣刁穿闪进，鹰翻抓拿是连环。
虚实相变法轮转，周流圆活刚柔连。

- 后四句是擒拿核心技术：八形

图3-1-1

古语有"真传一句话，假传万卷书"，擒拿24技在《九重天·八卦诀》中只有三句诗词，一共48个字，但这三句话，句句是真传，包含的内容非常丰富。擒拿24技口诀是四个技法为一组，共6组，再用三个字统一说明该组技法的基本特点，因为三个字所能表达的意思的确太少，不足以说明每个技法的核心和特点，因此笔者和韩淑伟师弟共同编写了24技单个技法的口诀和诗词，与读者们共享：

一、24技各组技法口诀

第一组　刁拿锁扣

刁手如勾透指尖，拿法要点手似钳，
锁字双力坤乾合，扣手在前后技连。

第二组　掐插挑顶

掐软穴窝筋脉全，插技击弱刺刀尖，
挑法贵在重心起，顶法手外技不罕。

第三组　拧压缠旋

拧技要有极限点，压法似直实螺旋，
缠法似蛇粘上粘，旋技加拧先大圆。

注：第一个粘（zhān）为动词，强调主动粘（zhān）住对手，第二个粘（nián）为形容词，是指粘（zhān）住对手之后，还要粘（zhān）住对手，控制住对手。

第四组　别扛折扳

别折分卡冷脆强，扛敌似枪上肩膀，
折技断手意炸膛，扳技快启位移长。

注：扛（káng）、别（bié）、折（zhé）

第五组　剔盘锉撅

剔骨分肉似隼狼，盘分单双力旋张，
锉似钢锉功劲长，撅技鬼魅有文章。

第六组　挣斫抱挟

挣分两力转腰忙，斫法力大肩肘上，
抱技如龙更似蟒，挟法腋下侧身旁。

注：挣（zhēng）挟（xié）

二、24技单个技法要点诗词

1. 刁技

> 刁手如勾透指尖，伸臂合肘等在前，
> 擒拿理法万千技，刁拿为基大如天。

注：刁技和拿技是24技排名前二的最基本的擒拿技法，非常重要，故而说刁拿为基大如天。

2. 拿技

> 拿技要点手似钳，擒拿两法紧相连，
> 时空转化随吾意，固稍为枢登九天。

注：拿技特指拿腕等具体技术。擒拿的拿是指"掐经拿脉"一大类技术体系。两者不同。九天，明指擒拿秘籍《九重天》，暗指擒拿最高境界。

3. 锁技

> 锁技双龙阴阳合，贴身近取处处阖，
> 大蟒缠身封其翼，四隅如笼难举翮。

注："双龙"是指双臂或双腿。"阖"通"合"，指内三合和外三合。"封其翼"多指封锁对方的手臂。"四隅如笼"是指锁技要像铁笼一样四面八方地用劲力。

4. 扣技

> 扣手单双技虽小，锁住虎爪旋反角，
> 他技相随连环使，分筋错骨见分晓。

注：扣技可分为单手扣、双手扣。

5. 掐技

　　　　掐穴拿脉气力全，魁梧大汉应手瘫，
　　　　妙法源自丹田涌，无极常修烦入禅。

注：无极指《九重天·无极诀》，讲擒拿内功修炼法门。

6. 插技

　　　　插技击弱刺刀尖，斜中取正意走偏，
　　　　见缝插针出敌意，势如破竹快占先。

7. 挑技

　　　　挑技沉身腰背紧，挂撞扳挑拔千斤，
　　　　上下相随腾空起，倒地锁捆任我擒。

8. 顶技

　　　　顶技七星皆可杀，整透圆活方可嘉，
　　　　沾衣靠跌硬摧阵，亦有巧顶笑拈花。

注：沾衣取自沾衣十八跌，指打击类的顶技，与控制类的巧顶相对应；笑拈花，是取自拈花笑佛，暗指巧顶的技理，可意会不好言说。

9. 拧技

（1）拧技一

　　　　拧技要求极限点，双手随身劲意黏，
　　　　伸长杠杆用巧力，抓手控位细细研。

（2）拧技二

　　　　袖里乾坤道法先，阴阳随身腰背圆；
　　　　紧绳摘瓜拧葫芦，控锁缠绕相互旋。

10. 压技

（1）压技一

压法似直实旋砸，伤其深处不见疤，

得势有赖中气足，斩妖除魔玲珑塔。

（2）压技二

压技非是寻常压，旋至妙处堪可夸；

得机全靠神意现，如若岭倒泰山塌。

11. 缠技

（1）缠技一

斩臂旋滚粘黏行，有孔即入肩肘灵，

缠滚锁骨身若莽，四面楚歌满项营。

（2）缠技二

曲线救国缠骨行，翻山越岭取关中；

柔身柔臂蛇拨草，扑咬只在刹那惊。

注：第一首诗重点强调全身缠锁控制；第二首重点介绍缠臂攻击。"四面楚歌满项营"是用项羽的军营被四面楚歌瓦解的故事，暗指被全身缠锁的绝望。

12. 旋技

旋技

旋拧相连腰中求，大圆小圈攻带守。

一阴一阳技法尽，劲如车轮似水流。

注：本诗强调旋技的总体要点，如：旋拧相连、旋为大圆、拧为圆、劲如车轮等。

13. 别技

别技分锉冷脆强，杠杆多巧自主张。

腰转崩弹出敌意，拆骨错筋扣锁忙。

14. 扛技

（1）扛技一

扛技难精潜入无，肩上送客鬼神哭。
腰胯崩弹拔山力，关节反锁摔玉壶。

15. 折技

折技固锁把位牢，丹田惊炸马抖毛。
断骨秘法好身手，斩草除妖魔求饶。

16. 扳技

扳技快启位移长，放倒降敌锁上霜。
蹬转全身随变化，七擒孟获入厅堂。

注：快启：快速启动。降（xiáng）。扳技可快扳，也可以以控制为主的慢扳，故用七擒孟获的典故，说明该技法以不伤敌为目的。

17. 剔技

剔骨挑肉硬分家，筋膜要穴种发芽。
金刚指力勤习练，骨缝窝中野草花。

注：种（zhǒng）发芽和野草花是形容剔技手指尖要像种子发芽、野草生长一样有力量。

18. 盘技

（1）盘技一

盘分单双力旋张，固稍盘绕不慌忙。
手随身道应势变，圆中巧角人难防。

（2）盘技二

合住一点画平圆，环环相扣玄中玄。
小鬼推磨人不知，三环套月心意连。

注：盘可以分为单盘和双盘。圆中巧角和三环套月是指盘技中画圆与三角形控制要有机结合。

19. 挫技

> 挫似钢锉意压深，拧挫相应劲长沉。
> 做功力矩为诀要，理技法合敬静真。

注：挫技要着重考虑动作对对方的做功、力矩、摩擦力等物理量。

20. 撅技

> 撅技鬼魅了无痕，先拜贤能谢师恩。
> 竖子莽汉难相见，心地诚善方入门。

注：撅技多是撅对方手指，也称为鬼手，所以用鬼魅一词。

21. 挣技

> 挣分两力转脊头，宜将剩勇劲不收，
> 霸王折戟雄风在，晓觉变化意中留。

注：挣技是快速对称发力的技术，所以要强调脊柱和头部的转动带动。挣劲打完后还需要继续控制，所以用"宜将剩勇劲不收"的句子。霸王折戟是挣技的典型技术。晓觉一句是说，在快速发力中也要觉察对方劲力的变化。

22. 斫技

> 斫技源自斩法通，七星外用内中宫，
> 时势集中非吾待，推山雄力不贰功。

注：斫技在《九重天》中原是斩技。七星外用是指头、肩、肘、手、胯、膝、足都可以使用斫技。内中宫是斫技强调下丹田用力，内外合一，才能打出能推山的雄壮之力。

23. 抱技

> 抱技如龙更似蟒，四面八方全合上，
> 但使长缨缚苍龙，卸爪拔牙消神光。

24. 挟技

> 挟法腋下近身行，猛虎侧身擂鼓鸣。
> 填肩补胯寸长尺，杀伐果断不留情。

注：挟技要发挥出进身和侧身的技法，所以要填肩补胯。寸长尺是指挟技要发挥近身的作用，取寸有所长的意思。

三、24技技法要素

擒拿24技是24种基本技法，以手法为主，兼有肘、膝、肩、头等技巧，是实用擒拿技术的基本元素。以上的口诀和诗句仅仅是讲述了24技的基本特点，为了让擒拿初学者更清晰地了解24技的具体内容，我们必须对24技进行更为详细的分析。

表3-1-1是按照24技的顺序，罗列出来24技的技法类型和技法要素。技法类型可以分为三类，一类是为了控制住对方的局部或者整个身体，如刁、拿一般是直接控制对方的手部、颈部等，而锁、抱则多是直接控制对方的整个身体；第二类是为了损伤对方，如掐咽喉、撅手指、斫其后背等；第三类是两者兼顾，也就是损伤和控制兼而有之，如双盘臂可以有效地控制对方，如果继续盘就可以造成肘关节错位，变成损伤技术。从理论上讲，擒拿中的擒是网式控制类的代表，拿是点对点精准损伤，但实际运用中擒与拿多不分家，也就是两者兼顾。我们之所以把技法分为三类主要是让大家更容易明白技法元素的核心技理。

表3-1-1　24技技法要素

24技名称	24技类型	技法要素 力量大小（1至5级）	劲力方向	作用点
第一组	（三类）	（自身力量）	（以对方为参照物）	（VS表示对应，前面是我方，后面是对方）
1.刁	控制为主	2—3	向心方向为主	手指尖VS关节、薄弱点
2.拿	控制为主	2—4	向中心方向	手指VS手腕、脚踝、手指等
3.锁	控制为主	4—5	向中心方向为主	四肢VS四肢、手臂
4.扣	控制为主	2—3	向中心方向	指VS手掌、手腕等
第二组				
5.掐	损伤为主	2—3	向中心、向内方向	指甲尖VS穴位等薄弱点
6.插	损伤为主	2—4	向内方向	指尖VS穴位、关节窝等薄弱点
7.挑	两者兼顾	2—4	向上方向	手臂、腿VS四肢和穴位等薄弱点
8.顶	两者兼顾	2—5	向上向前	全身VS手臂和穴位等薄弱点

（续表）

24技名称	24技类型	技法要素 力量大小（1至5级）	劲力方向	作用点
第三组	（三类）	（自身力量）	（以对方为参照物）	（VS表示对应，前面是我方，后面是对方）
9.拧	两者兼顾	3—5	旋转为主	手臂VS四肢和头颈
10.压	控制为主	2—5	向下向前	全身VS全身和穴位等薄弱点
11.缠	控制为主	2—4	向心旋转为主	手臂、腿VS四肢和头颈
12.旋	控制为主	3—5	离心旋转为主	手臂VS四肢和头颈
第四组				
13.别	两者兼顾	3—5	左右对称为主	手臂、腿VS四肢
14.扛	两者兼顾	3—5	上下对称	手臂VS四肢
15.折	损伤为主	4—5	对称用力	手臂VS四肢、颈部
16.扳	两者兼顾	3—5	前后对称为主	手臂VS四肢、颈部
第五组				
17.剔	损伤为主	2—3	向内向前方向	指甲尖VS骨缝、关节窝、穴位等
18.盘	两者兼顾	2—4	离心旋转	手臂VS四肢、颈部
19.锉	两者兼顾	3—5	压迫性前后	手臂VS四肢、颈部
20.撅	损伤为主	2—3	对称用力	手指VS手腕、脚踝、手指等
第六组				
21.挣	损伤为主	3—5	对称用力	手臂VS四肢、颈部
22.斫	损伤为主	4—5	向下为主	肘、肩、膝VS四肢、颈部
23.抱	控制为主	4—5	向中心为主	手臂VS四肢、颈部
24.挟	控制为主	2—5	向内方向	上臂、胸VS四肢、颈部

  技法要素分为三个，一是力量大小，从小到大分为5级，主要是以自身力量为参考，例如：刁、扣、掐、剔、撅都是2、3级，这些技法多是以手指用力，手指的力量相对较弱；再如：抱是4、5级，基本上就是用全力抱住对方，挟的技法与抱类似，为何挟的力量是2至5级呢？当挟对方的手臂或腿时，此时所用力量可以不用特别大，但如果挟对方的头颈，对方全力反抗，则需要全力以赴；二是技法的用力方向，以对方为参照物，例如刁的动作多为旋拧用力，所以是向心方向；盘、旋等技法是螺旋向外的也就是离心方向；拿、锁、扣、抱等都是向对方的肢体和躯干等位置的中心方向；折、挣基本上哪个方向都可以对称发力。三是作用点，"VS"前面多是我方使用哪个部位，例如刁、拿、扣、撅就多是用手

97

指，掐和剔则用指甲尖，斫则多是用肘、肩、膝，技法不同所使用的部位有所不同；"VS"的后面是针对对方的攻击部位；用"VS"连接表示我方的进攻部位对应对方的被攻击部位。

第二节　擒拿24技的界定与常见组合

擒拿24技法是基本元素，为了打下扎实的基础，必须在基本技法上苦下功夫，深入研究，系统练习，待到对于24个技法基本掌握之后，则可以组合练习技法的常见组合，为下一步练习实用擒拿技术搭建桥梁。究其根本，24技相互组合是实用擒拿技术的一部分。

为读者更加清晰地了解24技的用力形式，特别制作了彩色的劲力示意图（图3-2-1）。为了更为清晰，笔者参考解剖学的基本面的颜色，统一规定擒拿者的矢状面用红色表示，擒拿者的冠状面用蓝色表示，水平面用绿色表示，图中的紫色是既有矢状面又有冠状面，黄色是既有矢状面又有水平面，这样能够让读者更轻松地了解擒拿动作的用力方向和轨迹，也能够对于24技进一步加深了解（图3-2-2）。

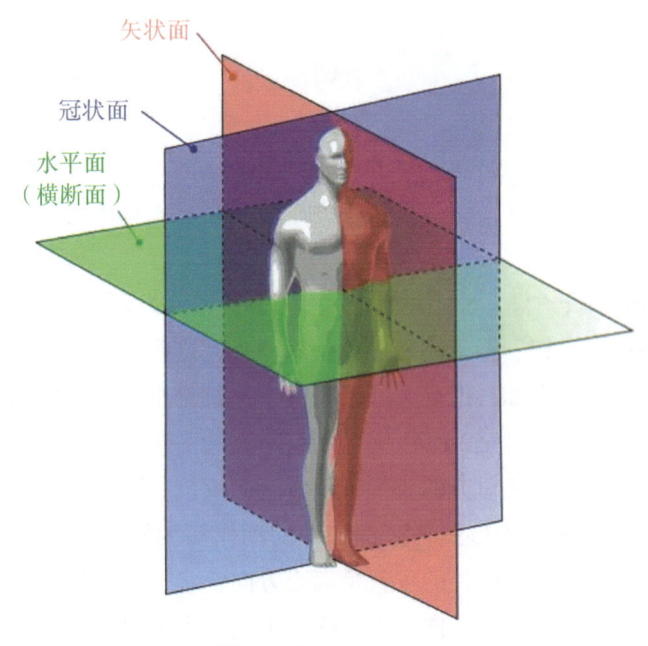

图3-2-1

图3-2-2

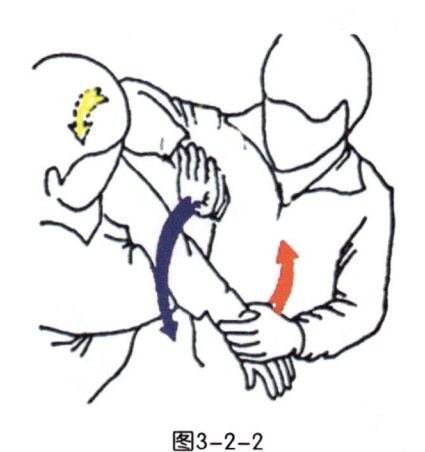

一、刁

（一）"刁"的基本手型

拇指食指呈八字型，后三指与掌根相合，手指回勾，劲力达于三指指尖。（图3-2-3）

图3-2-3 刁手手型

99

（二）擒拿中"刁"的常见技术

1 刁关节

刁关节的技术要点如下。（图3-2-4）

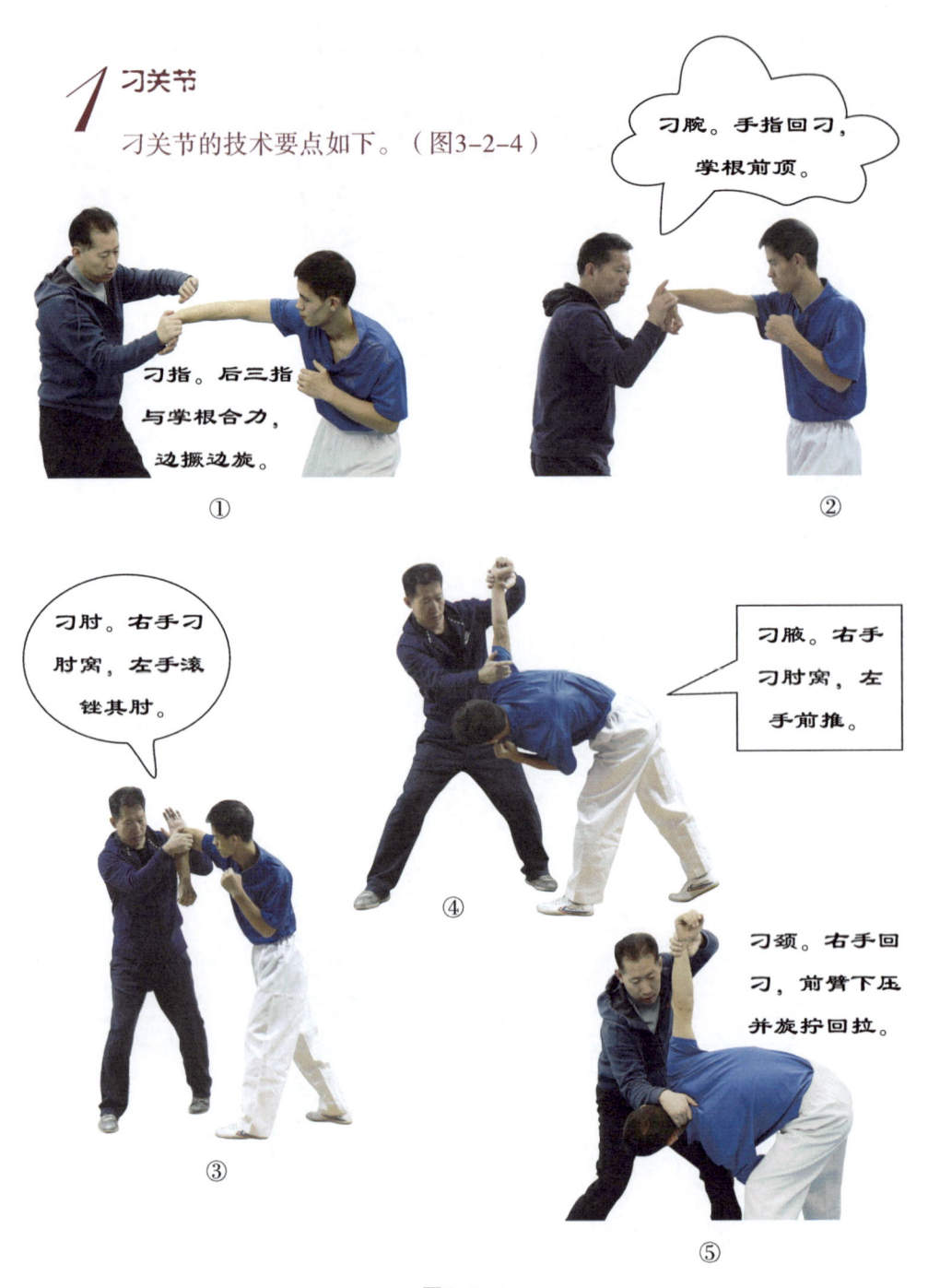

① 刁指。后三指与掌根合力，边撅边旋。

② 刁腕。手指回刁，掌根前顶。

③ 刁肘。右手刁肘窝，左手滚锉其肘。

④ 刁腋。右手刁肘窝，左手前推。

⑤ 刁颈。右手回刁，前臂下压并旋拧回拉。

图3-2-4

2 刁薄弱部位

刁薄弱部位的技术要点如下。（图3-2-5）

> 刁裆。左手控臂，刁裆旋拧回拉

> 刁喉。左手刁其咽喉，右手捋拿并拧拉其手腕

① ②

图3-2-5

3 刁衣

刁衣的技术要点如下。（图3-2-6）

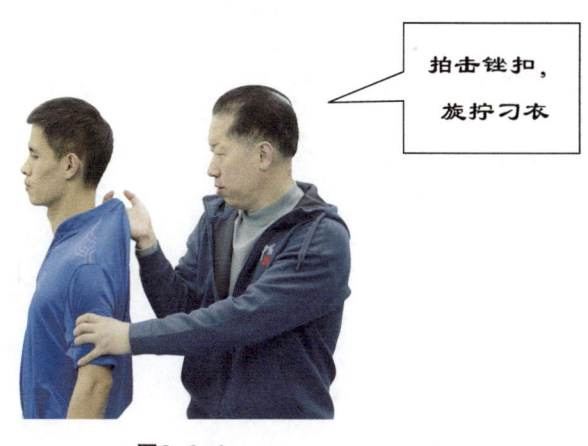

> 拍击铠扣，旋拧刁衣

图3-2-6

（三）擒拿中"刁"的常见组合技术

1 刁拿

刁拿的技术要点如下。（图3-2-7、图3-2-8）

先刁后拿，手指如钉

边拿边旋拧

① ②

图3-2-7

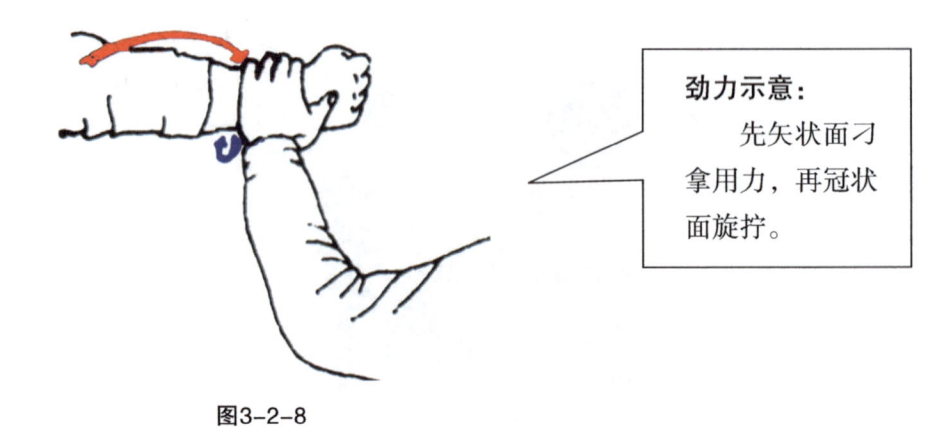

劲力示意：
先矢状面刁拿用力，再冠状面旋拧。

图3-2-8

第三章　擒拿24技概述

2 刁压

刁压的技术要点如下。（图3-2-9、图3-2-10）

先刁后拿，手指如钉

右手前下压

①　②

图3-2-9

劲力示意：
矢状面压为主，冠状面旋压为辅。

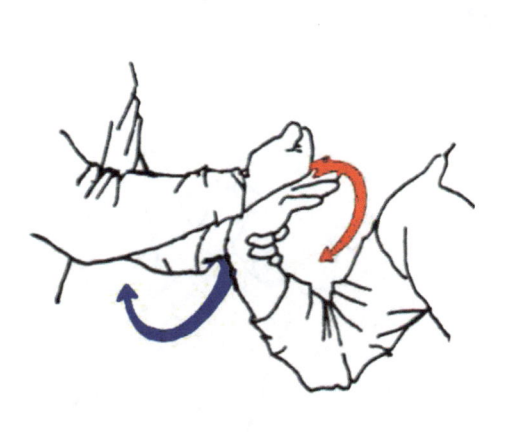

图3-2-10

103

3 刁旋

刁旋的技术要点如下。（图3-2-11、图3-2-12）

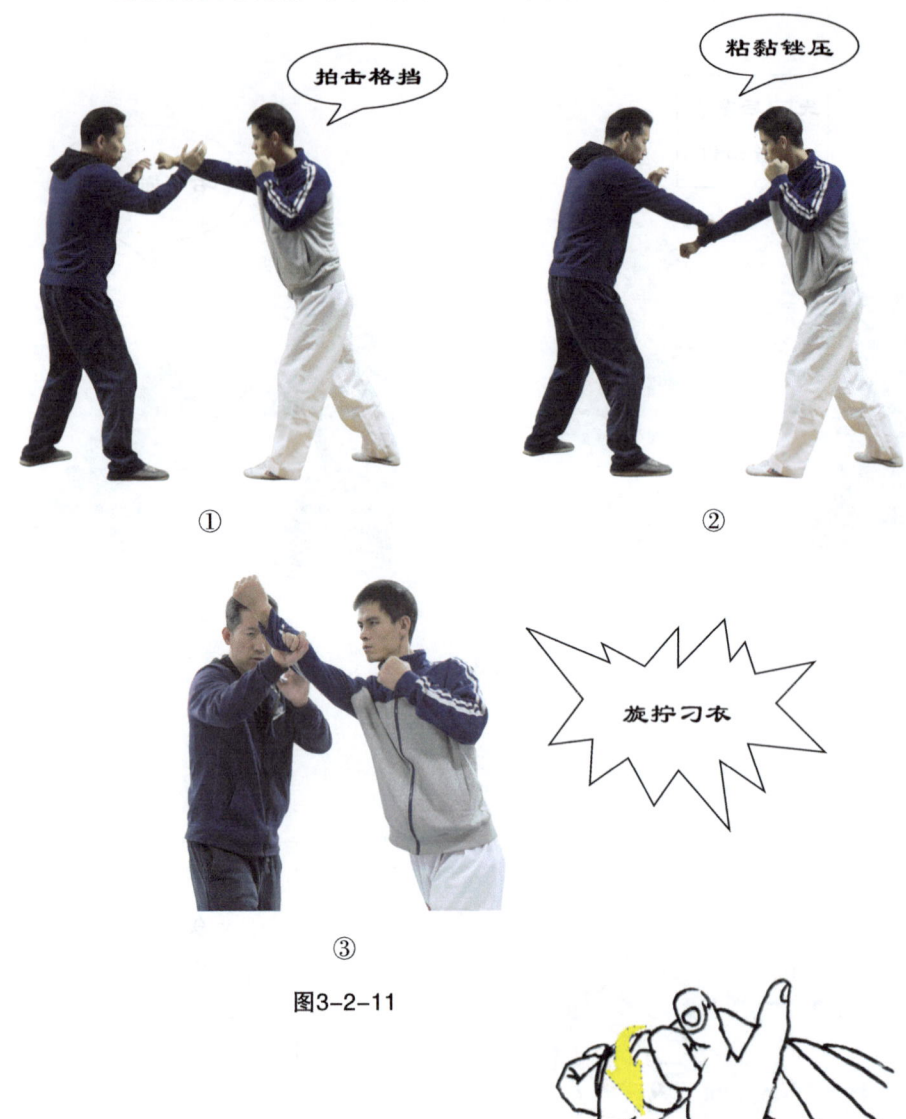

拍击格挡

粘黏锉压

① ②

旋拧刁衣

③

图3-2-11

劲力示意：
矢状面刁为主，水平面旋为辅。

图3-2-12

4 刁挣

刁挣的技术要点如下。（图3-2-13、图3-2-14）

格挡粘黏

横打击耳

进身跺踩

①

②

③

图3-2-13

劲力示意：
冠状面上下相"挣"。

图3-2-14

二、拿

（一）擒拿中"拿"的基本手型

擒拿中"拿"的基本手型如下所示。（图3-2-15）

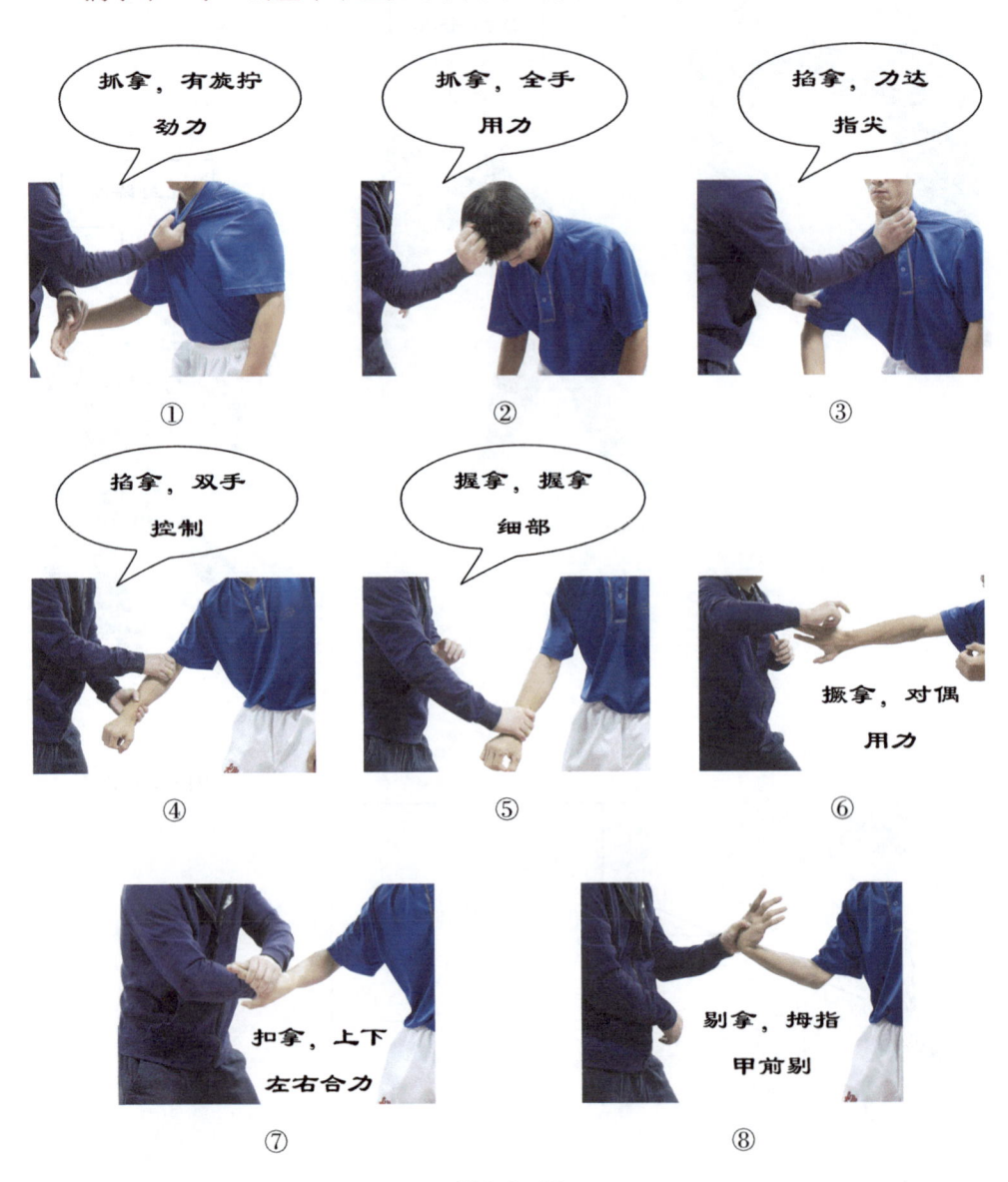

①　抓拿，有旋拧劲力

②　抓拿，全手用力

③　掐拿，力达指尖

④　掐拿，双手控制

⑤　握拿，握拿细部

⑥　撅拿，对偶用力

⑦　扣拿，上下左右合力

⑧　剔拿，拇指甲前剔

图3-2-15

（二）擒拿中"拿"的常见技术

1 拿手指

擒拿中的拿手指因为动作小巧，出其不意，常给人一种神出鬼没的感觉，故被称为"鬼手"。拿手指的技术要点如下。（图3-2-16）

正向拿撅。虎口前下顶，四指扣压

①

侧向拿撅。虎口向前顶压，五指回扣

②

图3-2-16

2 拿腕

拿腕的技术要点如下。（图3-2-17）

右手压顶，左手抓腕

① ②

图3-2-17

3 拿薄弱部位

拿薄弱部位的技术要点如下。（图3-2-18）

> 右手掐锁骨窝，左手拿腕

图3-2-18

4 拿衣服或头发

拿衣服和拿头发的技术要点如下。（图3-2-19）

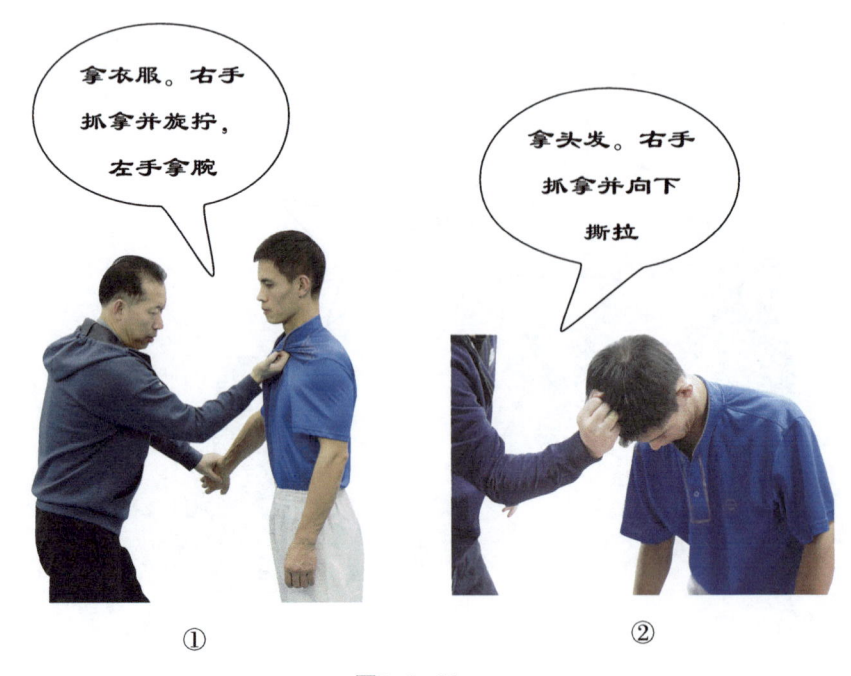

> 拿衣服。右手抓拿并旋拧，左手拿腕

> 拿头发。右手抓拿并向下撕拉

① ②

图3-2-19

（四）擒拿中"拿"的常见组合技术

1 拿压

拿压的技术要点如下。（图3-2-20、图3-2-21）

有控制的随劲

握拿手腕

① ②

右臂下压回带

③

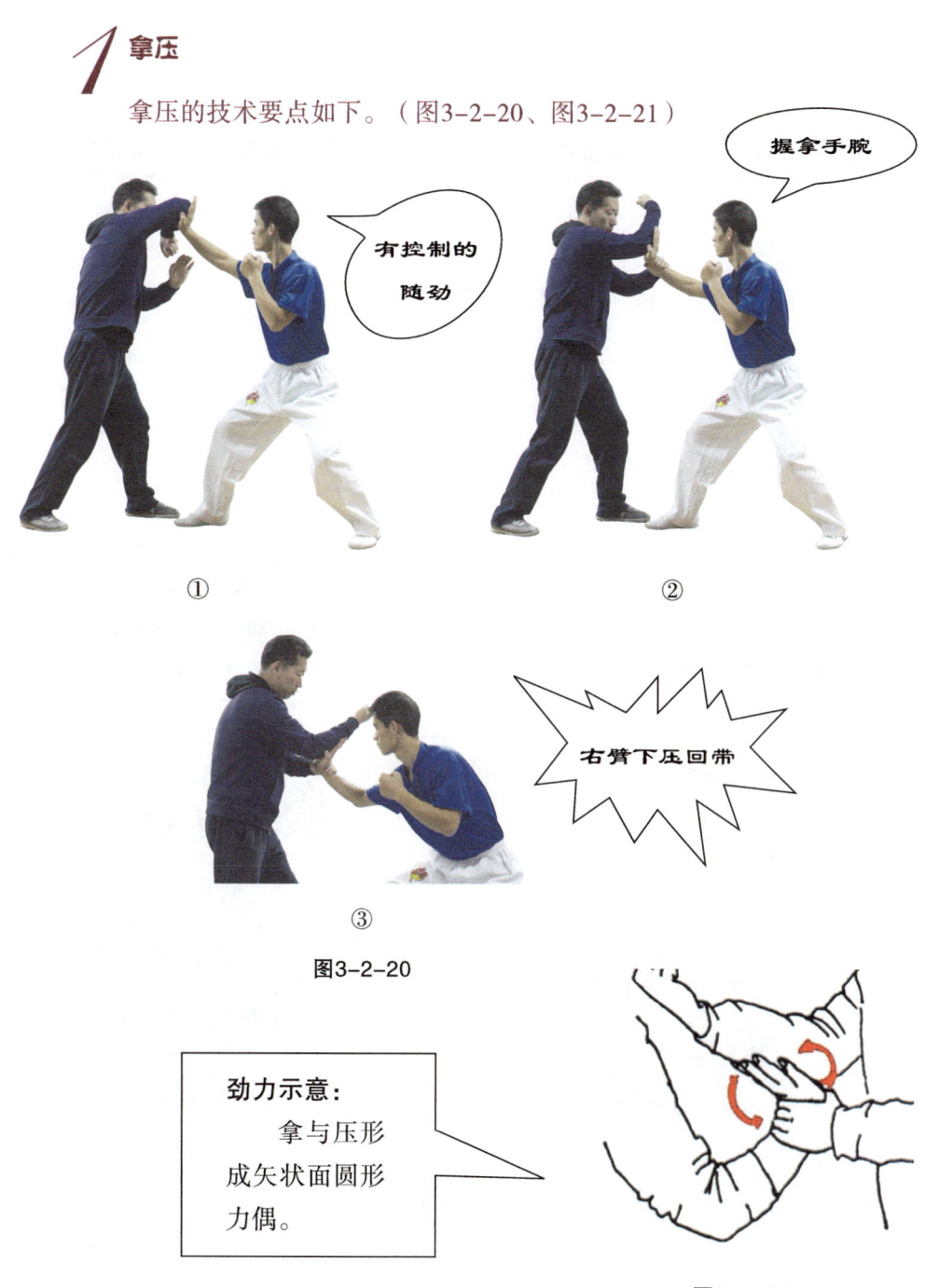

图3-2-20

劲力示意：
　　拿与压形成矢状面圆形力偶。

图3-2-21

三、锁

（一）擒拿中"锁"的基本要义

擒拿的锁技一定要有至少两个力点，且力点要相互配合用力，达到稳定控制的目的。

（二）擒拿中"锁"的常见技术

1 双臂锁单臂

双臂锁单臂的技术要点如下。（图3-2-22）

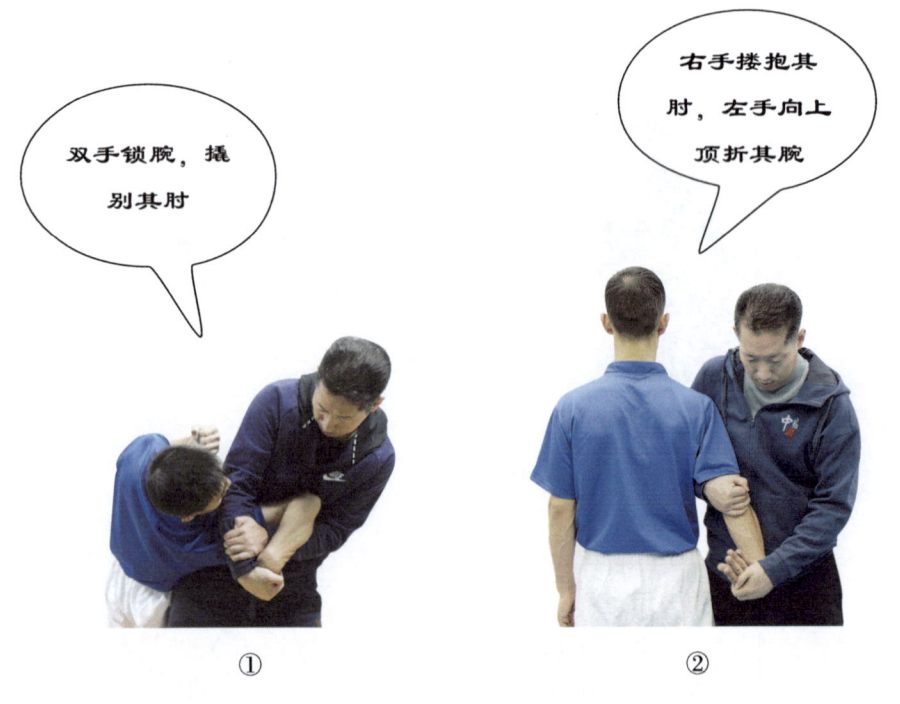

双手锁腕，撬别其肘

右手搂抱其肘，左手向上顶折其腕

① ②

图3-2-22

2 双臂锁双臂

双臂锁双臂的技术要点如下。（图3-2-23）

右手推压，左手刁拿、带搂

扳倒，骑压，回扳其臂

① ②

图3-2-23

3 双臂锁颈部

双臂锁颈部的技术要点如下。（图3-2-24）

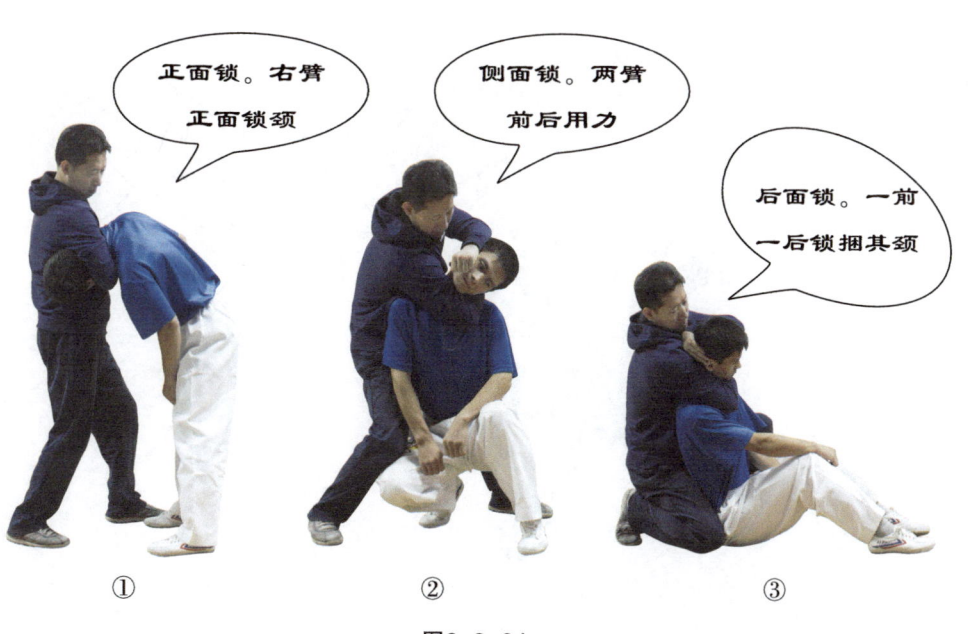

正面锁。右臂正面锁颈

侧面锁。两臂前后用力

后面锁。一前一后锁捆其颈

① ② ③

图3-2-24

4 锁多个部位

锁多个部位是搏击中最常用的，也是锁捆中效果最好的。（图3-2-25）

左手折腕，右臂锁喉

①

左手锁颈，右手控腕，双腿锁腰

②

双手回扳，双脚固锁其肩

③

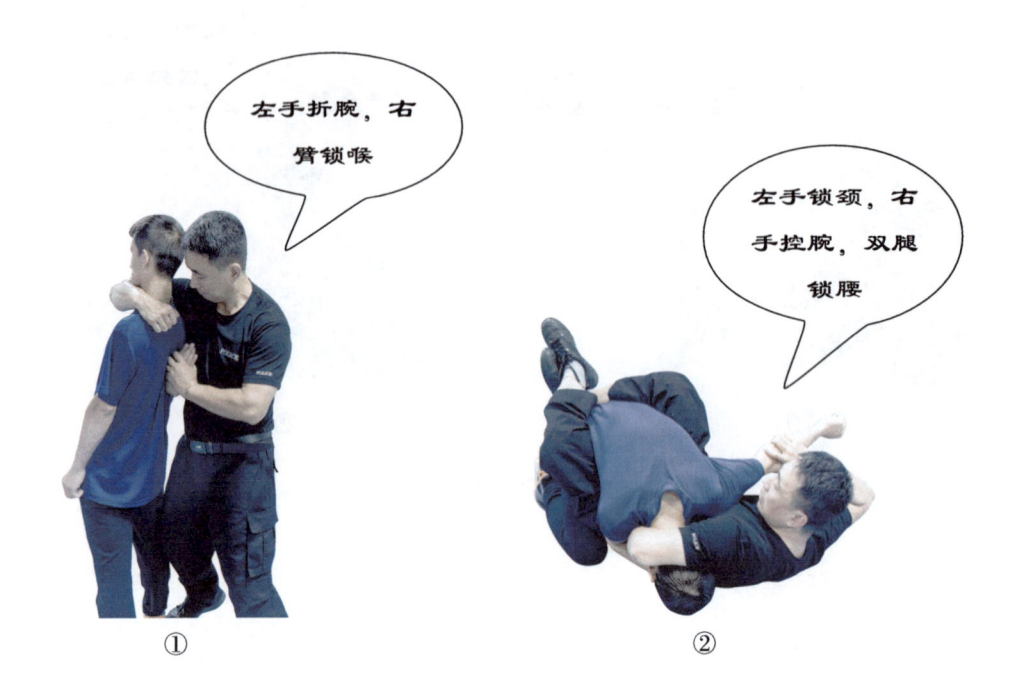

图3-2-25

（三）擒拿中"锁"的常见组合技术

1 锁拧

锁拧的技术要点如下。（图3-2-26、图3-2-27）

右手缠腕反拿

进身扣手

旋拧"锁"臂

③

图3-2-26

劲力示意：
　　双手冠状面缠锁，右手矢状面旋拧。

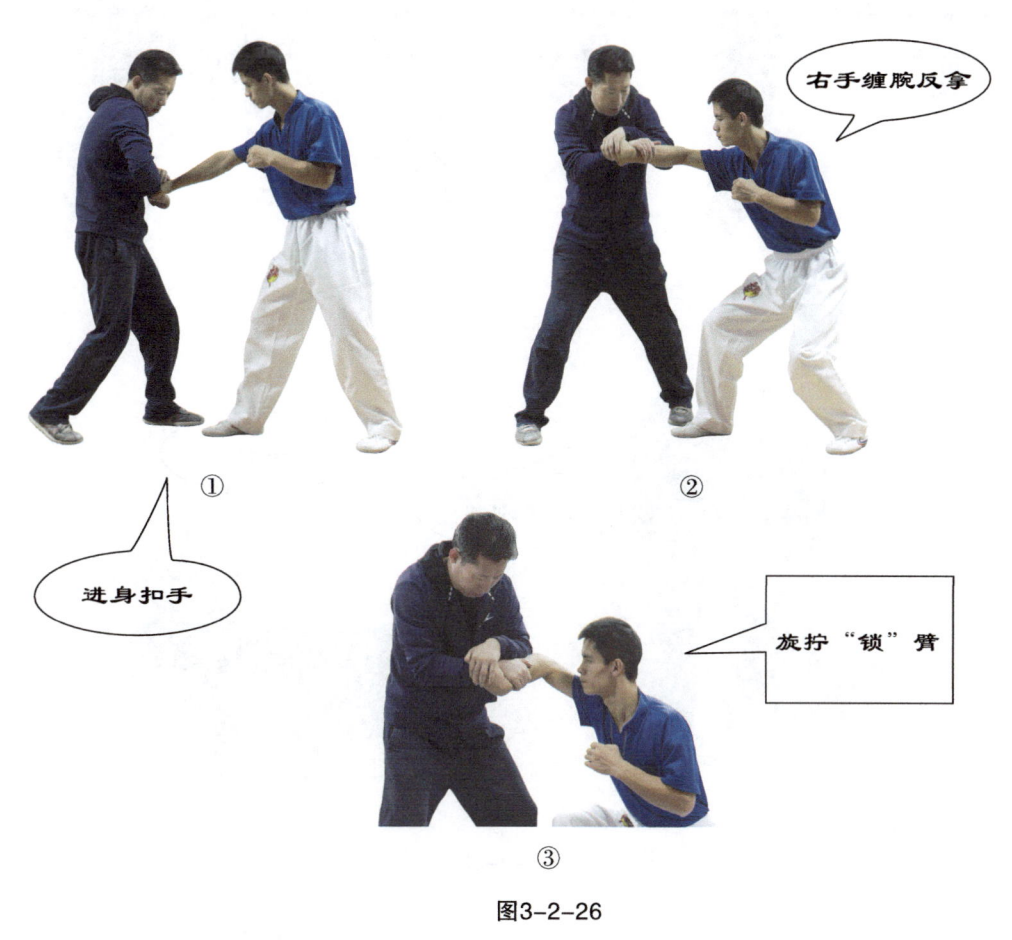

图3-2-27

2 锁别

锁别的技术要点如下。（图3-2-28、图3-2-29）

接手粘黏

刁腕回拉

左插右推

① ② ③

上步别腿

丁字别锁

④ ⑤

图3-2-28

劲力示意：

左前臂向上，右肘冠状面后坐，右手外撑矢冠面共同用力。

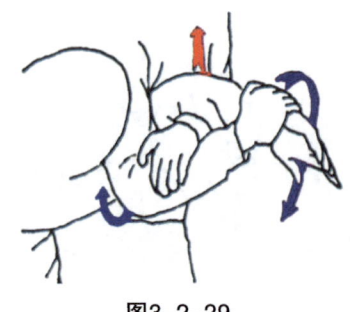

图3-2-29

第三章　擒拿24技概述

3 锁扛

锁扛的技术要点如下。（图3-2-30、图3-2-31）

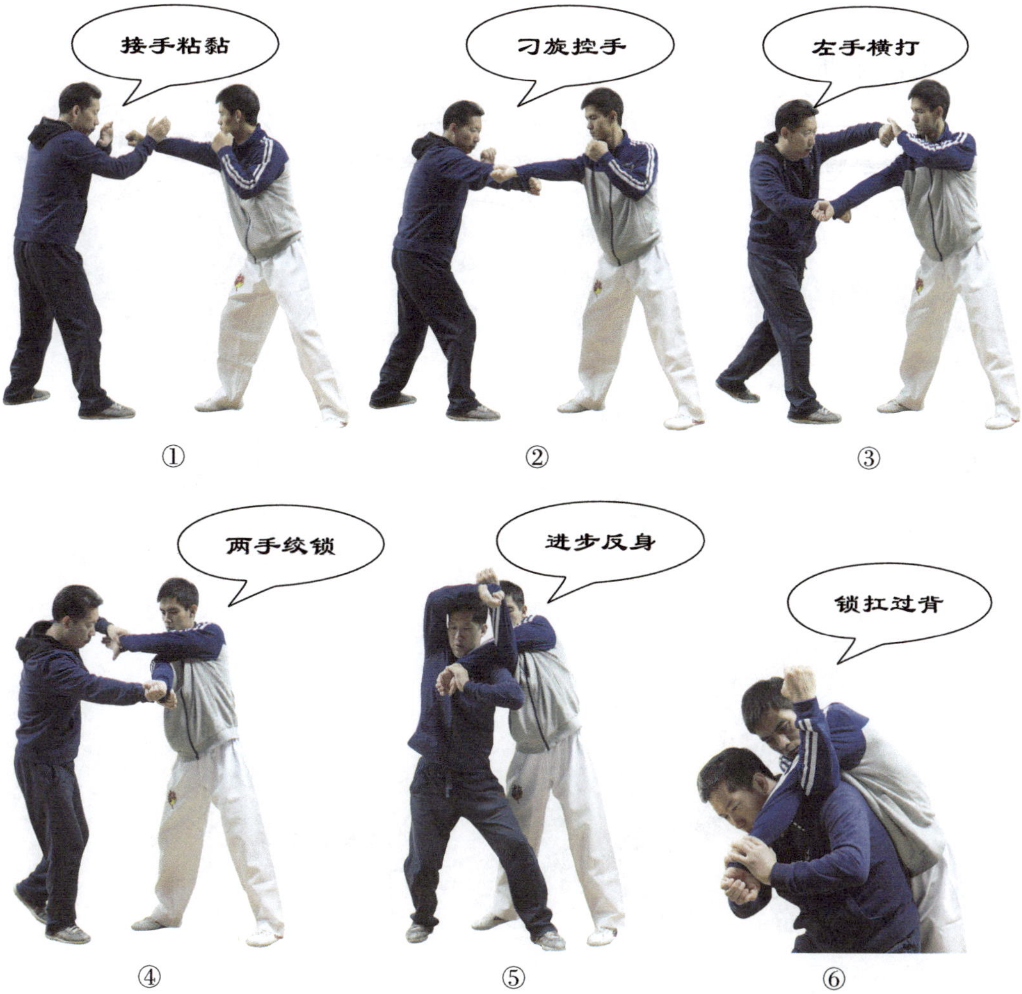

① 接手粘黏

② 刁旋控手

③ 左手横打

④ 两手绞锁

⑤ 进步反身

⑥ 锁扛过背

图3-2-30

劲力示意：
　　一上一下矢状面对偶用力，弹臀助力。

图3-2-31

115

4 锁折

锁折的技术要点如下。（图3-2-32～图3-2-35）

（1）锁折1

接手随控

左横打，双手控腕

绞锁双臂

① ② ③

左拉扳右推压

④

图3-2-32

劲力示意：
左手旋拧后矢状面回扳，右手冠面矢面共同用力。

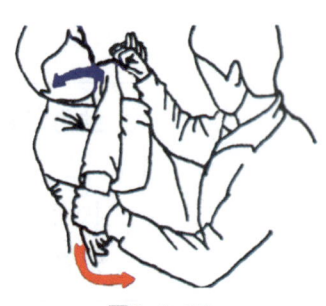

图3-2-33

（2）锁折2

胸顶控腕　　　转身锉滚　　　缠臂交叉

① ② ③

固锁折臂

④

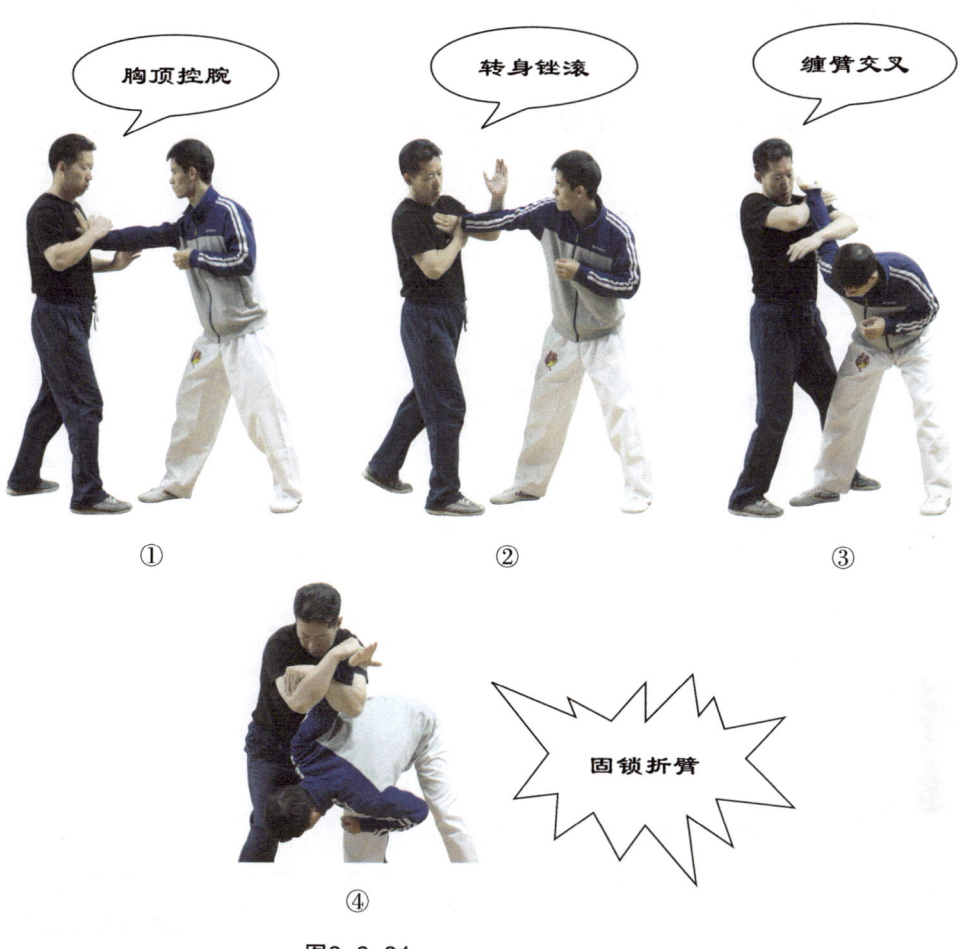

图3-2-34

图3-2-35

劲力示意：
矢状面"折"肘，肘关节冠状面下沉，右手应扣其腕，防其手上穿。

117

四、扣

（一）擒拿中"扣"的基本手型

扣的基本手型是虎口张开，四指回勾，掌根向前用力顶压。（图3-2-36）

图3-2-36

（二）擒拿中"扣"的常见技术

1 单手扣

单手扣的技术动作如下。（图3-2-37）

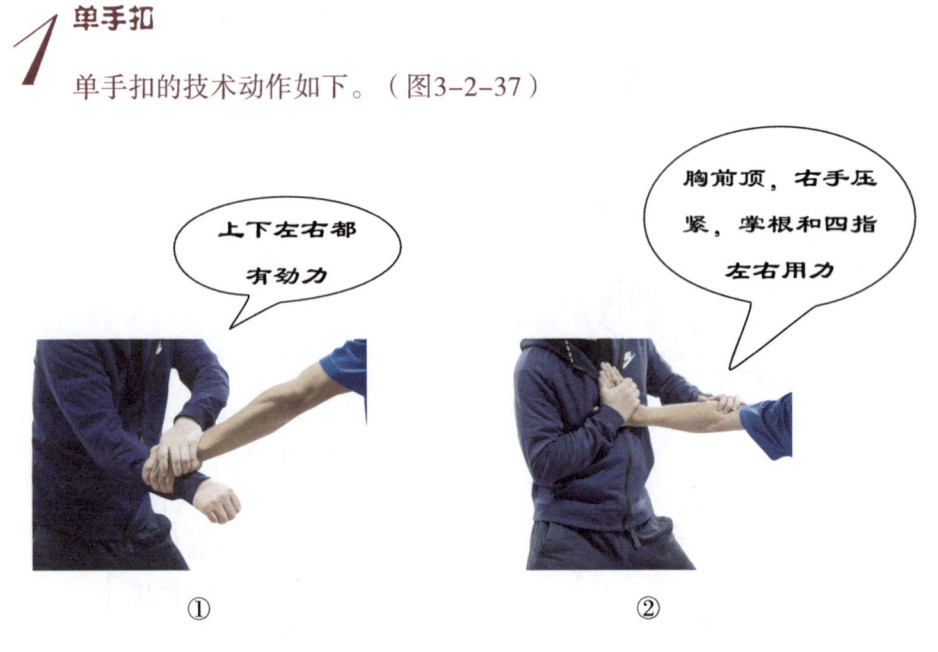

上下左右都有劲力

胸前顶，右手压紧，掌根和四指左右用力

① ②

图3-2-37

第三章　擒拿24技概述

2 双手扣（扣腕压指）

双手扣（扣腕压指）的技术要点如下。（图3-2-38）

> 双手扣压，头前顶

图3-2-38

（三）擒拿中"扣"的常见组合技术

1 扣旋

扣旋的技术要点如下。（图3-2-39、图3-2-40）

> 双手扣压

> 体前屈

> 弧线旋折

① ② ③

图3-2-39

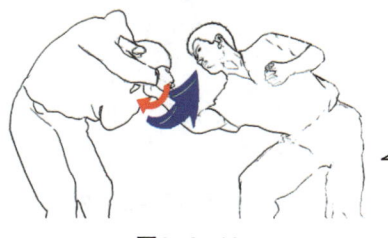

图3-2-40

劲力示意：
双手回扣和头前顶是矢状面的合力，还有冠状面的旋转用力。

119

2 扣盘

扣盘的技术要点如下。（图3-2-41、图3-2-42）

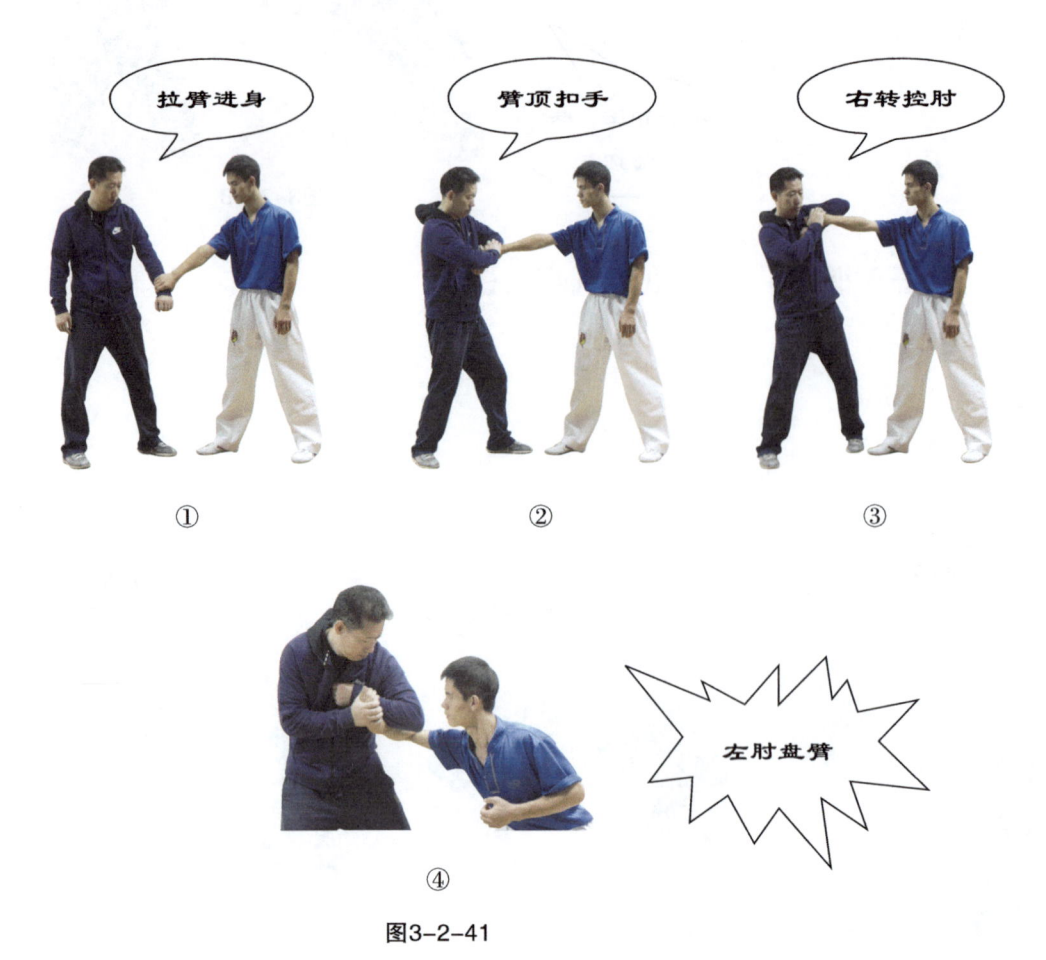

拉臂进身　　臂顶扣手　　右转控肘

① ② ③

左肘盘臂

④

图3-2-41

劲力示意：
　　拇指和四指配合冠状面折腕，左肘以水平面盘。

图3-2-42

五、掐

（一）擒拿中"掐"的基本手型

掐技的要义一是"用有力的外部压力按住喉部使窒息"，此技强调"掐压"的动作；二是"用指甲按或切入"的意思，此技强调"掐入"的动作。（图3-2-43）

以压为主的掐

①

切入为主的掐

②

双手切入掐

③

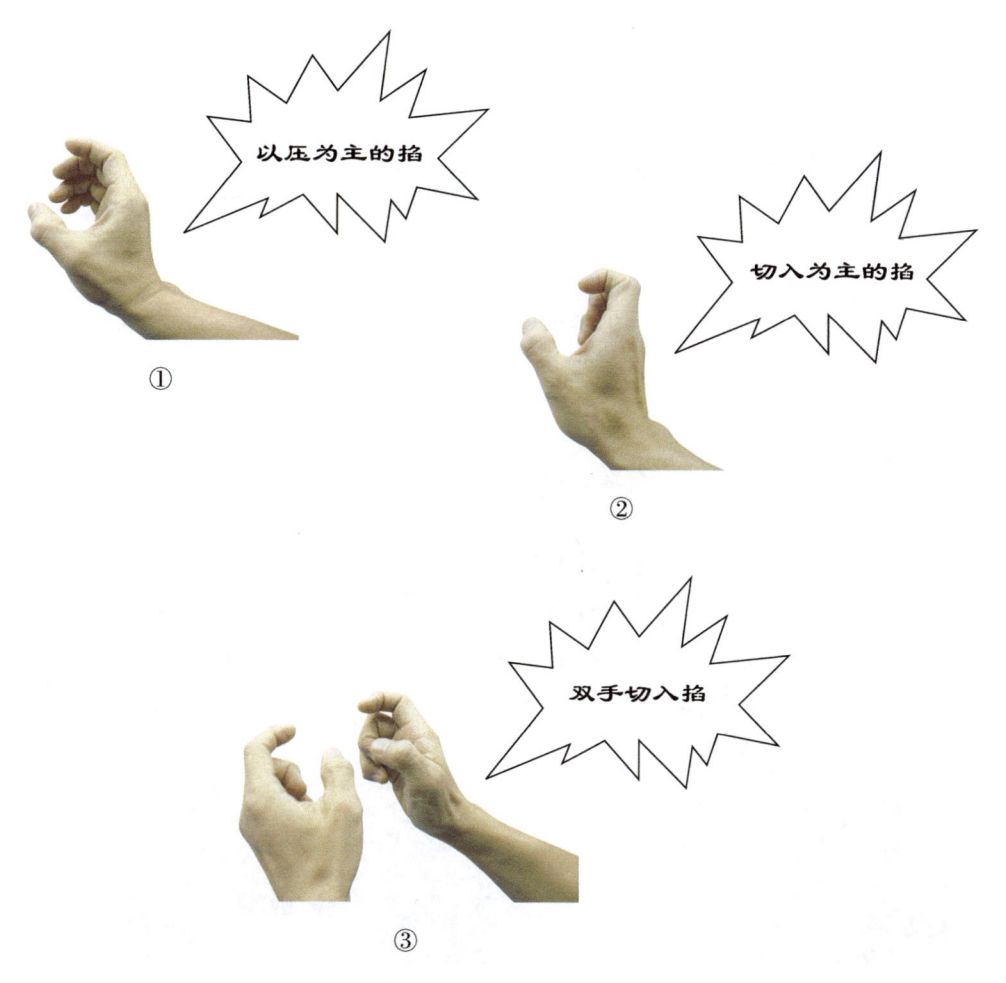

图3-2-43

（二）擒拿中"掐"的常见技术

1 掐咽喉

掐咽喉的技术要点如下。（图3-2-44）

① 右手掐喉　② 双手掐喉

图3-2-44

2 掐薄弱部位

掐薄弱部位的技术要点如下。（图3-2-45）

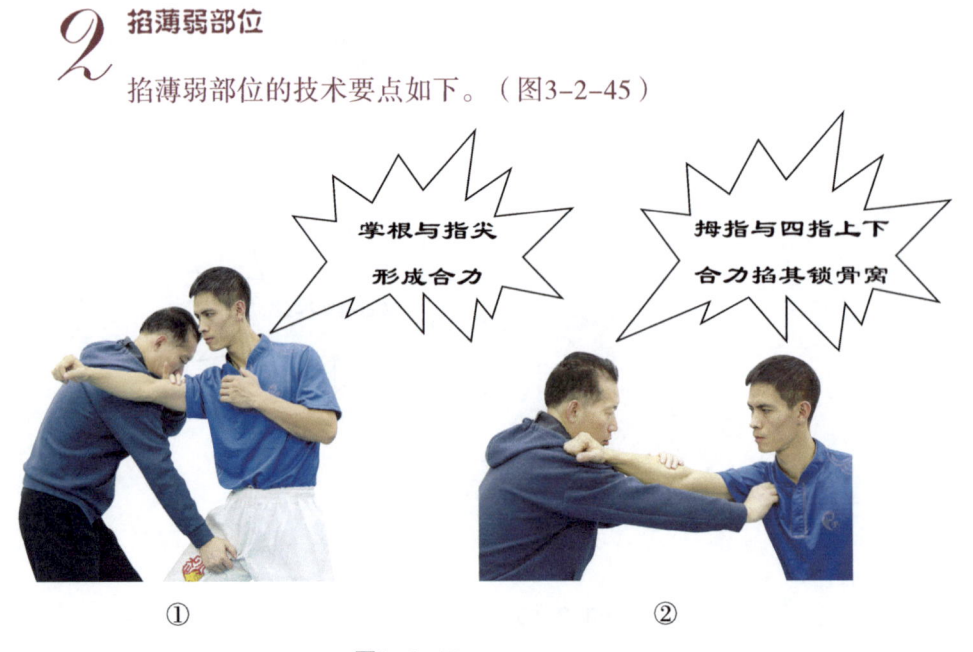

① 掌根与指尖形成合力　② 拇指与四指上下合力掐其锁骨窝

图3-2-45

（三）擒拿中"掐"的常见组合技术

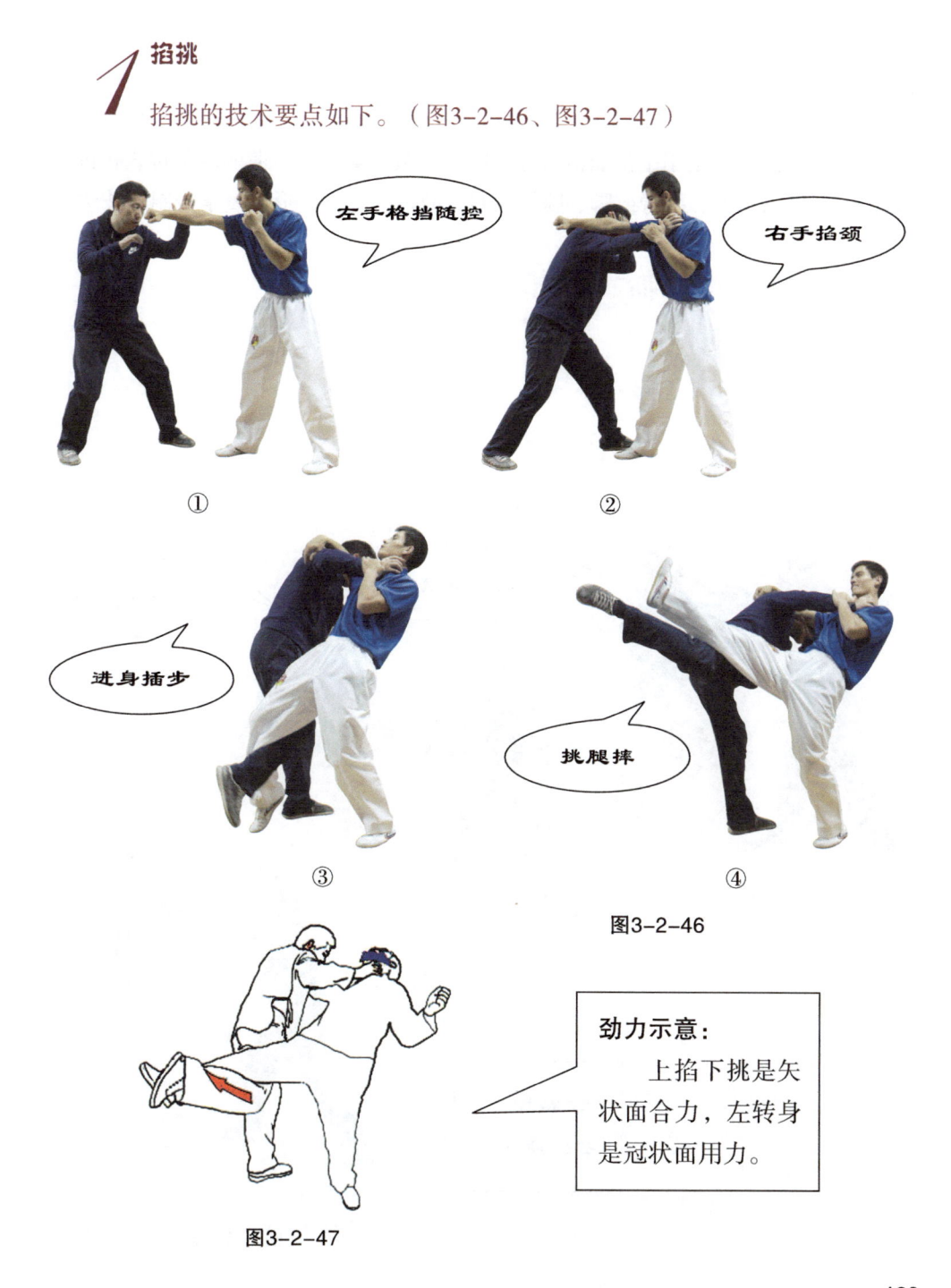

1 掐挑

掐挑的技术要点如下。（图3-2-46、图3-2-47）

① 左手格挡随控
② 右手掐颈
③ 进身插步
④ 挑腿摔

图3-2-46

图3-2-47

劲力示意：
上掐下挑是矢状面合力，左转身是冠状面用力。

六、插

(一) 擒拿中"插"的基本要义

擒拿的插主要是用手指插击对方的眼窝、腋窝等柔软、薄弱的部位直接进行打击，也可以用手、手臂或脚、腿插入对方肢体的空隙，形成擒拿控制的技法。

(二) 擒拿中"插"的常见技术

1. 插击对方要害部位

插击对方要害部位的技术要点如下。（图3-2-48）

① 左格控，右手插眼

② 左接腿，右手插腹股沟

③ 左格控，右手插腋窝

图3-2-48

2 插别手臂

插别手臂的技术要点如下。（3-2-49）

右臂下插，肘上撬；左手折腕

左手后拉并下压，右手前插

① ②

图3-2-49

3 腿插别腿

腿插别腿的技术要点如下。（图3-2-50）

控臂，后侧插别腿

控臂，前侧插别腿

① ②

图3-2-50

(三)擒拿中"插"的常见组合技术

1 插别

插别的技术要点如下。(图3-2-51、图3-2-52)

踢插到手臂之间

图3-2-51

劲力示意:
　　脚尖前踢是水平面用力,下踩、脚踝向前上顶撬是矢状面用力。

图3-2-52

七、挑

(一)擒拿中"挑"的基本要点

擒拿的挑主要是指用手臂由下向上拨开对方的进攻拳、腿,或是用腿将对方的重心、身体、四肢向上支起来。

（二）擒拿中"挑"的常见技术

1 挑拨防守

挑拨防守的技术要点如下。（图3-2-53）

① ②

图3-2-53

2 直接挑击

直接挑击的技术要点如下。（图3-2-54）

图3-2-54

3 挑臂控制

挑臂控制的技术要点如下。（图3-2-55）

> 右挑、左推、右转身、上挑肘

> 右臂上挑，左手拧压

① ②

图3-2-55

4 腿挑腿

腿挑腿的技术要点如下。（图3-2-56）

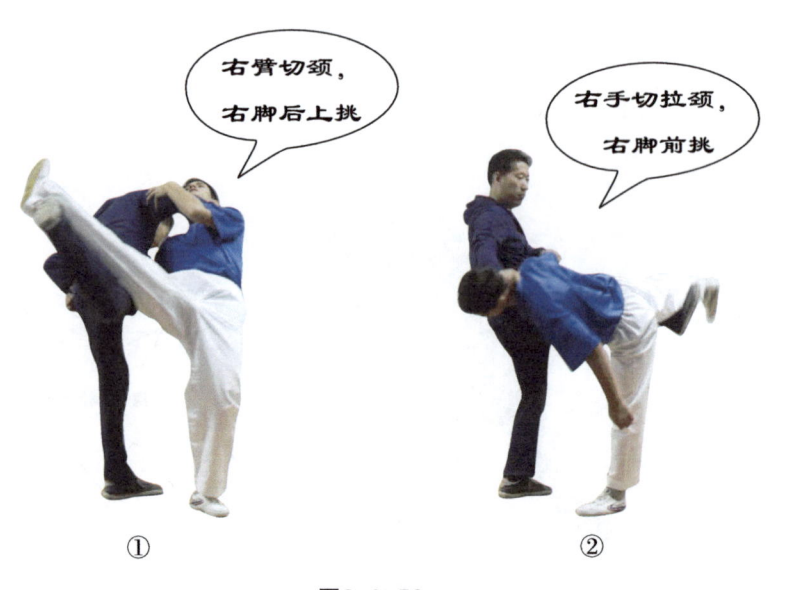

> 右臂切颈，右脚后上挑

> 右手切拉颈，右脚前挑

① ②

图3-2-56

（三）擒拿中"挑"的常见组合技术

1 挑插

挑插的技术动作如下。（图3-2-57、图3-2-58）

① 接手随控
② 拿腕闪进
③ 顶膝挑肘
④ 刁腕转身
⑤ 插臂折腕

图3-2-57

劲力示意：
　　左手水平面折腕，右手下插和肘部上撬为矢状面合力。

图3-2-58

八、顶

（一）擒拿"顶"的基本要义

擒拿的顶分控制为主的顶和打击为主的顶。

（二）擒拿中"顶"的常见技术

顶可以分为打击类的顶，如头顶（头直接顶其头面部）、肘顶、膝关节顶。还有以控制对方为目的的顶技，如：用胸腹、四肢、头等向前、向上顶对方的手掌，使其手指成反关节；我方肩顶住对方的肩胛骨下角等。在擒拿中这种控制类的顶一般是要形成我省力、对方反关节的状态。

1 打击类的顶

打击类的顶的技术要点如下。（图3-2-59）

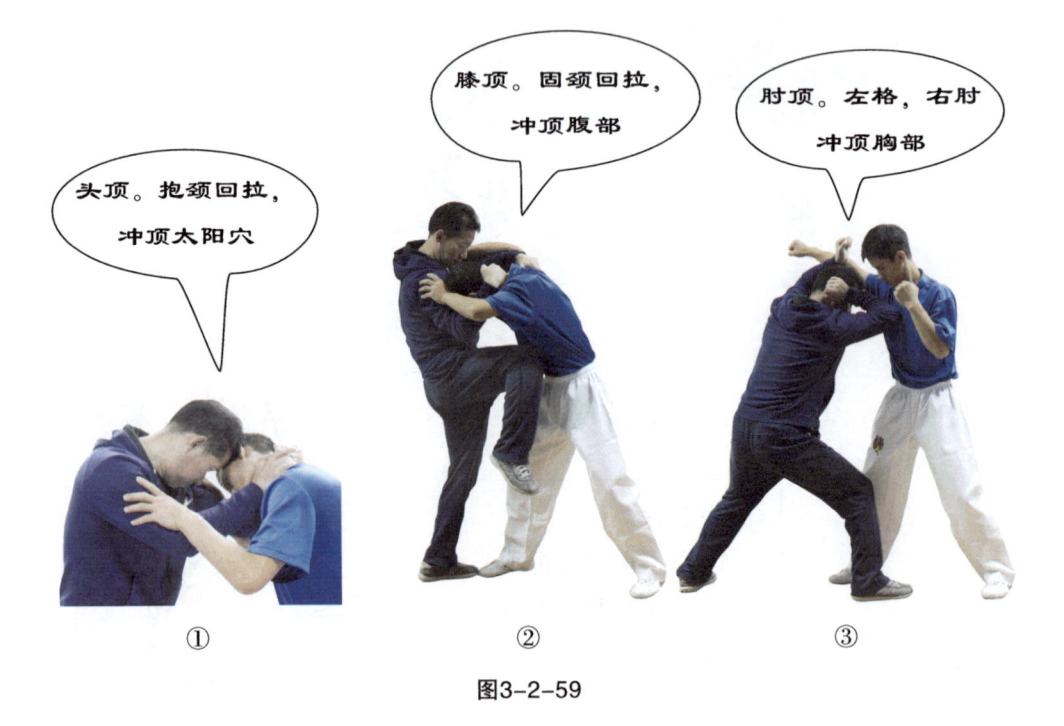

头顶。抱颈回拉，冲顶太阳穴

膝顶。固颈回拉，冲顶腹部

肘顶。左格，右肘冲顶胸部

① ② ③

图3-2-59

2 控制类的顶

控制类的顶的技术要点如下。（图3-2-60）

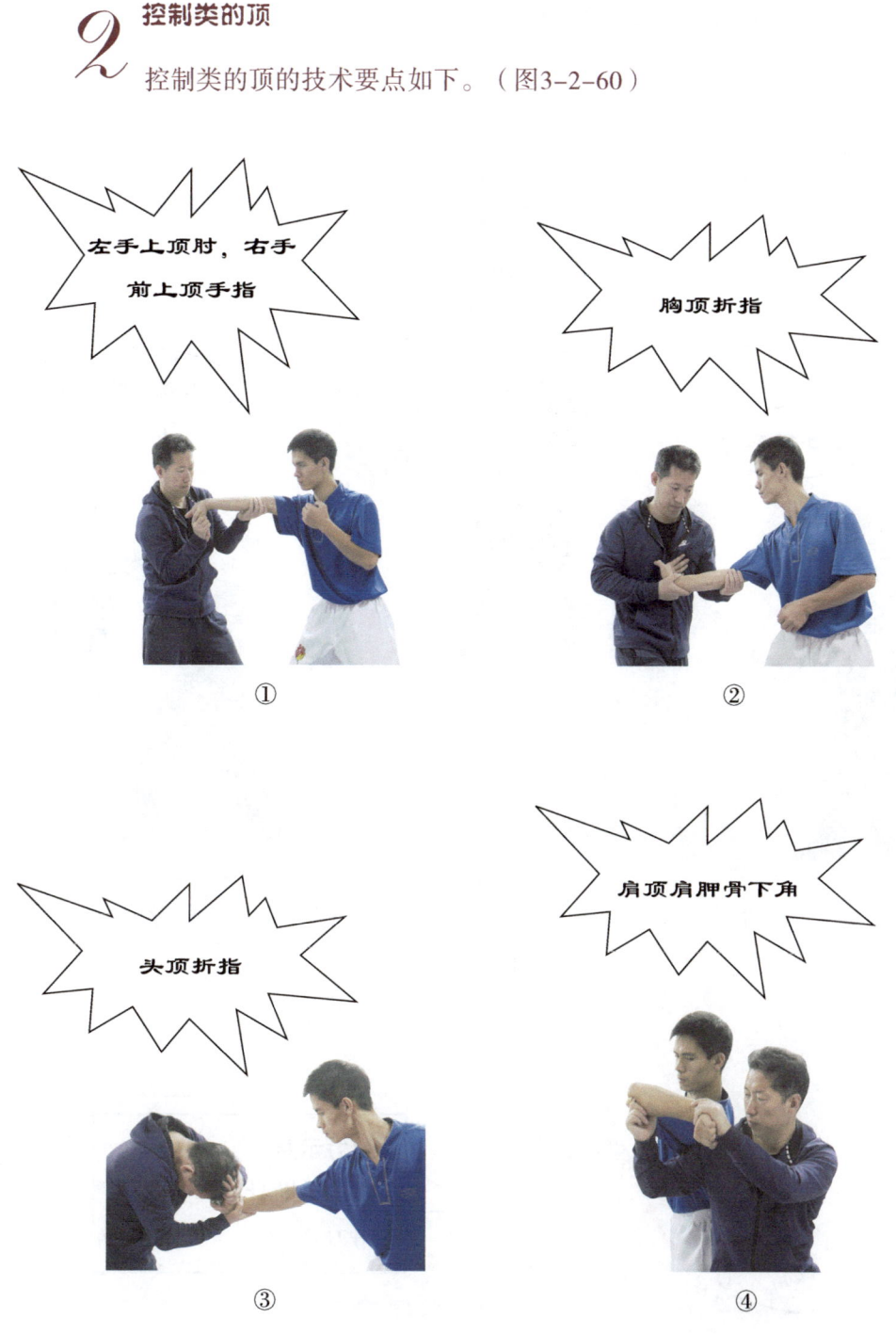

左手上顶肘，右手前上顶手指

胸顶折指

① ②

头顶折指

肩顶肩胛骨下角

③ ④

图3-2-60

（三）擒拿中"顶"的常见组合技术

1 顶折

顶折的技术要点如下。（图3-2-61、图3-2-62）

拿手撅腕

旋拧控臂

上顶肘右折腕

①　　　　　　　　　②　　　　　　　　　③

图3-2-61

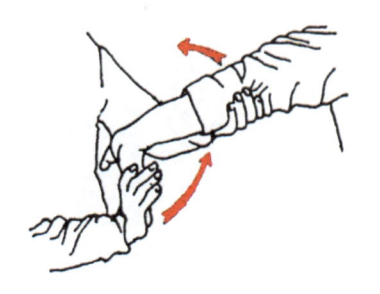

图3-2-62

劲力示意：
借助身体，矢状面用力。

九、拧

（一）擒拿中"拧"的基本要义

拧技作用在对方肢体上要使扭转的部位产生绞紧的状态，也就是使某个或多个关节达到运动极限状态。

（二）擒拿中"拧"的常见技术

1 拧腕

拧腕的技术要点如下。（图3-2-63）

右顺左逆拧其腕

右手顺时针拧其掌，左前臂下压

① ②

图3-2-63

右手拧旋，左手铐其肘

2 拧手臂

拧手臂的技术要点如下。（图3-2-64）

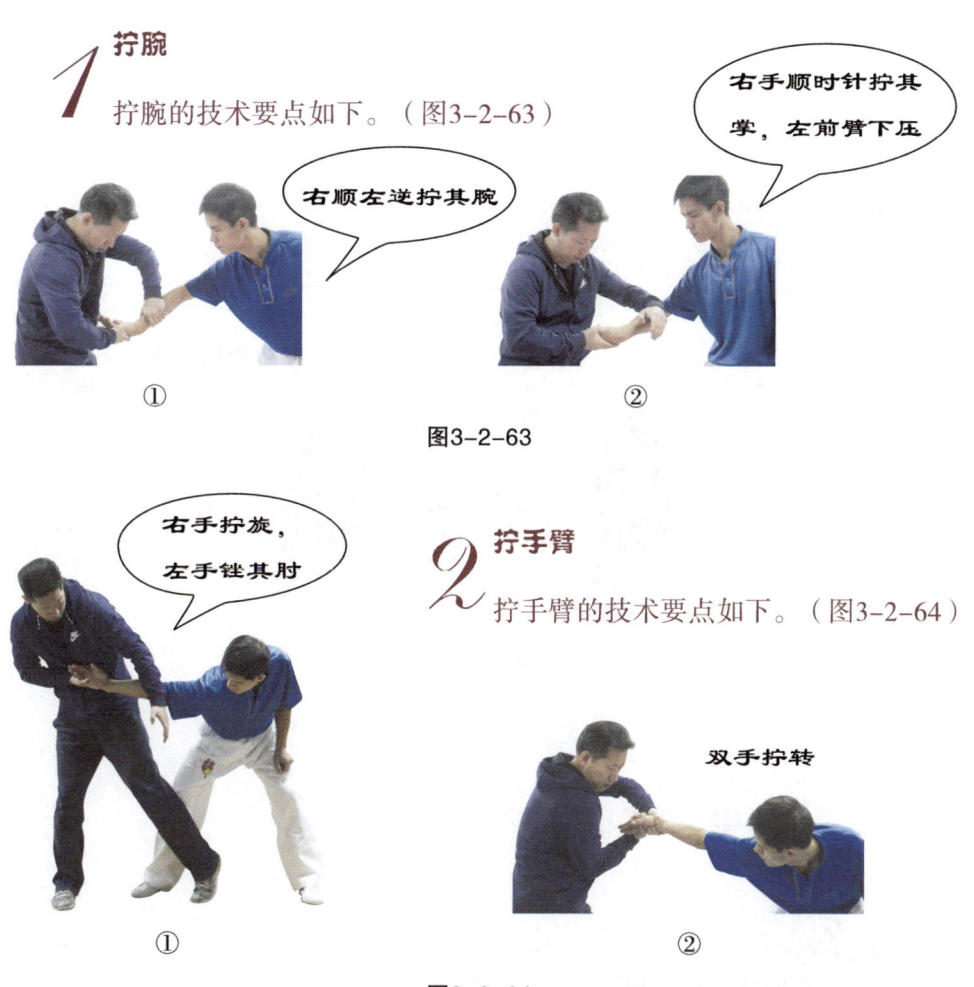

双手拧转

① ②

图3-2-64

3 拧头

拧头颈的技术动作如下。（图3-2-65）

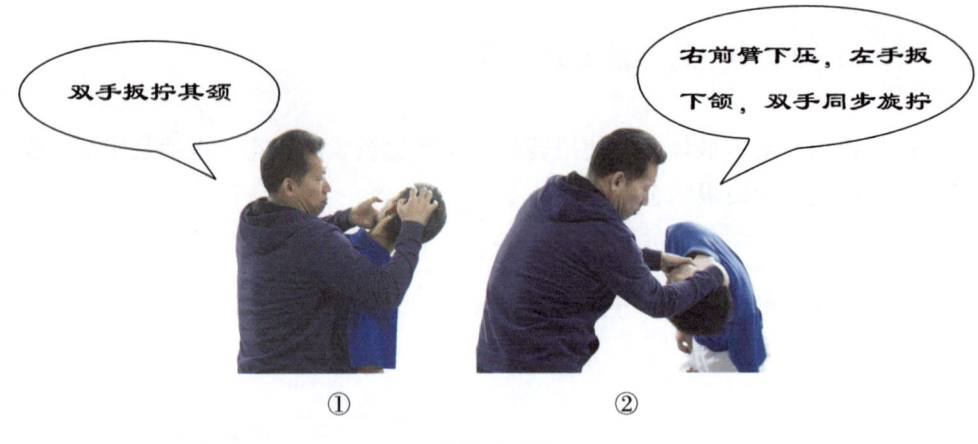

双手扳拧其颈

右前臂下压，左手扳下颌，双手同步旋拧

① ②

图3-2-65

4 双手拧脚

双手拧脚的技术要点如下。（图3-2-66）

双手抱扳拧转其脚

图3-2-66

（三）擒拿中"拧"的常见组合技术

1 拧别

拧别的技术要点如下。（图3-2-67、图3-2-68）

第三章 擒拿24技概述

格挡拿腕 ① 拧腕进肘 ② 拉腕挑肘 ③

拉腕挑肘 ④反面　　旋拧控臂 ⑤正面

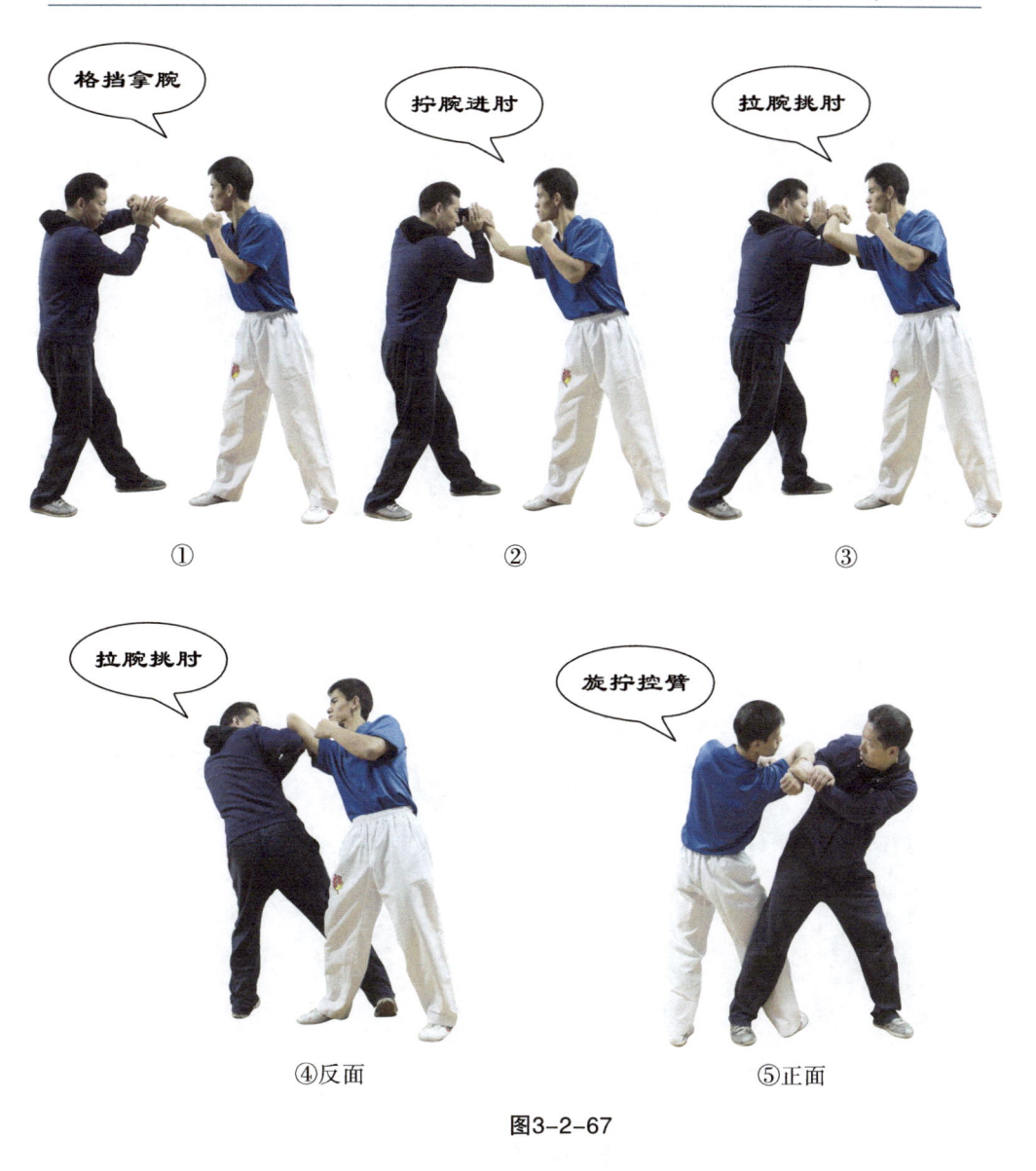

图3-2-67

劲力示意：
　　一上一下是冠状面的用力，左转身左手矢状面外拉。

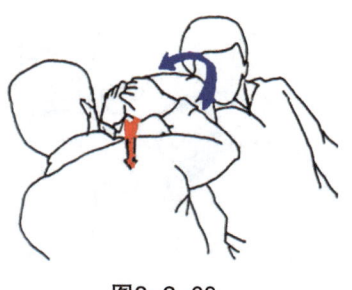

图3-2-68

135

2 拧扳

拧扳的技术要点如下。（图3-2-69、图3-2-70）

① 格挡伴随

② 拿腕闪进

③ 左拧右切

④ 刁扳腋窝

图3-2-69

图3-2-70

劲力示意：
双手矢冠结合，一前一后，一上一下对偶用力。

3 拧斫

拧斫的技术要点如下。（图3-2-71、图3-2-72）

① 双臂格控
② 拉臂进身
③ 插裆上步
④ 别腿斫臂

图3-2-71

劲力示意：
　　右手冠状面拧旋，左肩冠矢面斫，左手可以抓裆。

图3-2-72

十、压

（一）擒拿中"压"的基本要义

压的劲力方向多是向下（变式中也可以变换方向）可以控制或杀伤对方。

（二）擒拿中"压"的常见技术

1 压指压腕

压指压腕的技术动作如下。（图3-2-73）

> 压指。左手拉腕，右前臂压指

> 压腕。左手拿扣，右拳压掌背

① ②

图3-2-73

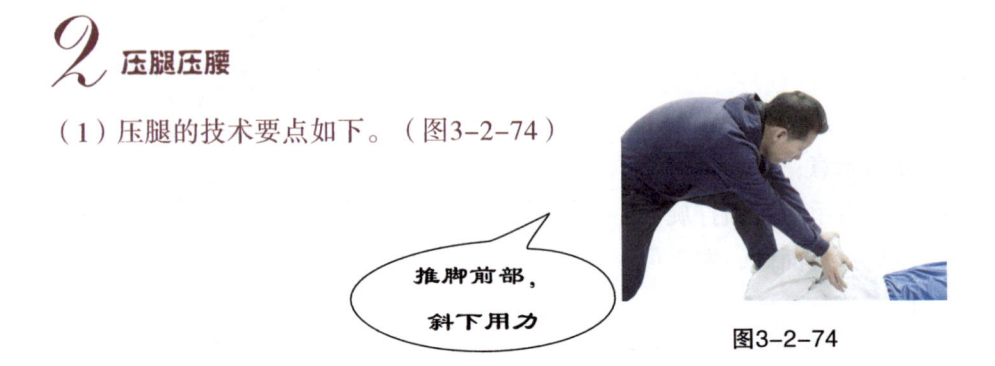

2 压腿压腰

（1）压腿的技术要点如下。（图3-2-74）

> 推脚前部，斜下用力

图3-2-74

（2）压腰的技术要点如下。（图3-2-75）

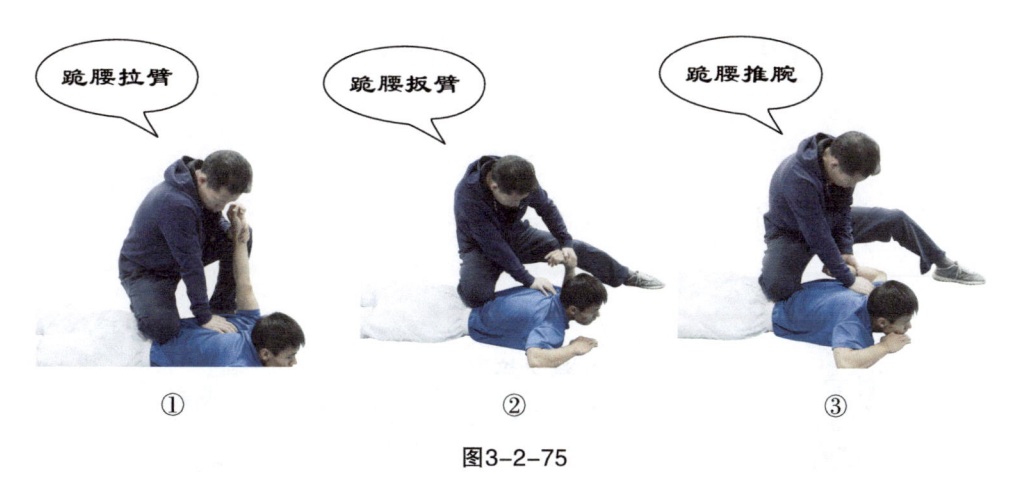

跪腰拉臂

跪腰扳臂

跪腰推腕

① ② ③

图3-2-75

3 压头颈

压头颈的技术要点如下。（图3-2-76）

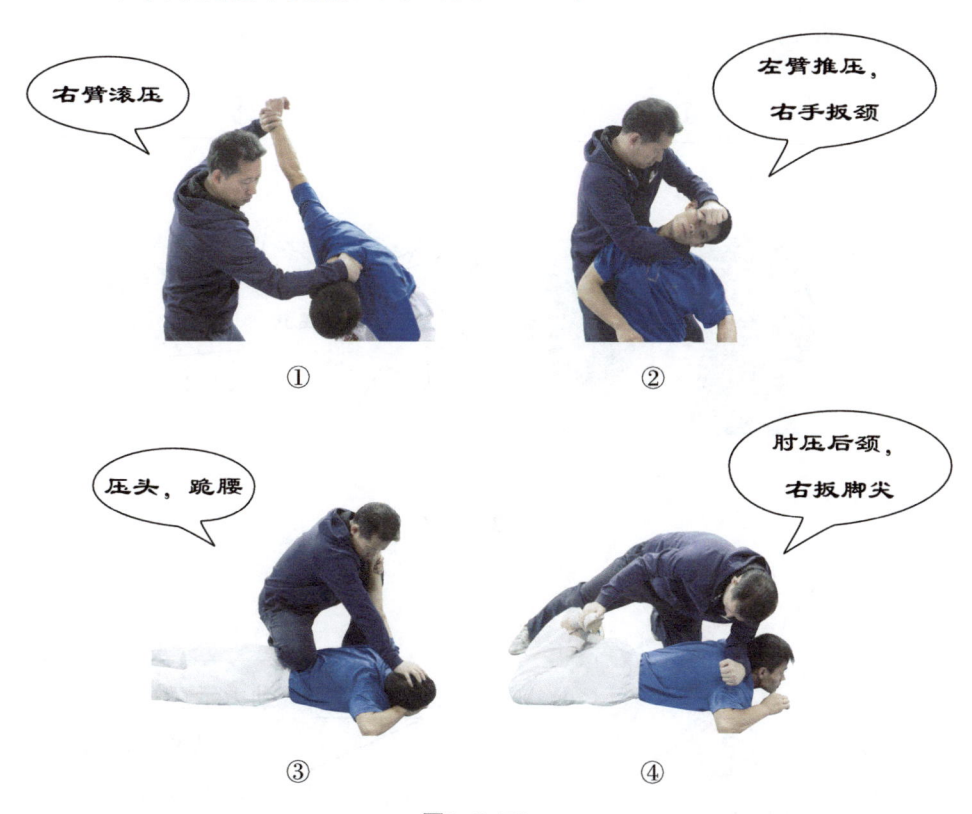

右臂滚压

左臂推压，右手扳颈

① ②

压头，跪腰

肘压后颈，右扳脚尖

③ ④

图3-2-76

139

（三）擒拿中"压"的常见组合技术

1. 压折

压折的技术要点如下。（图3-2-77、图3-2-78）

握手拉臂

进身拧腕

① ②

双手压折

③

图3-2-77

图3-2-78

劲力示意：
　　双手冠状面折为主，矢状面拧为辅。

十一、缠

（一）擒拿中"缠"的基本要义

武术擒拿中的缠多用四肢缠绕对手的手臂、颈部或肩部等部位。

缠法似蛇蟒，动作和劲力应注重粘黏连随。（图3-2-79）

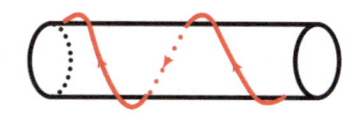

图3-2-79

（二）擒拿中"缠"的常见技术

1 手缠手腕

金丝缠腕的技术要点如下。（图3-2-80）

进身扣腕

沉肘切腕

合身拧旋

圆背合腰

① ② ③ ④

图3-2-80

2 手臂缠手臂

缠折的技术要点如下。（图3-2-81）

外斩接手

①

随控缠裹

②

进步夹臂

③

拧折其肘

④

图3-2-81

缠插或缠掐的技术要点如下。（图3-2-82）

图3-2-82

3 手臂缠颈部

站立缠头的技术要点如下。（图3-2-83）

图3-2-83

2 腿缠腿

腿缠腿的技术要点如下。（图3-2-84）

控手扣肩

缠绕其腿

①　　　　　　　　　　②

坐胯旋挤

③

图3-2-84

（三）擒拿中"缠"的常见组合技术

1 缠锉

缠锉的技术要点如下。（图3-2-85、图3-2-86）

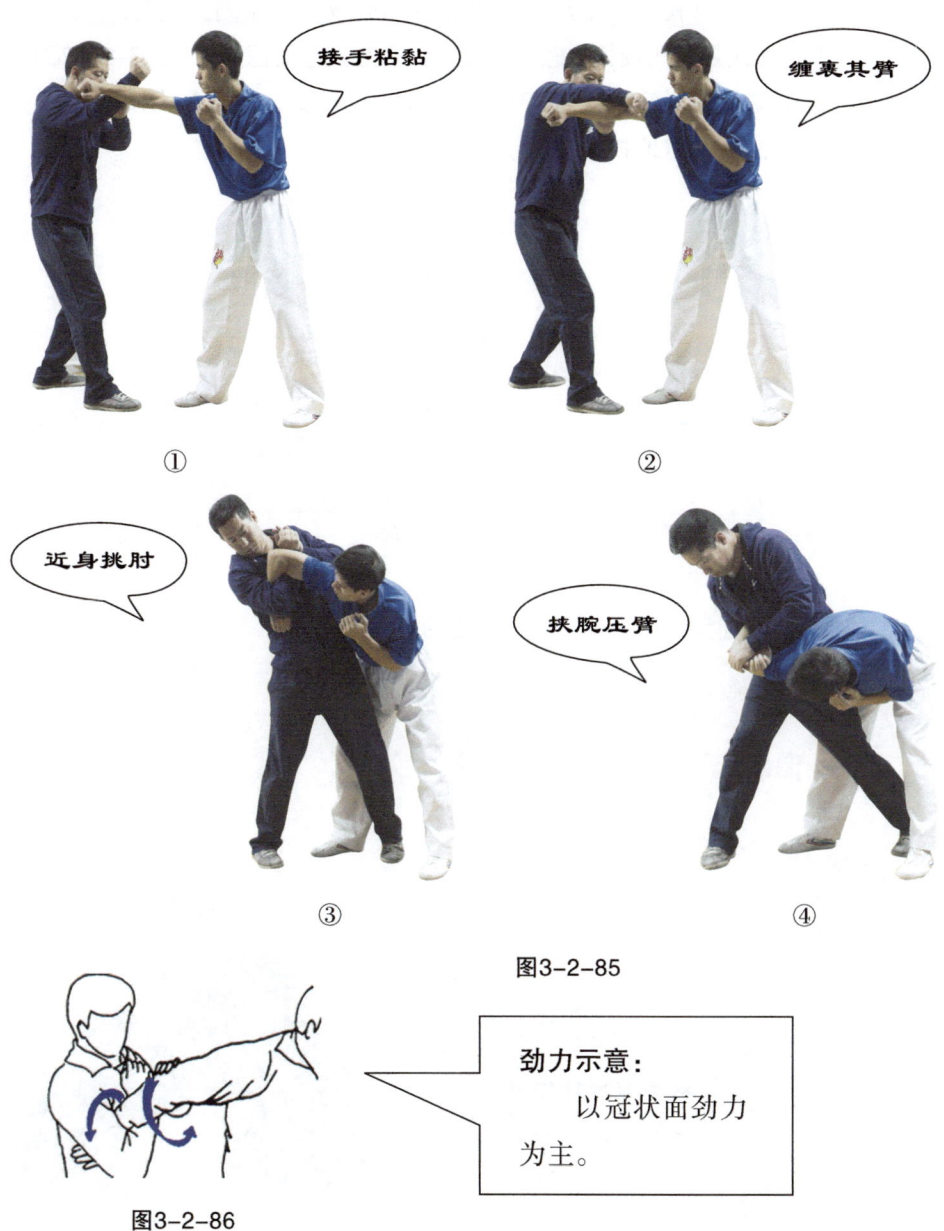

接手粘黏

缠裹其臂

① ②

近身挑肘

挟腕压臂

③ ④

图3-2-85

图3-2-86

劲力示意：
　　以冠状面劲力为主。

145

十二、旋

(一) 擒拿中"旋"的基本要义

"旋"技一般是以我手臂主动带着对方的四肢或头、颈划弧旋转。

旋技的发力形式是时间较长的螺旋式发力,不是快速的惊弹力(图3-2-87①)。

擒拿中旋的动作快做完时要加拧技,见图3-2-87②,也就是大圈变小圈,使得转动速度加快,更省力地控制对方。

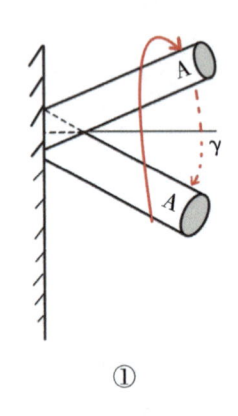

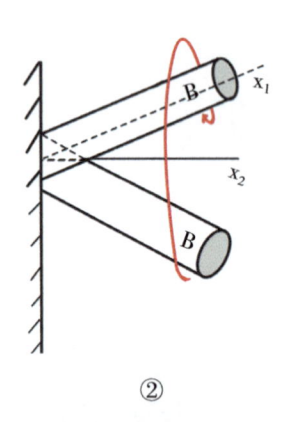

图3-2-87

(二) 擒拿中"旋"的常见技术

1 旋头

旋头的技术要点如下。(图3-2-88)

双手顺时针拧旋

图3-2-88

2 旋臂

旋臂的技术要点如下。（图3-2-89）

接手抓腕

①

侧闪摇臂

旋拧其臂

② ③

图3-2-89

3 旋肘

内上旋肘的技术要点如下。（图3-2-90）

接手控臂

前推后拉

① ②

上下扳旋

③

图3-2-90

4 旋腿

旋腿的技术要点如下。

（图3-2-91）

以身带手，
弧线旋腿

图3-2-91

（三）擒拿中"旋"的常见组合技术

1 旋锁

旋锁的技术要点如下。（图3-2-92、图3-2-93）

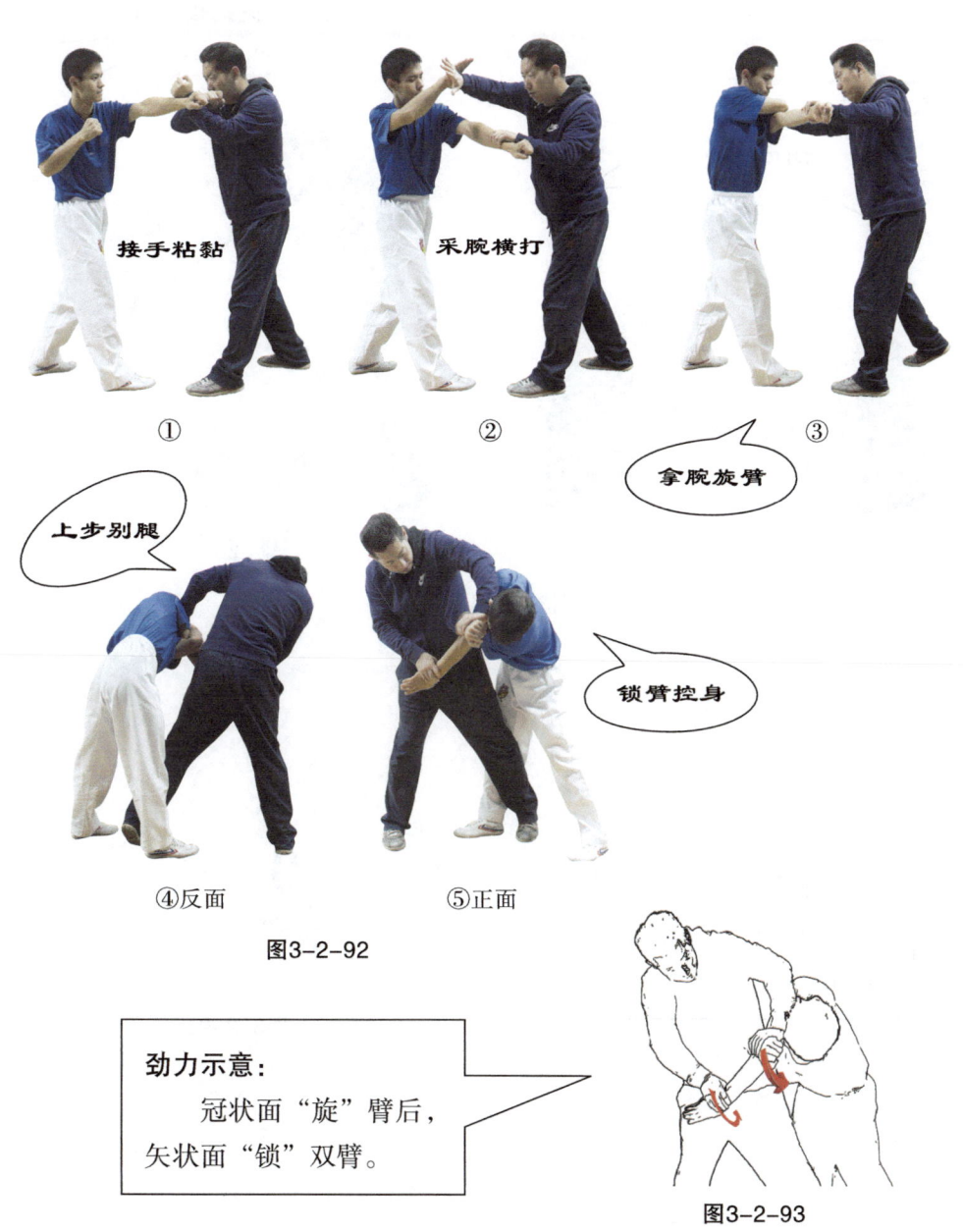

接手粘黏　采腕横打

① ② ③ 拿腕旋臂

上步别腿　锁臂控身

④反面　⑤正面

图3-2-92

劲力示意：
　　冠状面"旋"臂后，
矢状面"锁"双臂。

图3-2-93

2 旋拧

旋拧的技术要点如下。（图3-2-94、图3-2-95）

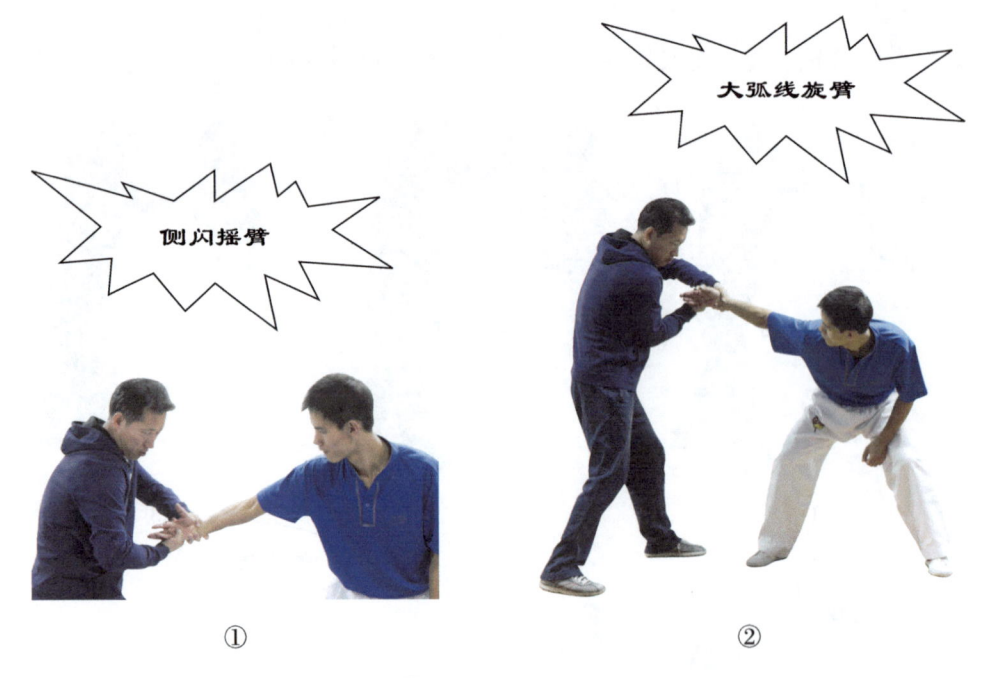

侧闪摇臂

大弧线旋臂

①　　　　　　　　　　②

图3-2-94

劲力示意：
　　旋中加拧，冠状面用力。

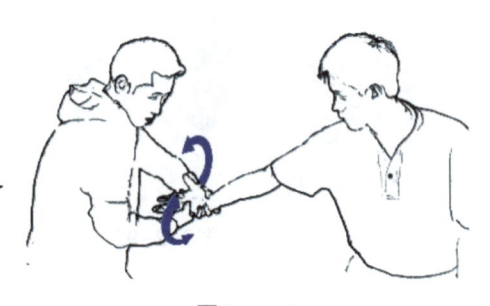

图3-2-95

3 旋压

旋压的技术要点如下。（图3-2-96、图3-2-97）

随推控腕

抓腕旋臂

① ②

撤步压指

③

图3-2-96

劲力示意：
身手相合矢状面用力托压。

图3-2-97

4 旋顶

旋顶的技术要点如下。（图3-2-98、图3-2-99）

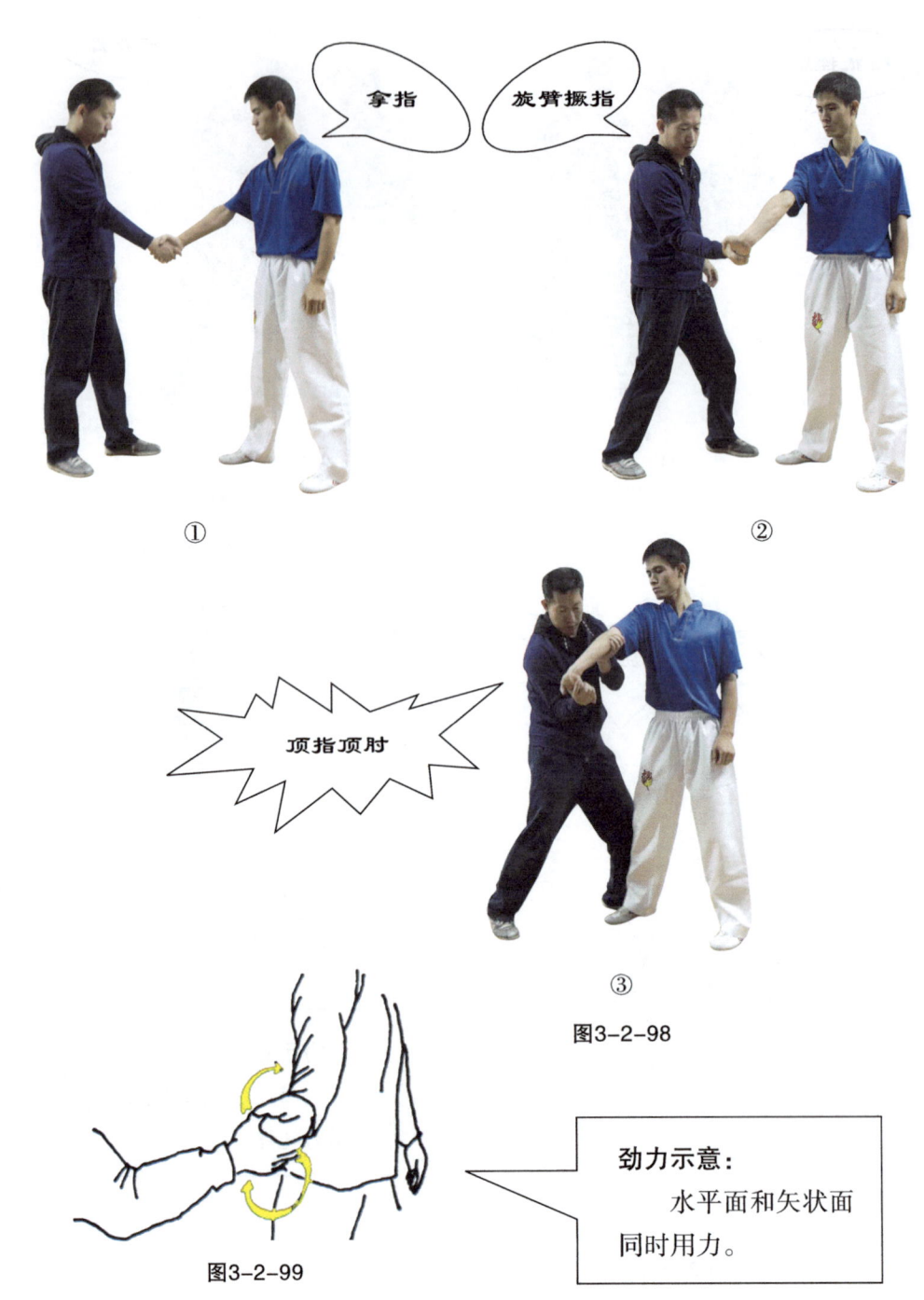

拿指　旋臂撅指

① ②

顶指顶肘

③

图3-2-98

图3-2-99

劲力示意：
　　水平面和矢状面同时用力。

第三章　擒拿24技概述

5 旋斫

旋斫的技术要点如下。（图3-2-100、图3-2-101）

接手粘黏

拉臂横击

① ②

旋锁其臂

③

图3-2-100

劲力示意：
　　左手矢状面为主，右手冠状面用力，右肘水平面和矢状面同时用力。

图3-2-101

153

十三、别

(一)擒拿中"别"(bié)的基本要义

擒拿中别技一般要卡住对方某个部位,就像撬棍一样,有两个力量分开用力,形成一上一下或者是一前一后、一左一右的力量。

(二)擒拿中"别"的常见技术

1. 别臂

外别臂的技术要点如下。(图3-2-102)

双手控臂

前压回锉

插步双别

① ② ③

图3-2-102

内别臂的技术要点如下。（图3-2-103）

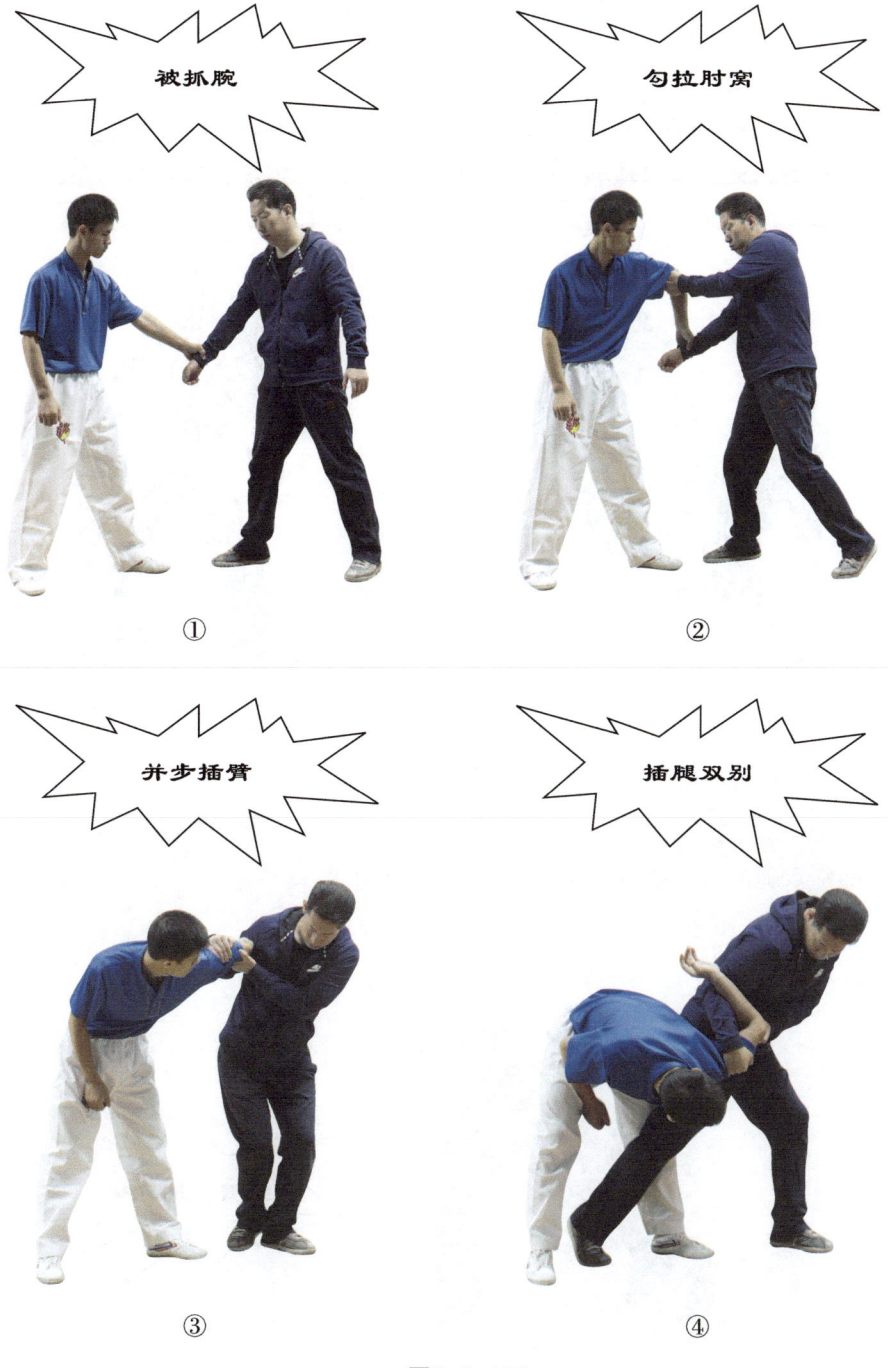

① 被抓腕

② 勾拉肘窝

③ 并步插臂

④ 插腿双别

图3-2-103

2 别腿

前别单腿的技术要点如下。（图3-2-104）

双手控臂，右腿插别

锁颈，别单腿

① ②

图3-2-104

前别双腿的技术要点如下。（图3-2-105）

拉臂，别双腿

图3-2-105

（三）擒拿中"别"的常见组合技术

1. 别插

别插的技术要点如下。（图3-2-106、图3-2-107）

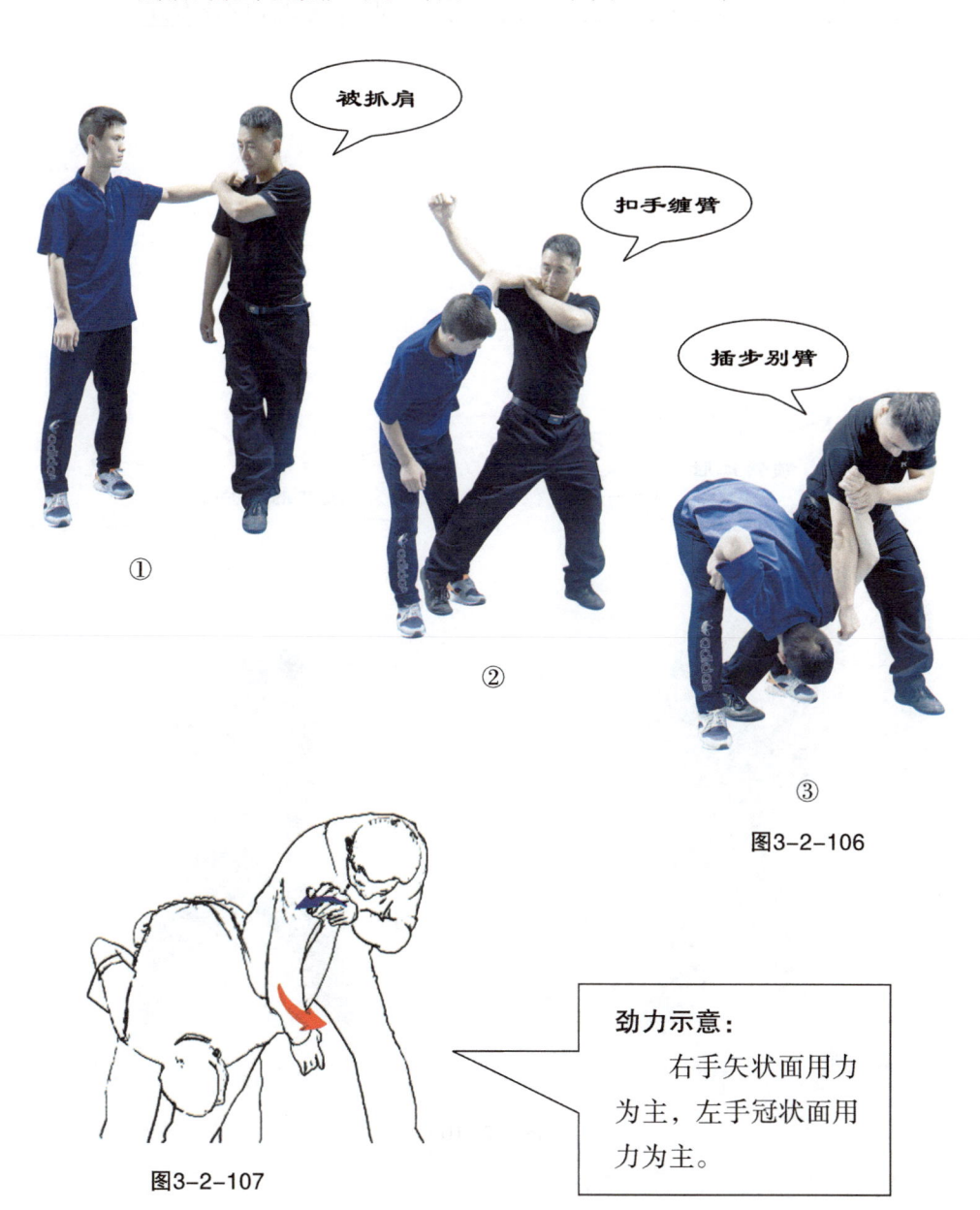

被抓肩

扣手缠臂

插步别臂

①

②

③

图3-2-106

图3-2-107

劲力示意：
　　右手矢状面用力为主，左手冠状面用力为主。

十四、扛

(一) 擒拿中"扛"的基本要义

武术擒拿的扛多是用肩向上、向前扛对方的四肢或身体的技术方法。

(二) 擒拿中"扛"的常见技术

1. 扛手臂

扛肘的技术要点如下。（图 3-2-108）

锁臂扛肘

使其肘窝向上

① ②

图 3-2-108

扛肩的技术要点如下。（图3-2-109）。

右肩抵腋，双手下扳，弹胯过背

图3-2-109

2 扛身体

扛身体的技术要点如下。（图3-2-110）

抱腰腿，进身肩扛

图3-2-110

（三）擒拿中"扛"的常见组合技术

1 扛扳

扛扳的技术要点如下。（图3-2-111、图3-2-112）

接手拿腕　　进身拧臂　　扳臂肩扛

① ② ③

图3-2-111

劲力示意：
　右手冠状面旋拧；扳扛是矢状面劲力。

图3-2-112

十五、折

（一）擒拿中"折"的基本要义

擒拿中"折"技多是用两个相反或相对的力快速用力折击对方的手臂、手腕或头颈等部位。

（二）擒拿中"折"的常见技术

2 折腕

伸折腕的技术要点如下。（图3-2-113）

> 两手合力顶压

图3-2-113

屈折腕的技术要点如下。（图3-2-114）

> 左手刁腕，右掌压折

① ②

图3-2-114

161

2 折臂

站立折臂的技术动作如下。（图3-2-115）

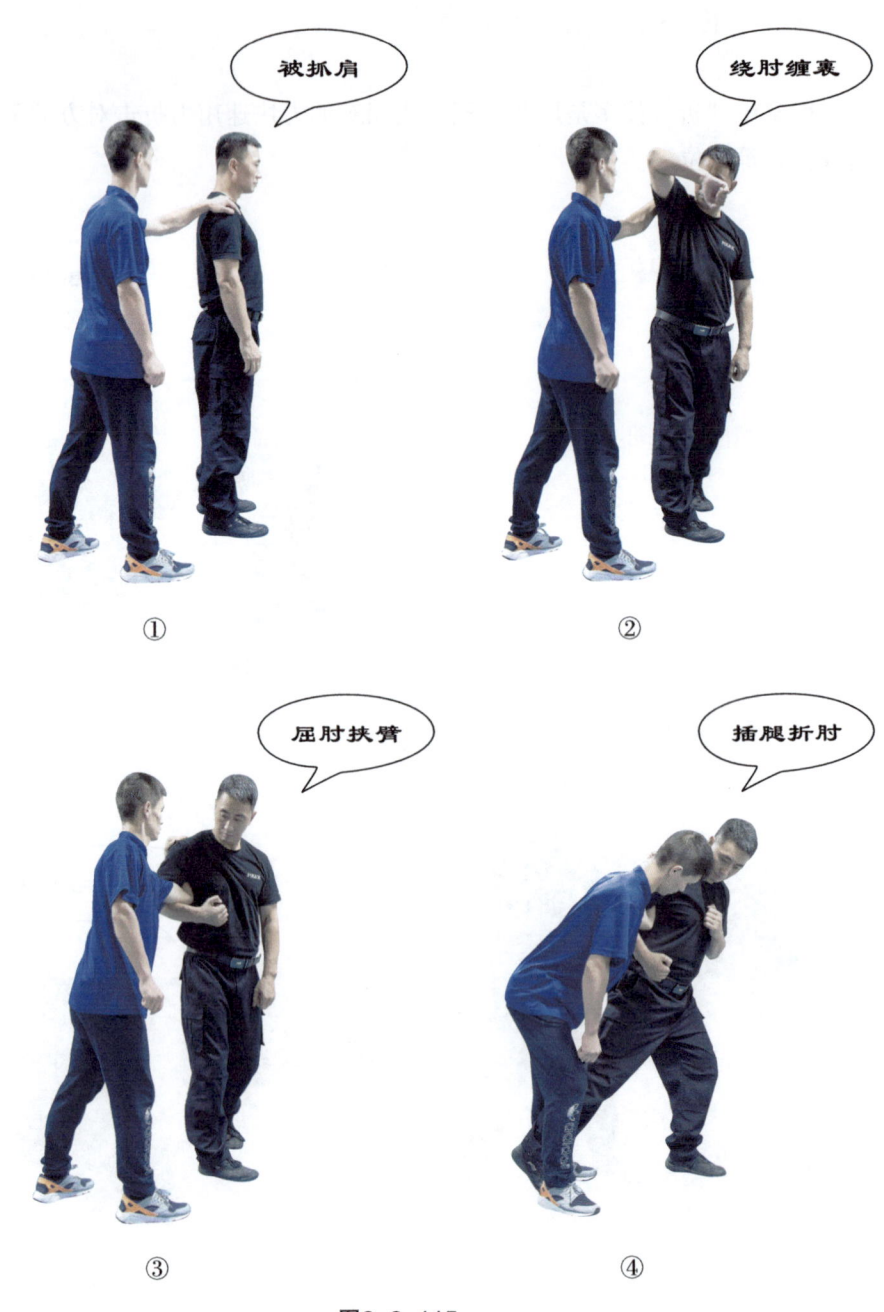

① 被抓肩
② 绕肘缠裹
③ 屈肘扶臂
④ 插腿折肘

图3-2-115

倒地后折臂的技术要点如下。（图3-2-116）

以腿为架，压折其肘

图3-2-116

3 折颈

缠臂颈的技术要点如下。（图3-2-117）

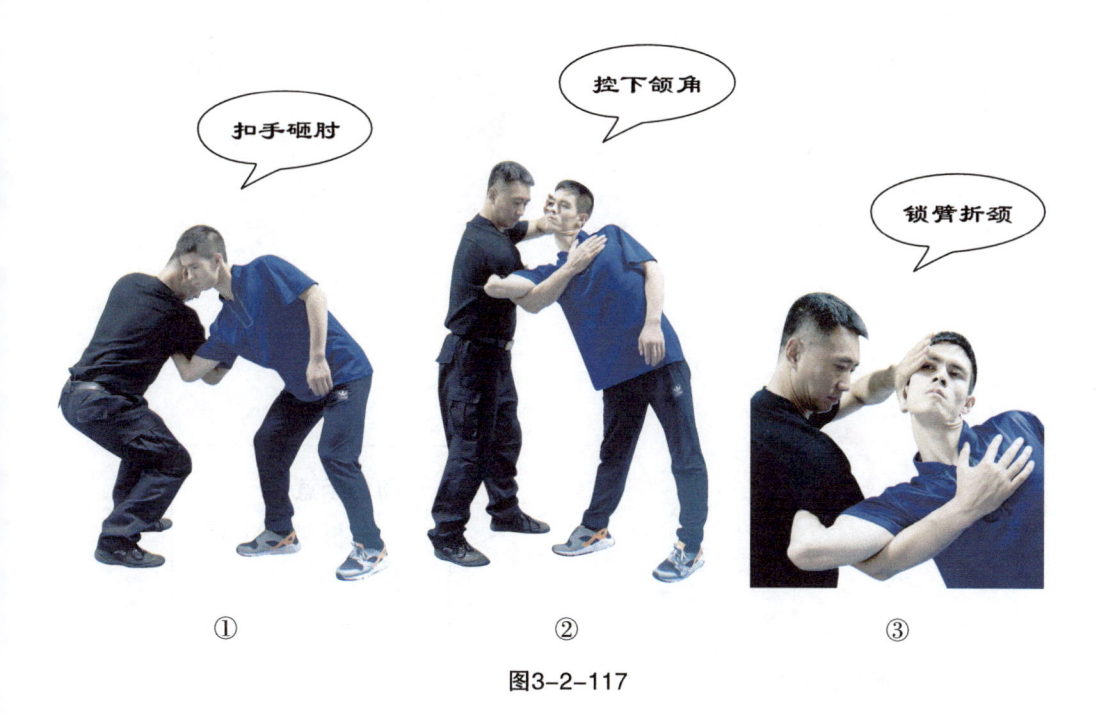

扣手砸肘　　控下颌角　　锁臂折颈

① ② ③

图3-2-117

163

（三）擒拿中"折"的常见组合技术

1. 折撅

折撅的技术要点如下。（图3-2-118、图3-2-119）

拿手拧腕

折撅指腕

① ②

图3-2-118

劲力示意：
折撅矢状面用力。

图3-2-119

十六、扳

（一）擒拿中扳的基本要义

擒拿的扳是指用手向下、向里拉对方的手臂或头颈等部位，目的是扳动对方。动作启动时速度要快，运动位移较大，需要持续用力。

（二）擒拿中扳的常见技术

1. 扳手臂

扳手臂的技术要点如下。（图3-2-120）

> 单扳上臂。右手扳拉腋窝，左手前推

①

> 单扳前臂。右手压其肩，左手回扳

> 双扳双臂。双手下扳其臂

② ③

图3-2-120

2 扳头

切颈扳头的技术要点如下。（图3-2-121）

① 左控右切

② 勾扳其颈

③ 双手协同

④ 倒地控制

图3-2-121

3 扳腿

扳腿的技术要点如下。（图3-2-122）

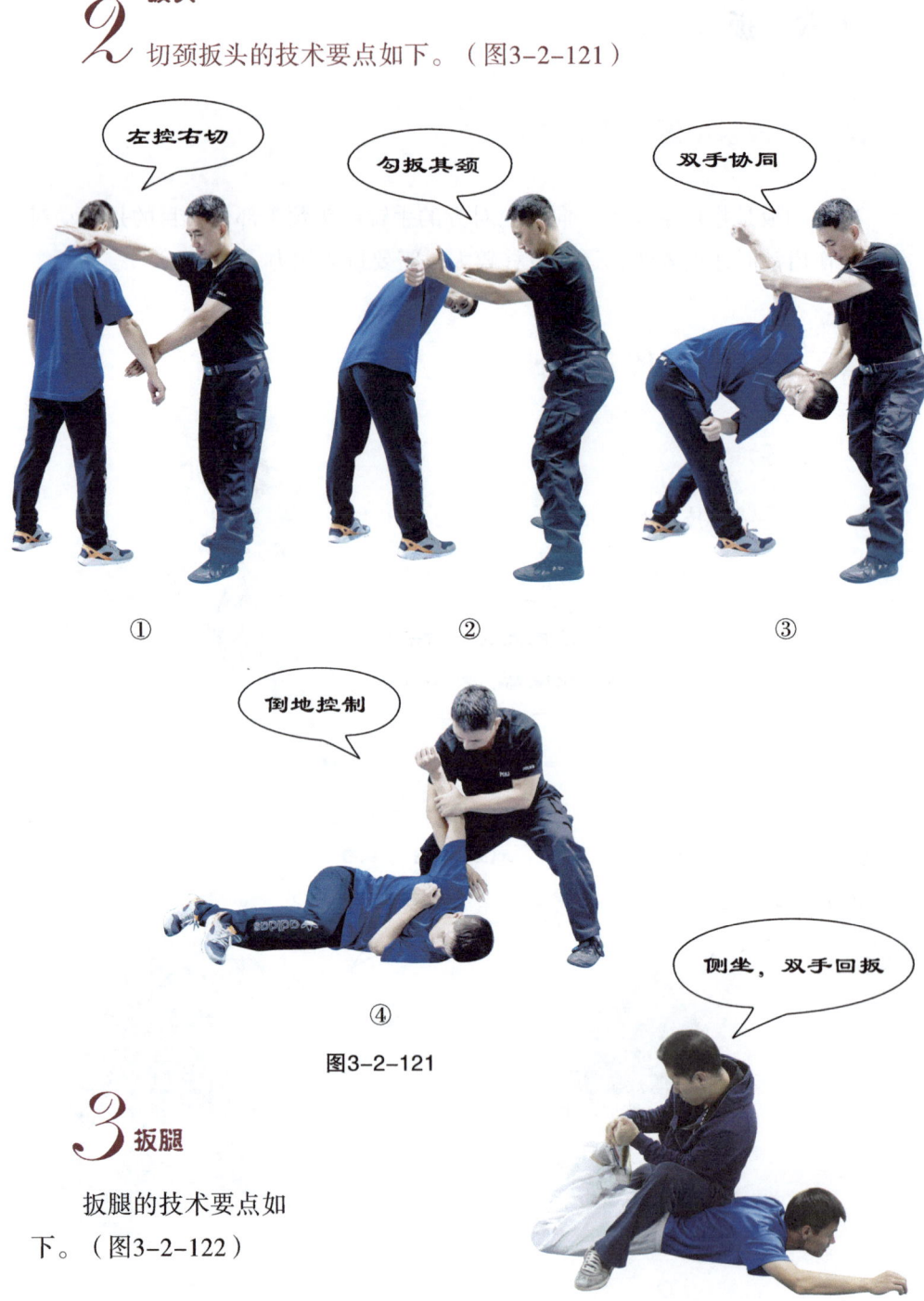

侧坐，双手回扳

图3-2-122

（三）擒拿中"扳"的常见组合技术

1. 扳旋

扳旋的技术要点如下。（图3-2-123、图3-2-124）

扣压控手

①

回扳其肘

②

扳肘旋臂

③

图3-2-123

劲力示意：
左手多矢状面旋拧用力，右手多冠状面用力。

图3-2-124

2 扳拧

扳拧的技术要点如下。（图3-2-125、图3-2-126）

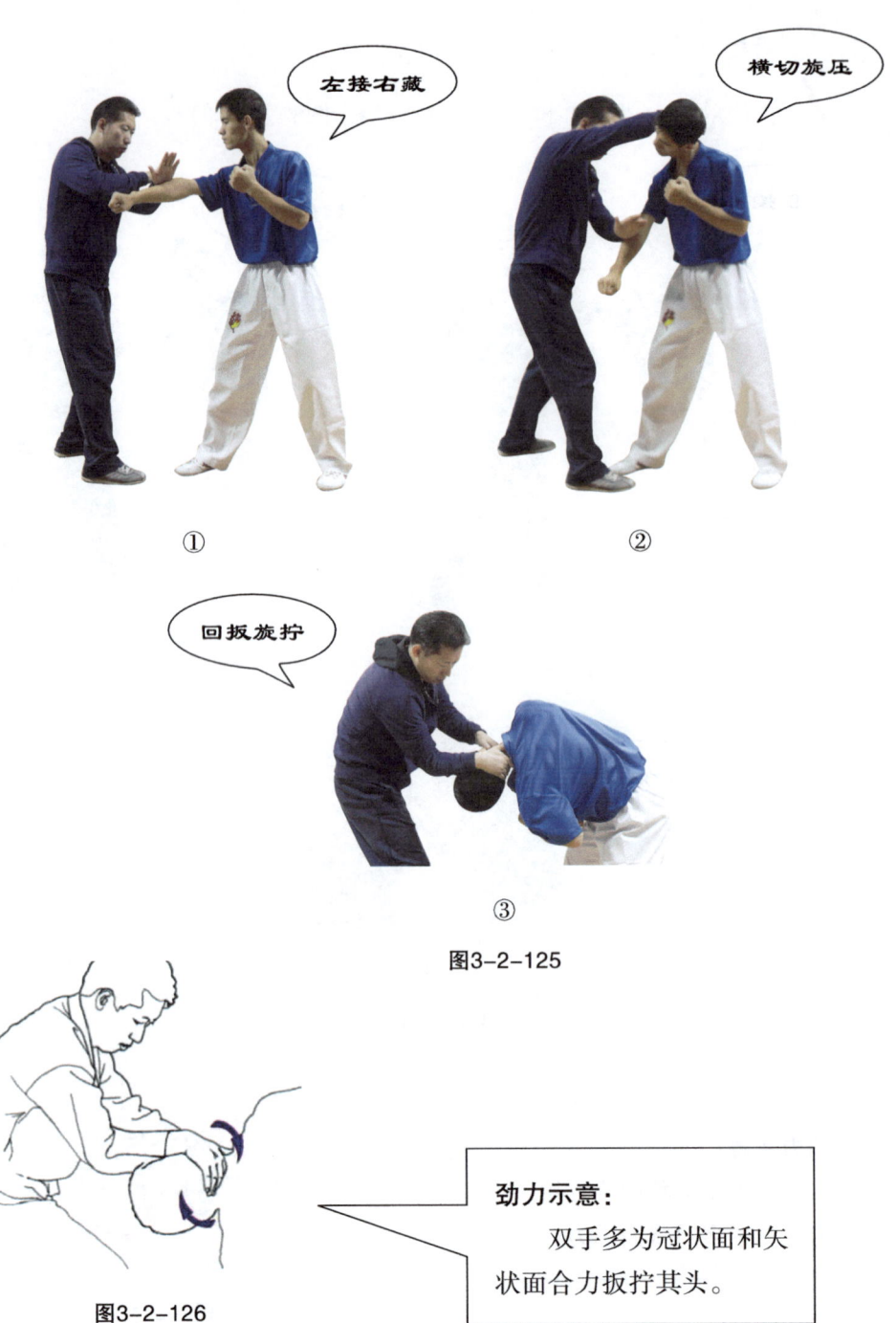

左接右藏

横切旋压

① ②

回扳旋拧

③

图3-2-125

图3-2-126

劲力示意：
　　双手多为冠状面和矢状面合力扳拧其头。

3 扳斫

扳斫的技术要点如下。（图3-2-127、图3-2-128）

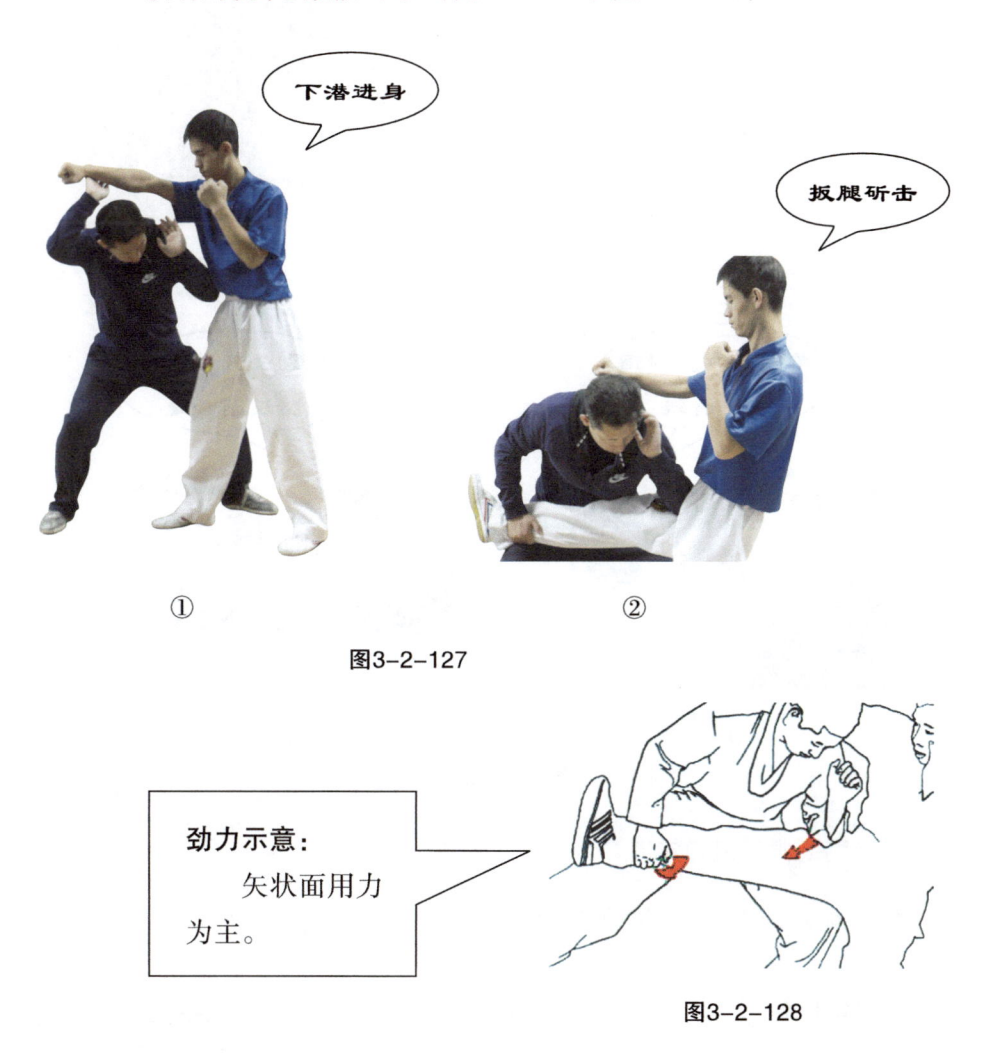

下潜进身

扳腿斫击

① ②

图3-2-127

劲力示意：
矢状面用力为主。

图3-2-128

十七、剔

（一）擒拿中剔（tī）的基本要义

擒拿中剔用手指在对方的骨间缝隙、关节窝或人体的薄弱部位沿一定方向拨挑，分解骨肉。手指尖在保持压力的情况下，沿着缝隙挑拨。

（二）擒拿中"剔"的常见技术

1. 剔甲

剔甲的技术要点如下。（图3-2-129）

指甲尖剔指甲根

图3-2-129

2. 剔手背

剔手背的技术要点如下。（图3-2-130）

单剔手背。拇指压剔骨缝

双剔手背。两拇指压剔骨缝

① ②

图3-2-130

3. 剔薄弱部位和穴位

剔薄弱部位和穴位的技术要点如下。（图3-2-131）

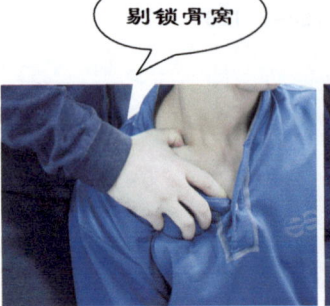

剔锁骨窝   *剔下颌*   *剔尺泽穴*

① ② ③

图3-2-131

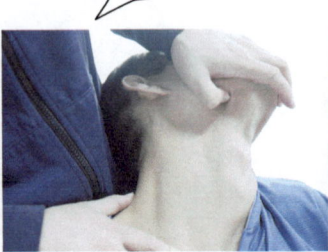

（三）擒拿中"剔"的常见组合技术

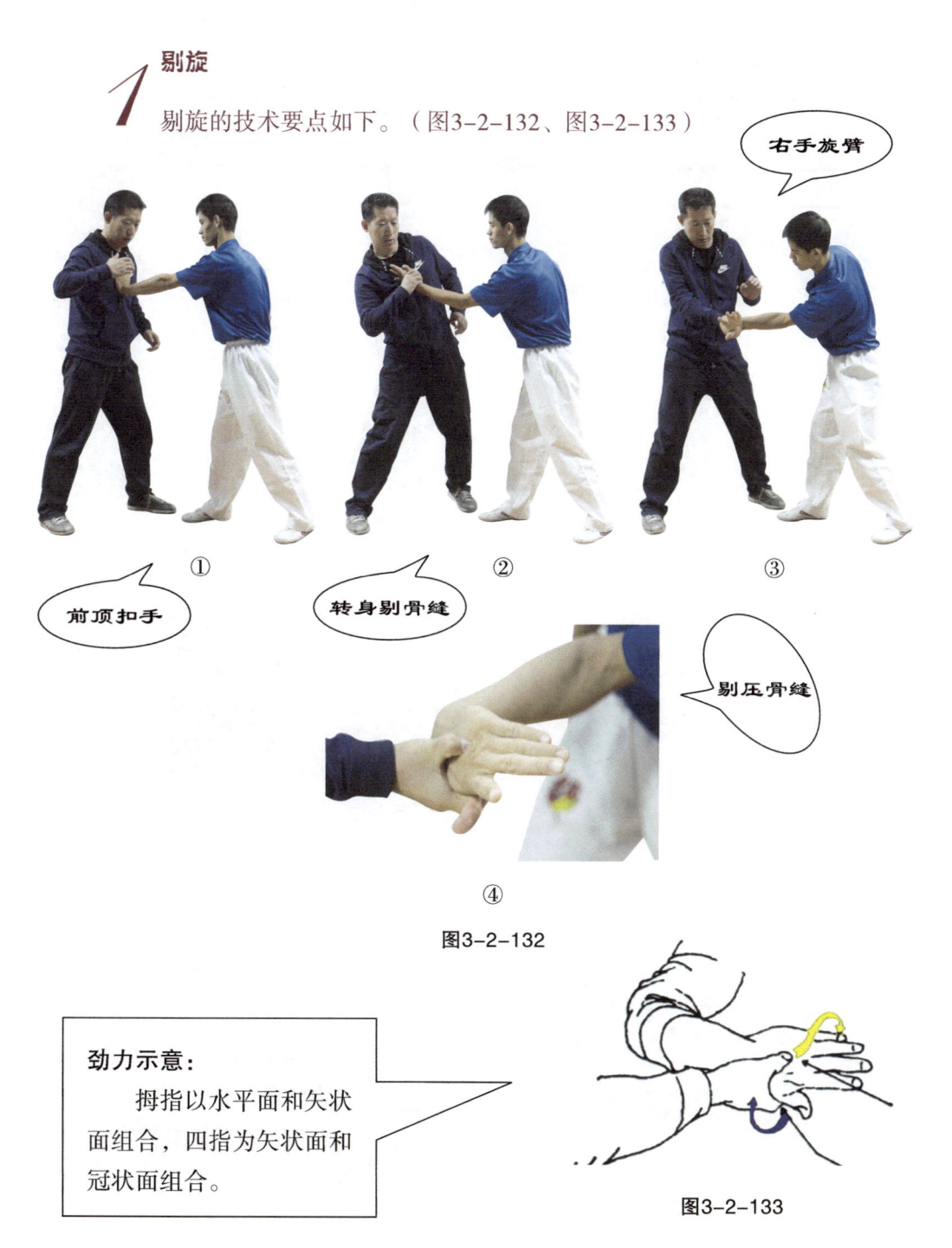

1 剔旋

剔旋的技术要点如下。（图3-2-132、图3-2-133）

右手旋臂

① 前顶扣手
② 转身剔骨缝
③
④ 剔压骨缝

图3-2-132

劲力示意：
　　拇指以水平面和矢状面组合，四指为矢状面和冠状面组合。

图3-2-133

2 剔折

剔折的技术要点如下。（图3-2-134、图3-2-135）

扣拿其手

转身拧腕

拇指前剔

① ② ③

加速折腕

③

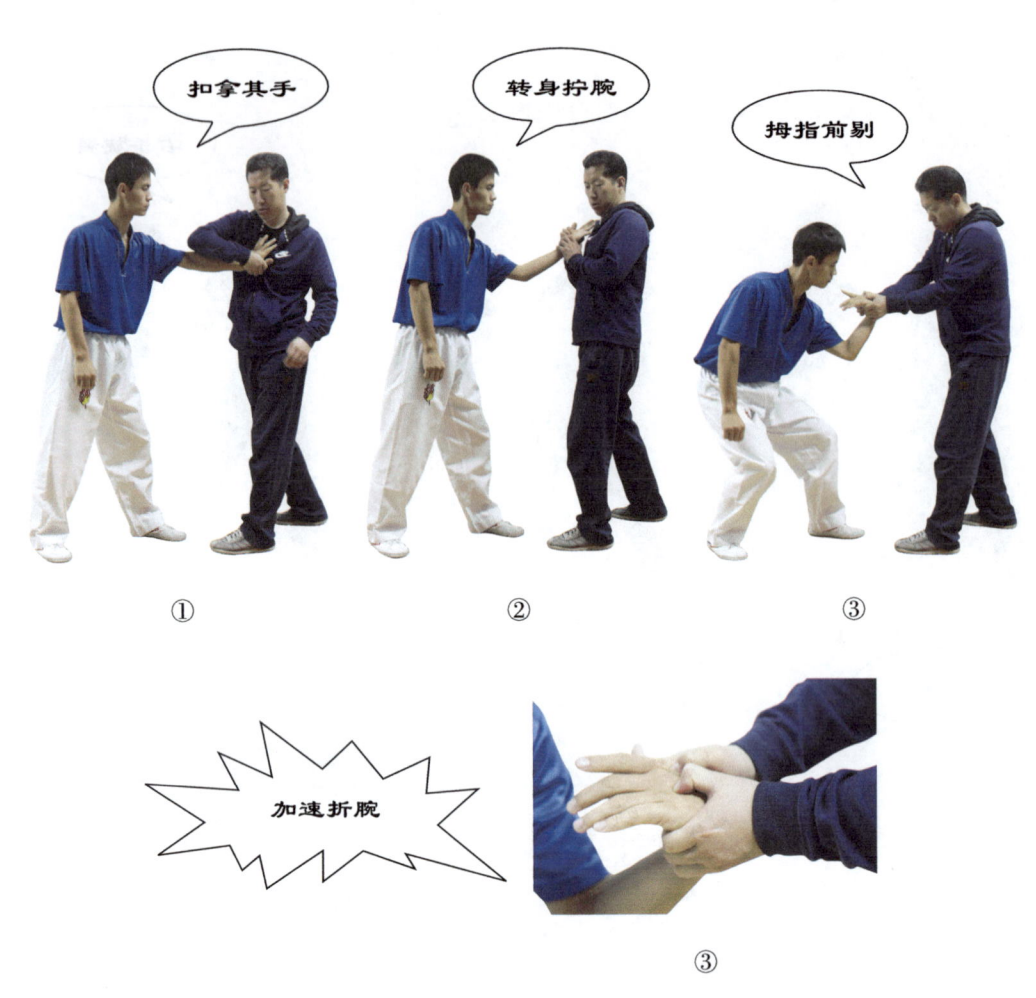

图3-2-134

图3-2-135

劲力示意：
　　拇指和四指主要是矢状面用力。

第三章　擒拿24技概述

3 剔锉

剔锉的技术要点如下。（图3-2-136、图3-2-137）

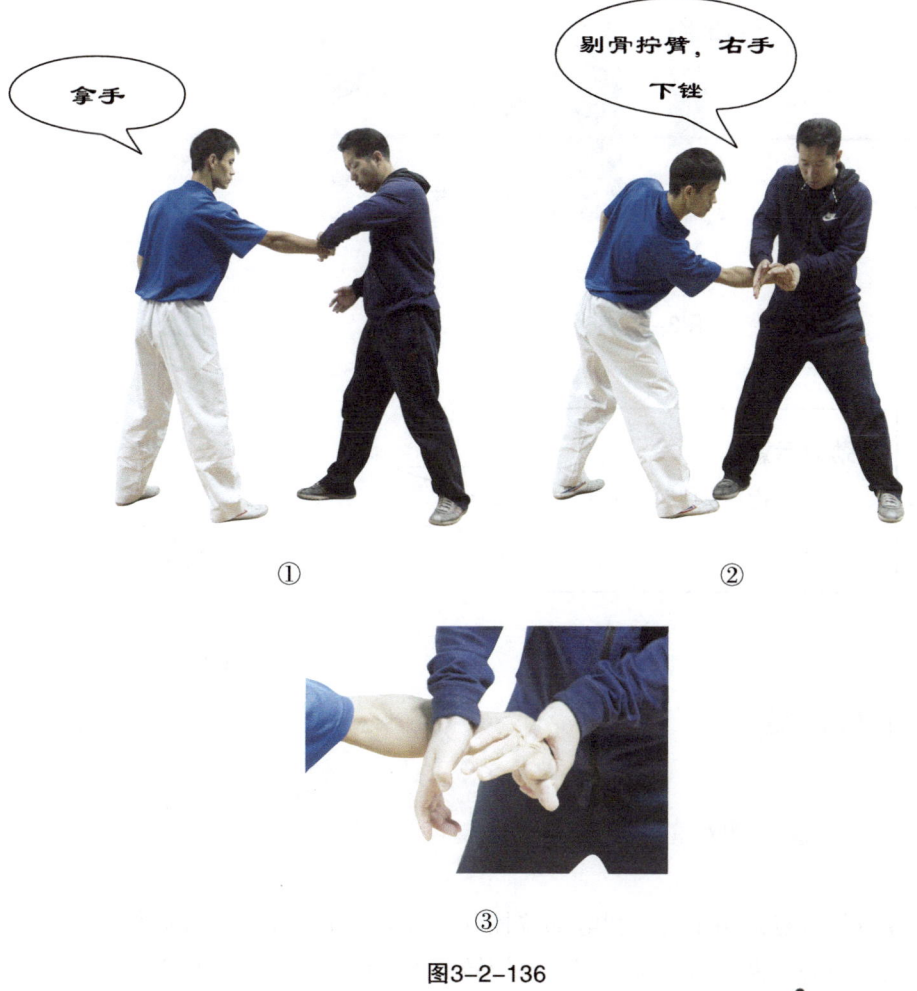

拿手

剔骨拧臂，右手下锉

① ②

③

图3-2-136

劲力示意：
　　双手都以矢状面和冠状面组合用力。

图3-2-137

173

4 剔撅

剔撅的技术要点如下。（图3-2-138、图3-2-139）

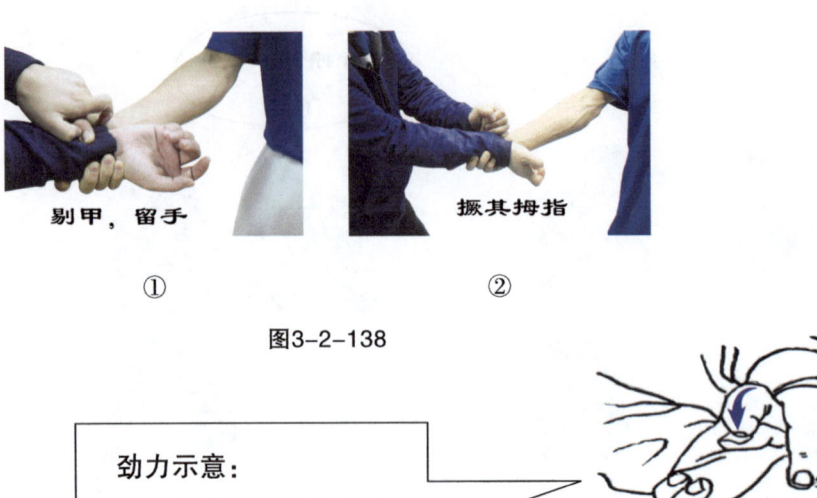

剔甲，留手 ①　　　撅其拇指 ②

图3-2-138

劲力示意：
　　拇指以冠状面为主用力。

图3-2-139

十八、盘

（一）擒拿中盘的基本要义

盘技的特点是用手臂、腿等部位控制对方的某个部位，围绕此部位的边缘或者某一中心点做环状缠绕，用力要旋转，不主张短促发力，可以分为单盘和双盘。（图3-2-140）

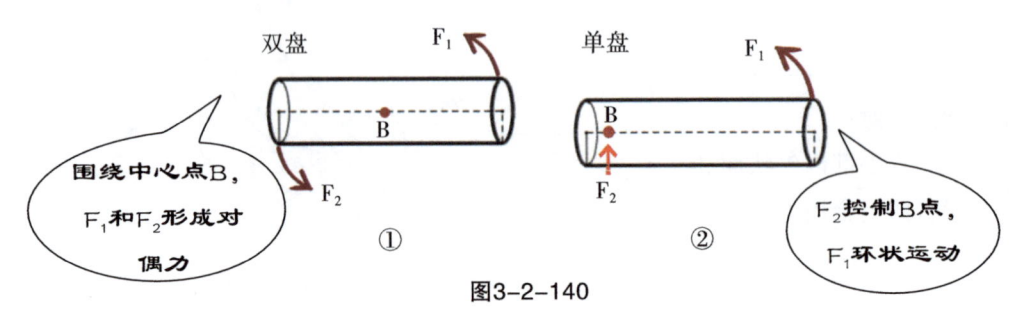

双盘 F_1 F_2 ①　　　单盘 F_1 B F_2 ②

围绕中心点B，F_1 和 F_2 形成对偶力

F_2 控制B点，F_1 环状运动

图3-2-140

（二）擒拿中"盘"的常见技术

1 盘肘

盘肘的技术要点如下。（图3-2-141）

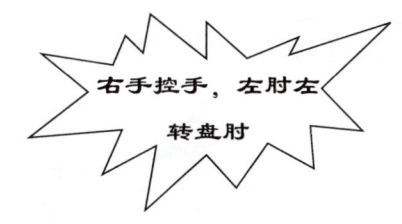

> 右手控手，左肘左转盘肘

图3-2-141

2 盘臂

双盘臂的技术要点如下。（图3-2-142）

> 双手顺时针盘臂，始终对偶用力

图3-2-142

3 盘头

盘头的技术要点如下。（图3-2-143）

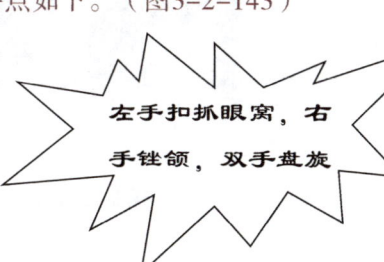

> 左手扣抓眼窝，右手锉颌，双手盘旋

图3-2-143

4 盘腿

盘腿的技术要点如下。（图3-2-144）

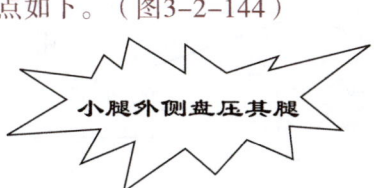

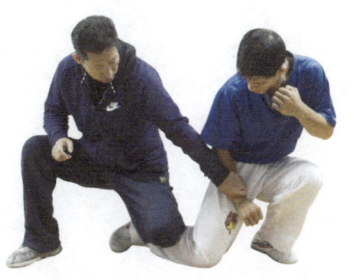

> 小腿外侧盘压其腿

图3-2-144

（三）擒拿中盘的常见组合技术

1 盘压

盘压的技术要点如下。（图3-2-145、图3-2-146）

接手粘黏

压臂勾脚

① ②

弧线盘压

③

图3-2-145

劲力示意：
　　用力先水平面后矢状面。

图3-2-146

2 盘折

盘折的技术要点如下。（图3-2-147、图3-2-148）

接手粘黏

拿腕铼肘

压肘变手

① ② ③

双手盘臂

④

图3-2-147

劲力示意：
右手水平面盘为主，左手矢状面和水平面结合用力。

图3-2-148

177

十九、锉

（一）擒拿中锉的基本要义

擒拿中的锉是指用手或手臂持续一个方向用力滚锉对方的四肢、头颈部等部位。（图3-2-149）

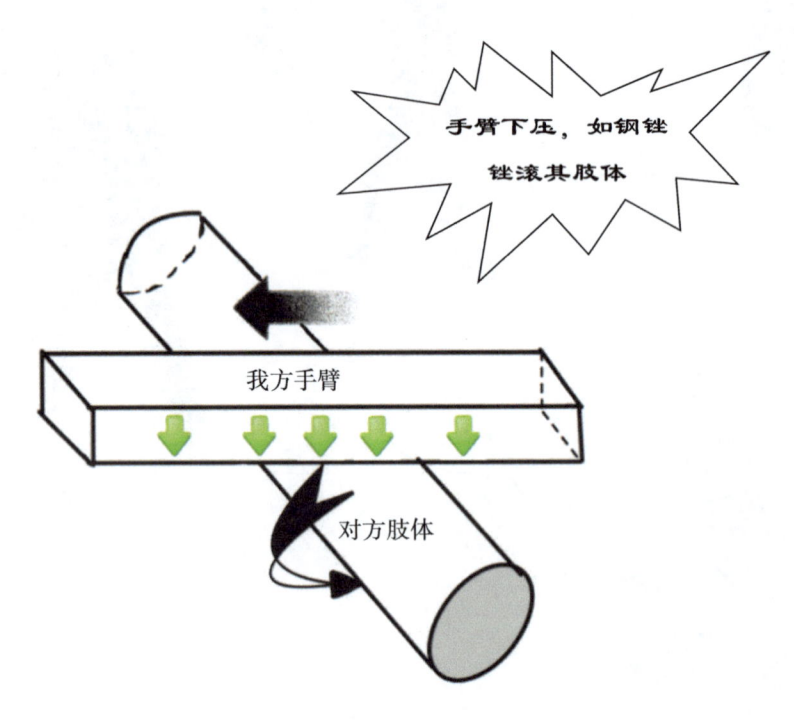

图3-2-149　锉滚示意图

（注：擒拿24技原用挫字，挫的动词字义为①失败；②使受挫。两种字义与擒拿的锉技的技理均不相符，而锉的动词字义是"用锉磨削"与擒拿的该技术动作和技理内涵非常符合，为便于学习者理解，故将"挫"改为"锉"。）

（二）擒拿中"锉"的常见技术

1 锉手臂

锉手臂的技术要点如下。（图3-2-150）

前锉手臂。左手旋拧其手腕，右臂锉滚其肘

上锉手臂。右手拿腕拧旋，左肘锉滚其肘

① ②

后锉。右前臂回锉，左手拧拉

③

图3-2-150

2 锉腿

别锉腿的技术要点如下。（图3-2-151）

左手抱扶

①

右前臂锉滚其膝

②

图3-2-151

（三）擒拿中锉的常见组合技术

1 锉插

锉插的技术要点如下。（图3-2-152、图3-2-153）

十字接手粘黏伴随

左手拧腕，右手回锉

① ②

左手回拉，右手前插

③

图3-2-152

图3-2-153

劲力示意：
　　右手矢状面用力，左手矢冠水三面结合用力。

2 锉拧

锉拧的技术要点如下。（图3-2-154、图3-2-155）

接手拿腕

插步拧臂

① ②

右手前锉

③

图3-2-154

劲力示意：

右手以冠状面前下锉，左手以冠状面拧为主，矢状面的回拉为辅。

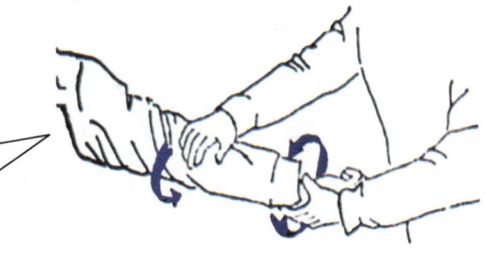

图3-2-155

3 锉别

锉别的技术要点如下。（图3-2-156、图3-2-157）

闪身挟腿

锉膝别腿

①

②

转身锉压

③

图3-2-156

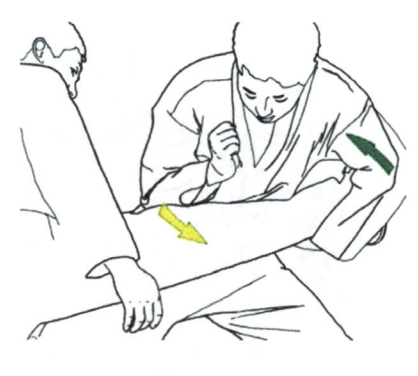

图3-2-157

劲力示意：

左手水平面用力挟，右手水平面和矢状面协同用力。

4 锉扛

锉扛的技术要点如下。（图3-2-158、图3-2-159）

格挡拿腕

侧身拧拉

插步进身，扳扛同步

① ② ③

图3-2-158

劲力示意：
以冠状面拧挫为主，以扛为铺。

图3-2-159

5 锉扳

锉扳的技术要点如下。（图3-2-160、图3-2-161）

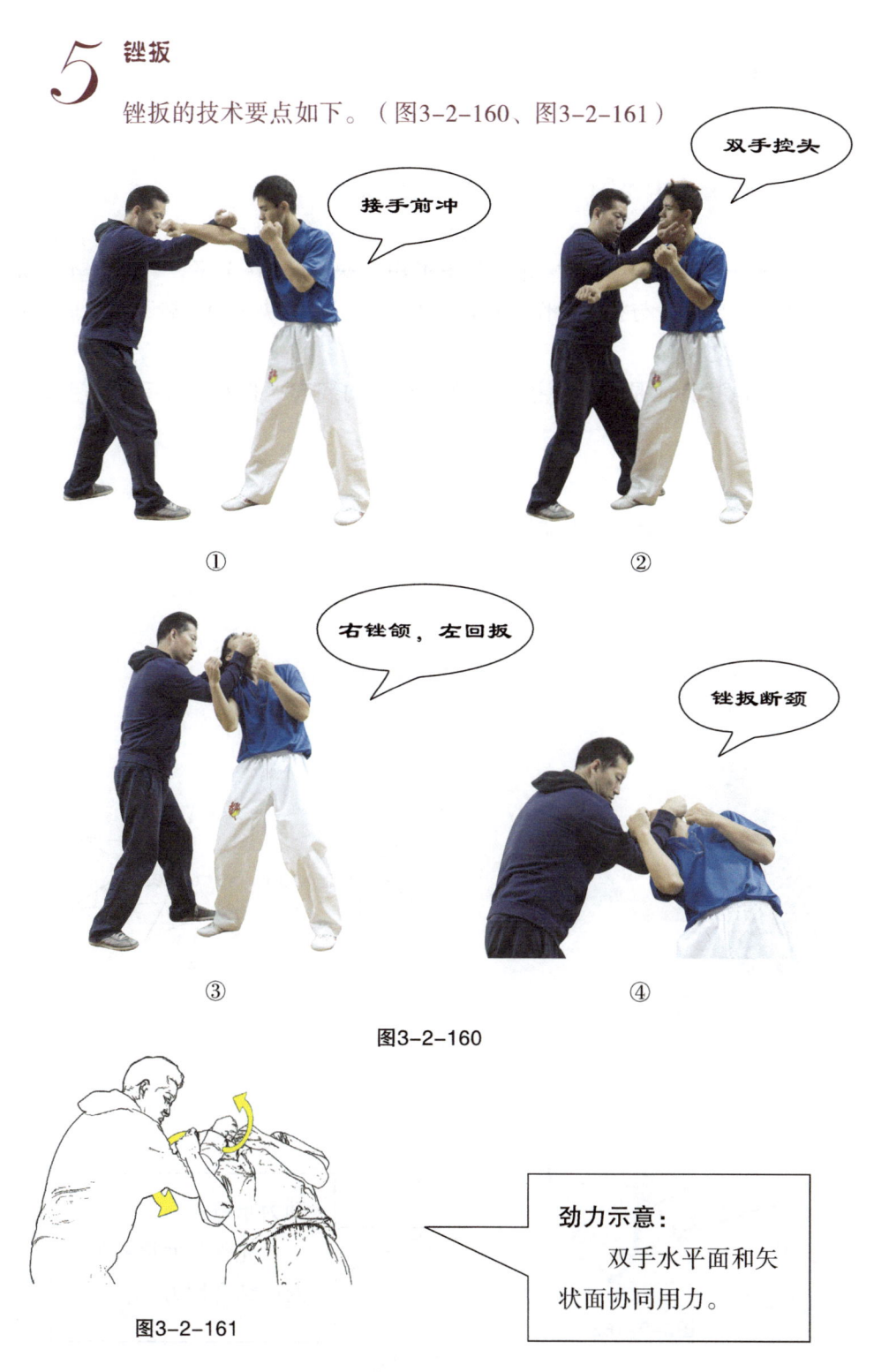

① 接手前冲

② 双手控头

③ 右锉颌，左回扳

④ 锉扳断颈

图3-2-160

图3-2-161

劲力示意：
　　双手水平面和矢状面协同用力。

二十、撅

（一）擒拿中撅（juē）的基本要义

"撅"在擒拿秘籍"八卦诀"中本用"抉"（jué）字，"抉"本义是"挑出、挖出"，与技术动作不相符，经商讨，最终决定用"撅"字，取"断裂、折断"之义。

擒拿撅技具体是指用手指、手掌向反方向翘起、折断对方手指、手腕的技法。

（二）擒拿中"撅"的常见技术

1 撅指

撅单指的技术要点如下。（图3-2-162、图3-2-163）

图3-2-162

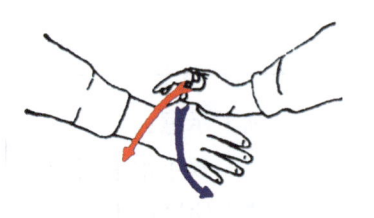

手指回扣，虎口顶压

图3-2-163

劲力示意：
先矢状面再冠矢两面结合用力。

撅多指的技术要点如下。（图3-2-164、图3-2-165）

图3-2-164

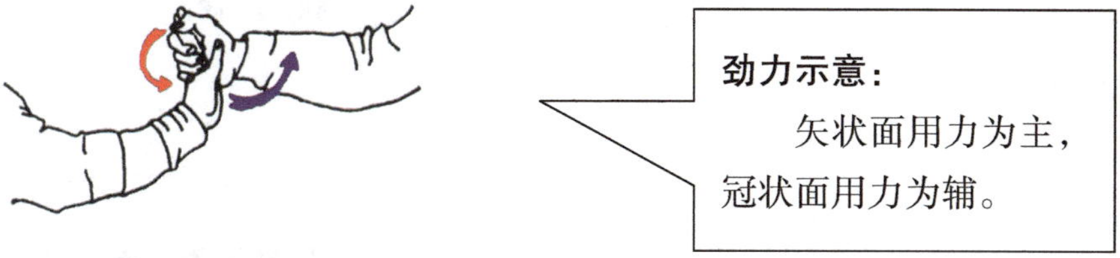

手指回扣，虎口顶压

图3-2-165

劲力示意：
矢状面用力为主，冠状面用力为辅。

2 撅腕

撅腕的技术要点如下。
（图3-2-166）

左手下压前臂，右手撅压其指

图3-2-166

二十一、挣

（一）擒拿中挣（zhēng）的基本要义

挣的技法要点是尽量使用腰力，调动自己的两手臂或上下肢，使用两个相反的力量直接张开对方肢体。挣时要形成对偶力。

（二）擒拿中"挣"的常见技术

1 挣腕

挣腕的技术要点如下。（图3-2-167）

一下一上，剪切用力

图3-2-167

2 挣臂

挣臂的技术要点如下。（图3-2-168）

挣臂断肘。一前一后，挣折其臂

挣臂压头。左膝跪颈，双手向上拉搜

① ②

图3-2-168

3 挣身

抱臂挣身的技术要点如下。（图3-2-169）

双手抱拉，左腿蹬踏膝窝

图3-2-169

（三）擒拿中挣的常见组合技术

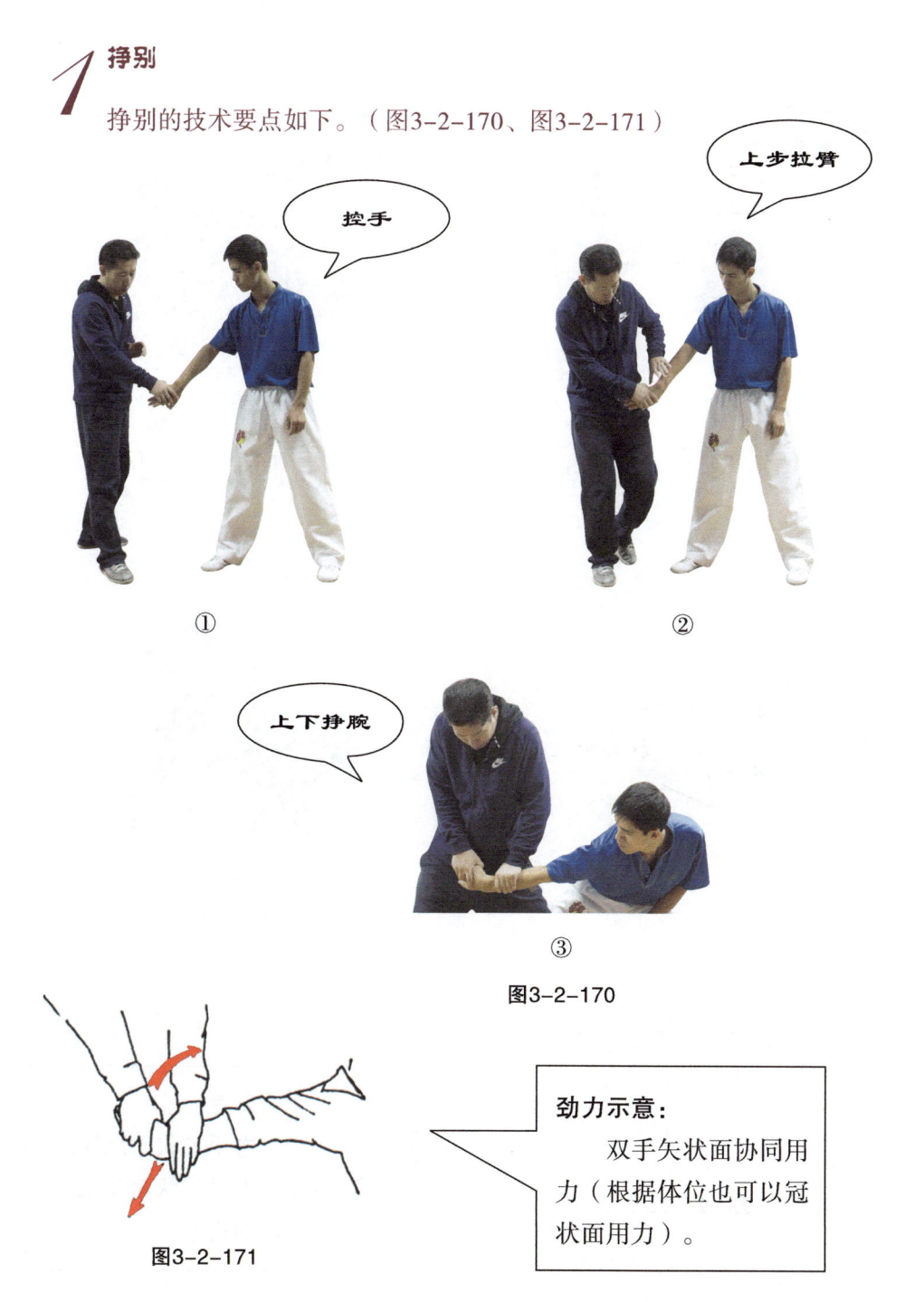

1 挣别

挣别的技术要点如下。（图3-2-170、图3-2-171）

控手

上步拉臂

① ②

上下挣腕

③

图3-2-170

图3-2-171

劲力示意：
双手矢状面协同用力（根据体位也可以冠状面用力）。

2 挣锉

挣锉的技术要点如下。（图3-2-172、图3-2-173）

双手挣臂

其外撑肘，挣法失效

①

②

转身下锉

③

图3-2-172

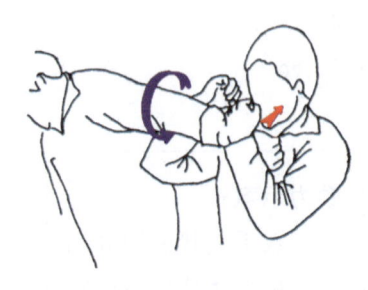

图3-2-173

劲力示意：
左手矢状面以挟固定，右臂矢状面和冠状面协同用力。

二十二、斫

（一）擒拿中斫（zhuó）的基本要义

擒拿中的斫（zhuó）是指用手、肘、肩、膝等部位较大力度的快速劈斩对方。

"斫"在擒拿秘籍"八卦诀"中本用"斩"字，"斩"多是手臂切斩，而"斫"包含手臂猛斩的同时技法更为丰富，最终决定用"斫"字。

（二）擒拿中斫的常见技术

1. 臂斫

臂斫的技术要点如下。（图3-2-174）

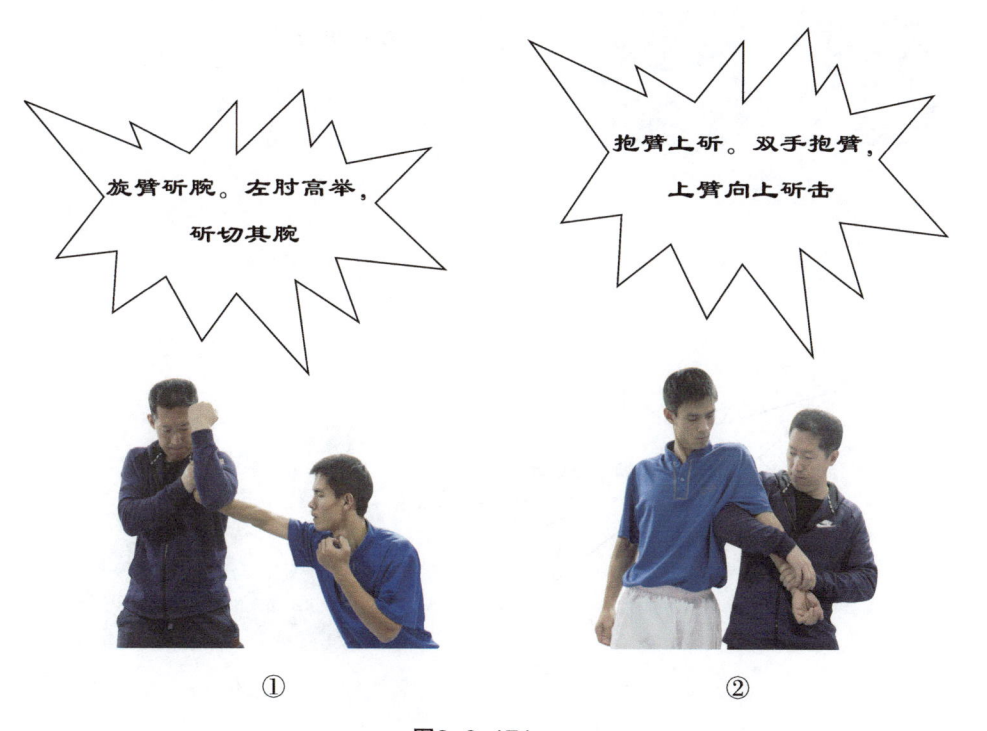

旋臂斫腕。左肘高举，斫切其腕

抱臂上斫。双手抱臂，上臂向上斫击

① ②

图3-2-174

2 肘斫

挟臂肘斫的技术要点如下。（图3-2-175）

扣手，举肘

①

②

右肘斫肘

转身挟臂，挑臂

③

图3-2-175

3 肩斫

拉臂肩斫的技术要点如下。（图3-2-176）

① 控腕捋臂

② 插步斫摔

图3-2-176

4 膝腿斫

膝腿斫的技术要点如下。（图3-2-177）

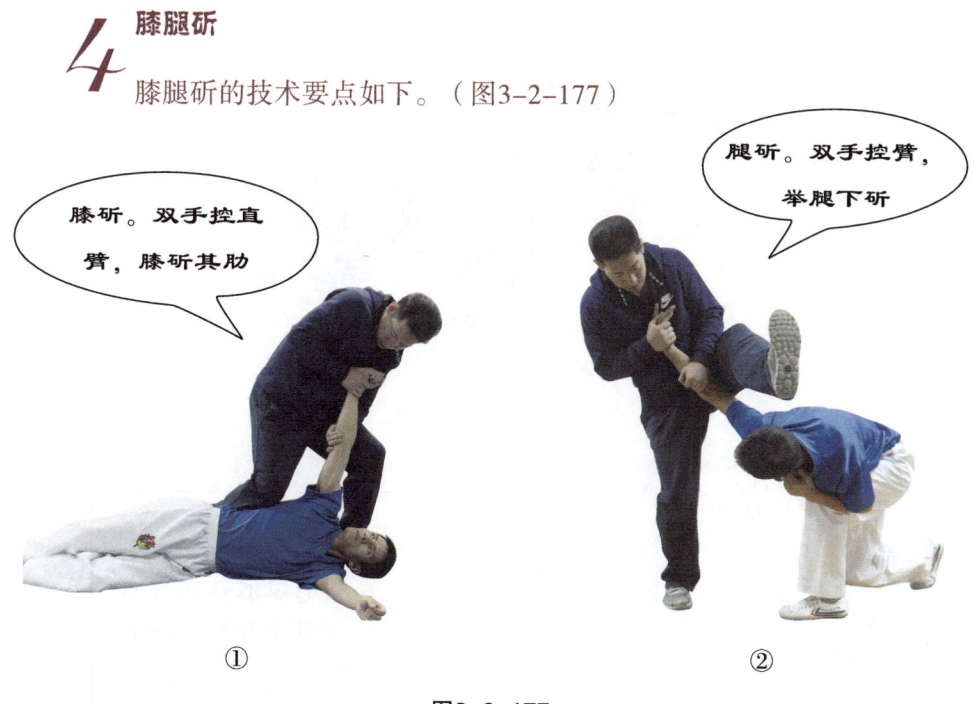

① 膝斫。双手控直臂，膝斫其肋

② 腿斫。双手控臂，举腿下斫

图3-2-177

（三）擒拿中"斫"的常见组合技术

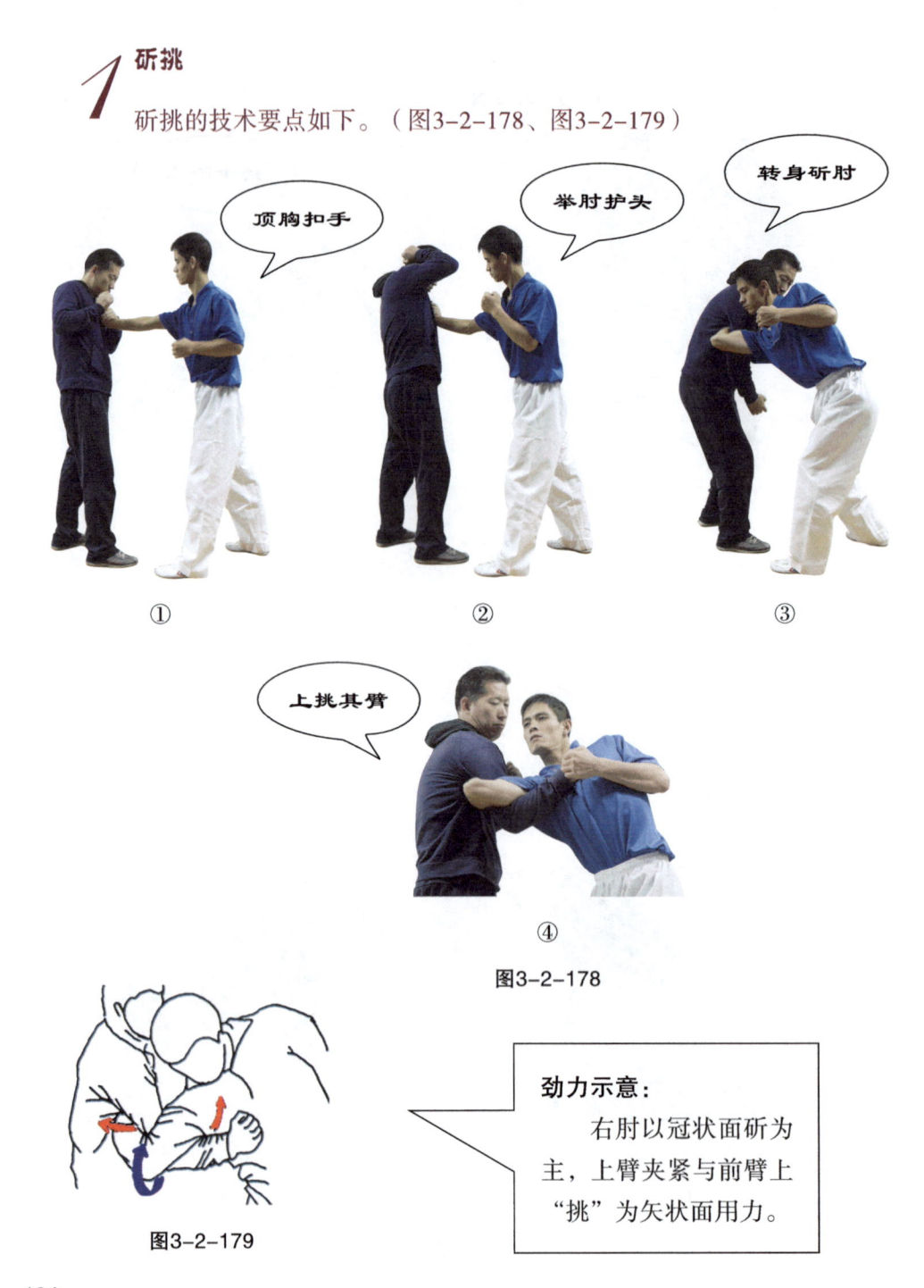

1 斫挑

斫挑的技术要点如下。（图3-2-178、图3-2-179）

顶胸扣手

举肘护头

转身斫肘

① ② ③

上挑其臂

④

图3-2-178

图3-2-179

劲力示意：
　　右肘以冠状面斫为主，上臂夹紧与前臂上"挑"为矢状面用力。

2 斫压

斫压的技术要点如下。（图3-2-180、图3-2-181）

接手进步

扳踝横肘

① ②

全力斫压

③

图3-2-180

劲力示意：
左手矢状面用力，右肘冠状面斫压。

图3-2-181

3 斫旋

斫压的技术要点如下。（图3-2-182、图3-2-183）

扣手举肘

合手下斫

换肘侧身

①　②　③

转身斫旋

④

图3-2-182

劲力示意：
左手矢状面用力挟，在肘为冠矢面斫旋。

图3-2-183

4 斫盘

斫盘的技术要点如下。（图3-2-184、图3-2-185）

右手扣压

①

侧身举肘

②

斫腕盘臂

③

图3-2-184

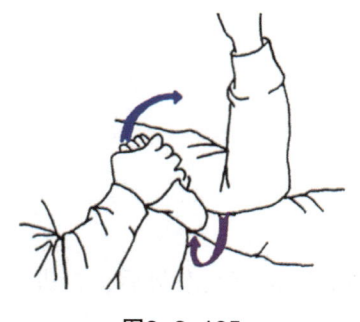

图3-2-185

劲力示意：
右手冠状面折腕，左肘冠状面斫盘。

5 斫挟

斫挟的技术要点如下。（图3-2-186、图3-2-187）

扣压控手

左挟右斫

① ②

图3-2-186

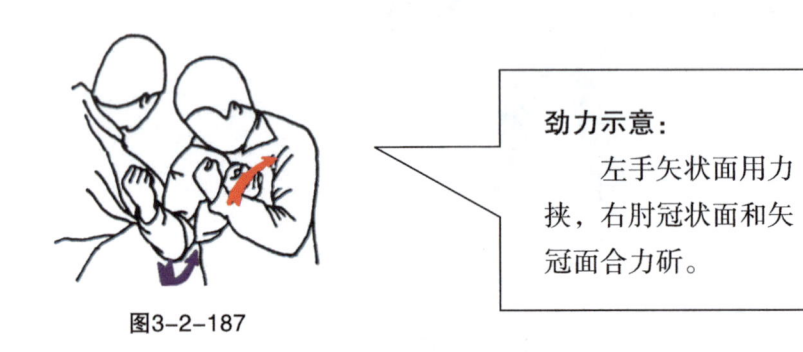

劲力示意：
　　左手矢状面用力挟，右肘冠状面和矢冠面合力斫。

图3-2-187

二十三、抱

（一）擒拿中抱的基本要义

擒拿中的抱技大部分是利用手臂合围住对方，获得有利态势后，再进一步的实施其他擒拿技法，从而控制或杀伤对方。

（二）擒拿中"抱"的常见技术

1 抱臂

抱臂的技术要点如下。（图3-2-188）

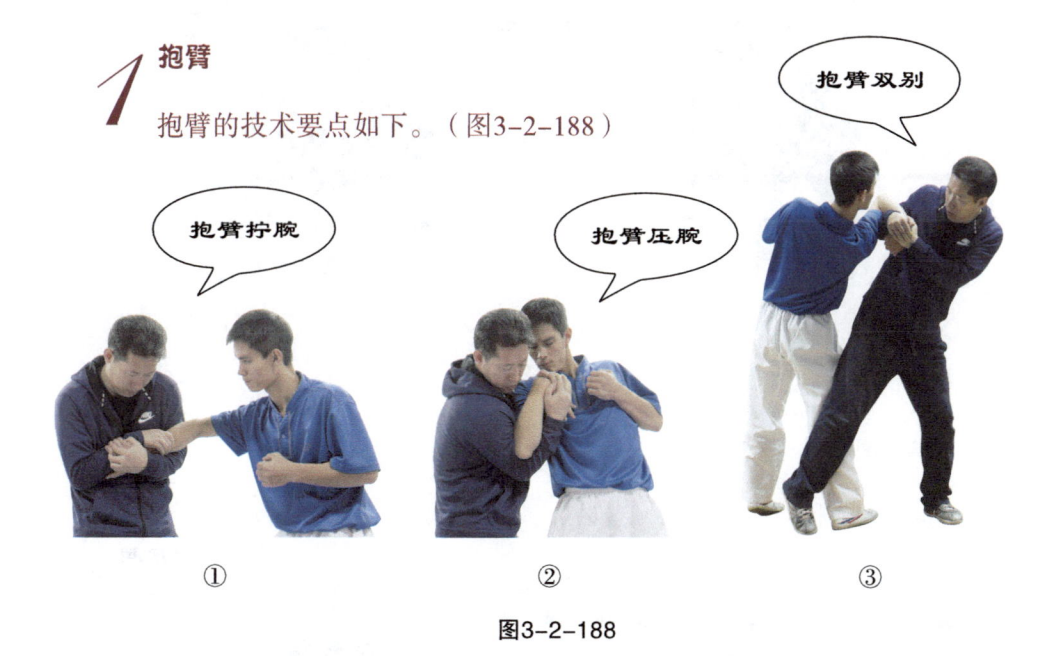

① 抱臂拧腕　② 抱臂压腕　③ 抱臂双别

图3-2-188

2 抱腰背

前、后、侧抱腰的技术要点如下。（图3-2-189）

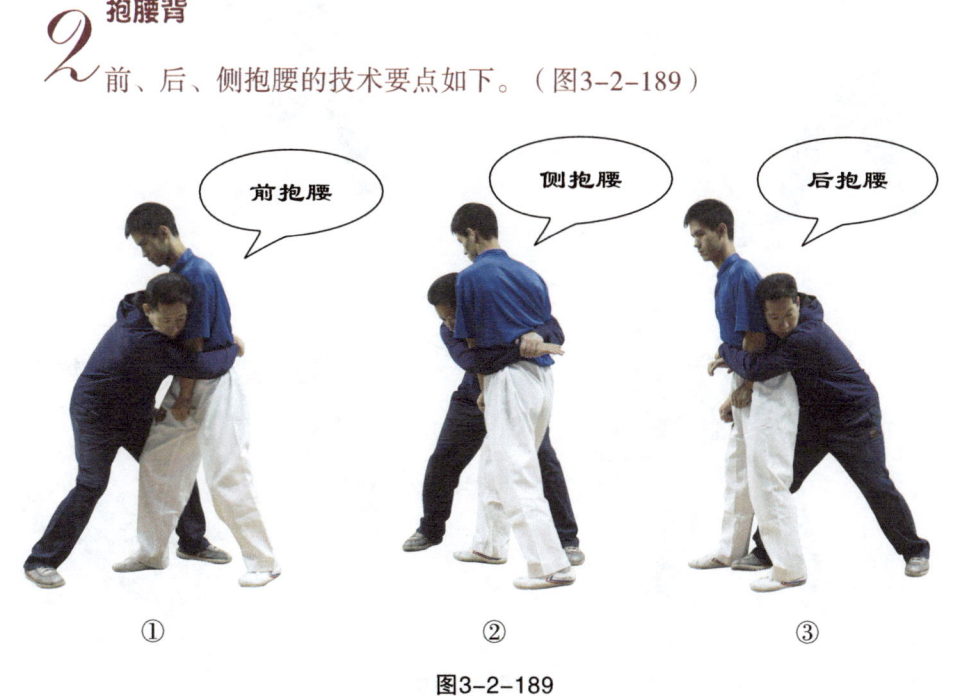

① 前抱腰　② 侧抱腰　③ 后抱腰

图3-2-189

抱背的技术要点如下。（图3-2-190）

① 双手从上抱对方后背
② 腰胯后顶

图3-2-190

3 抱腿

下潜抱双腿的技术要点如下。（图3-2-191）

① 闪身下潜
② 上步抱腿
③ 双手回拉
④ 左肩撞摔

图3-2-191

4 抱头

抱头可以根据方向分为后抱、前抱、侧抱。（图3-2-192）

直臂后抱

①

交叉后抱头

②

前抱头

③

侧抱头

④

图3-2-192

（三）擒拿中抱的常见组合技术

1 抱拧

抱拧的技术要点如下。（图3-2-193～图3-2-196）

被抓侧身

上进合抱

① ②

合身左拧

③

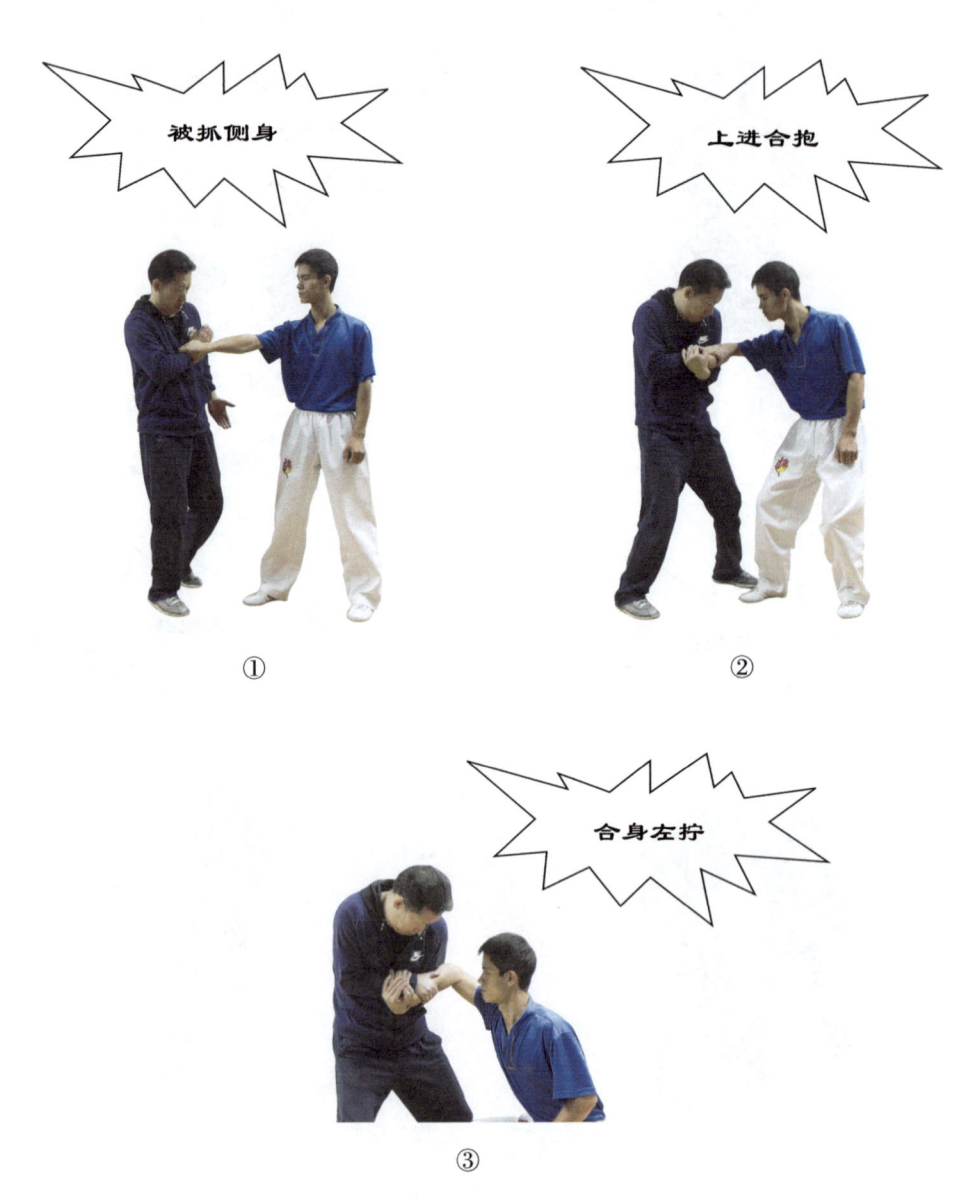

图3-2-193

图3-2-194

劲力示意：
　　双手冠状面抱，右手矢状面拧。

双手抱接　　　　　　　反拧脚踝

① ②

图3-2-195

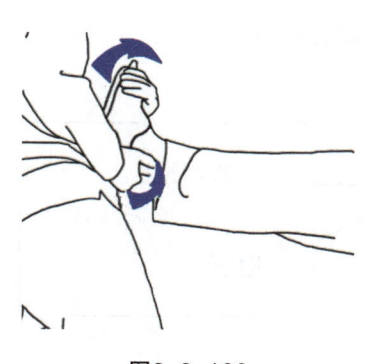

图3-2-196

劲力示意：
　　双手冠状面拧。

2 抱压

抱压的技术要点如下。（图3-2-197、图3-2-198）

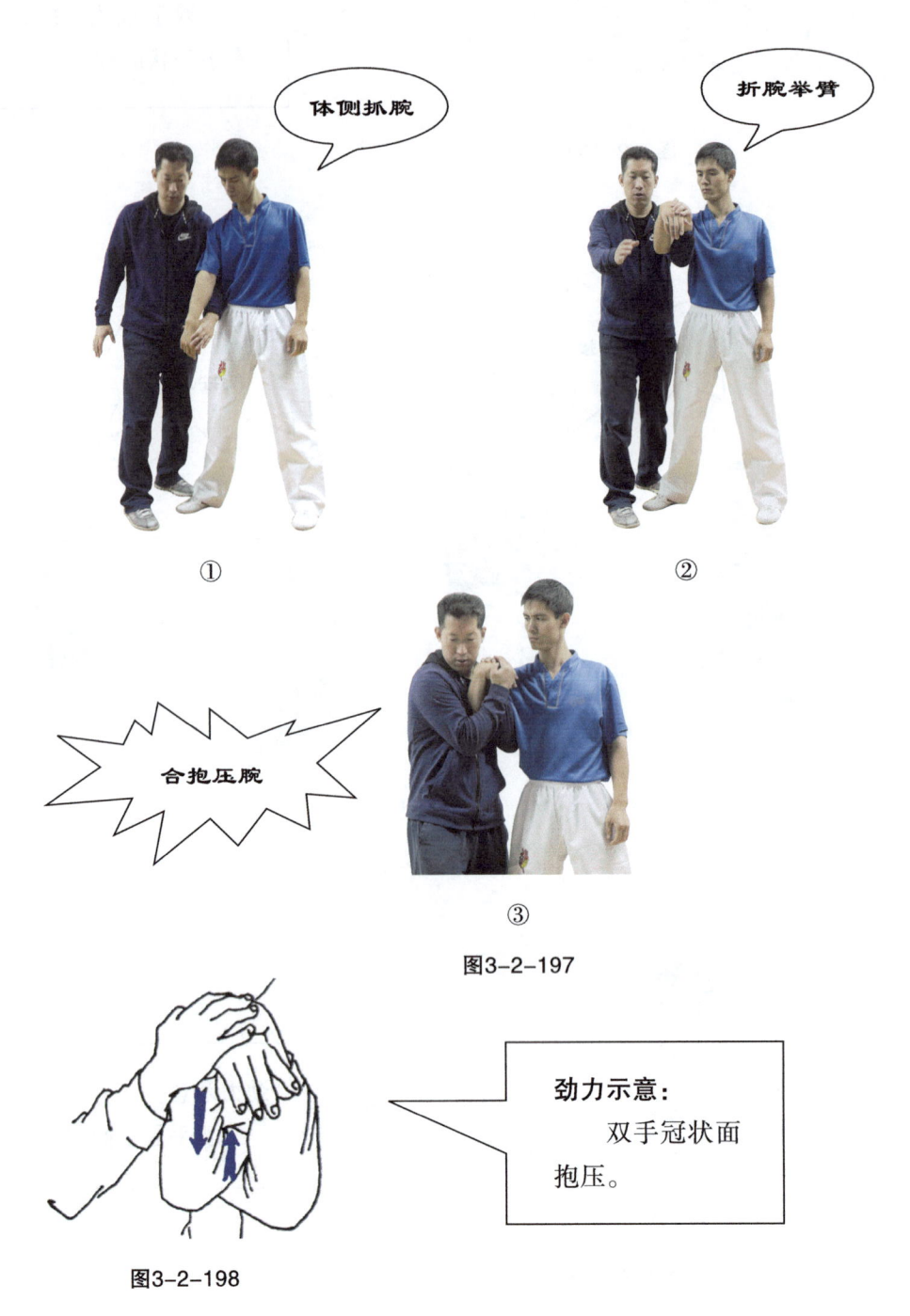

体侧抓腕

折腕举臂

①　　　　　　　　　　②

合抱压腕

③

图3-2-197

图3-2-198

劲力示意：
　　双手冠状面抱压。

3 抱旋

抱旋的技术要点如下。（图3-2-199、图3-2-200）

推胸前顶

上下合抱

①   ②

抱旋其肘

③

图3-2-199

图3-2-200

劲力示意：

　　双手矢状面抱旋，在肘矢状面回抱为主。

4 抱别

抱别的技术动作如下。（图3-2-201～图3-2-204）

进身拿腕

上步锉肘

①　　　　　　　　　　②

抱别其肘

③

图3-2-201

劲力示意：
双手冠状面抱别为主。

图3-2-202

第三章 擒拿24技概述

胸部接推

上下抱臂

① ②

上步抱别

③

图3-2-203

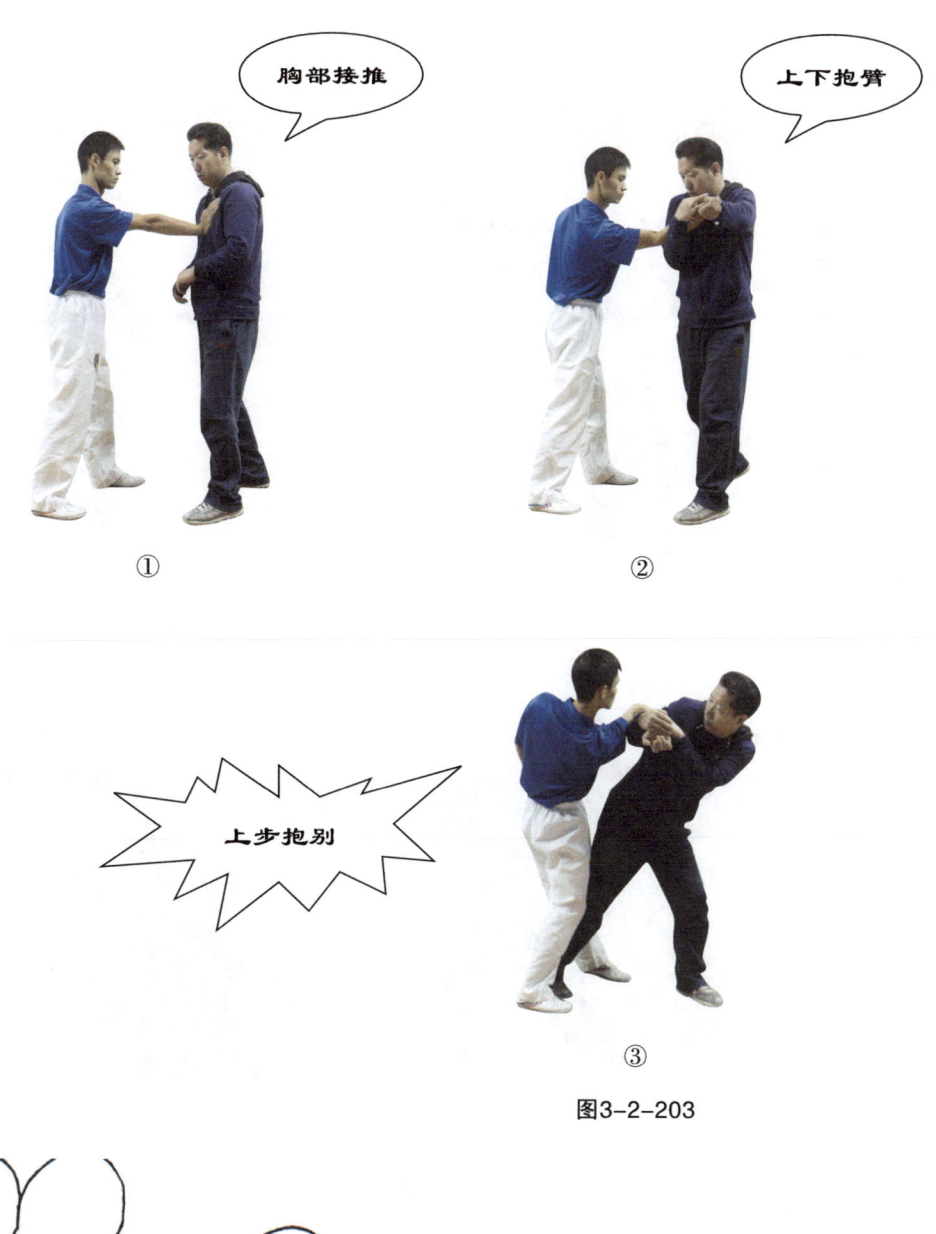

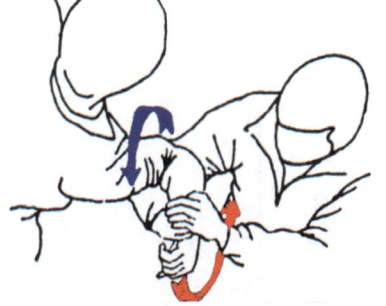

图3-2-204

劲力示意：
　　双手冠状面抱别为主，对手矢状面回抱。

207

5 抱扛

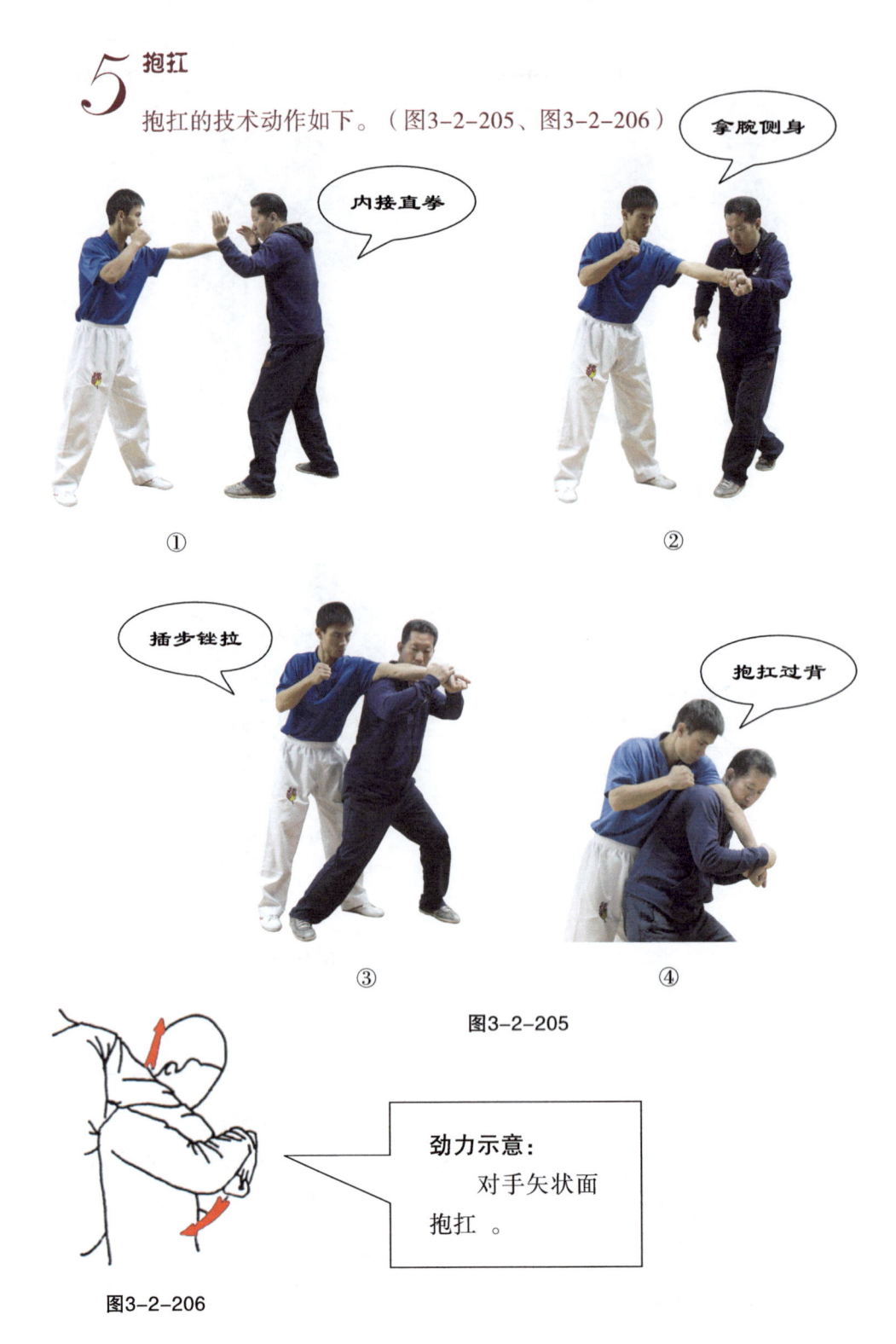

抱扛的技术动作如下。（图3-2-205、图3-2-206）

内接直拳

拿腕侧身

① ②

插步锉拉

抱扛过背

③ ④

图3-2-205

劲力示意：
　　对手矢状面抱扛。

图3-2-206

6 抱折

抱折的技术要点如下。（图3-2-207、图3-2-208）

① 胸部接推
② 右推左插
③ 交叉合抱
④ 转身抱折

图3-2-207

劲力示意：
双手冠状面抱，右肘矢状面前顶。

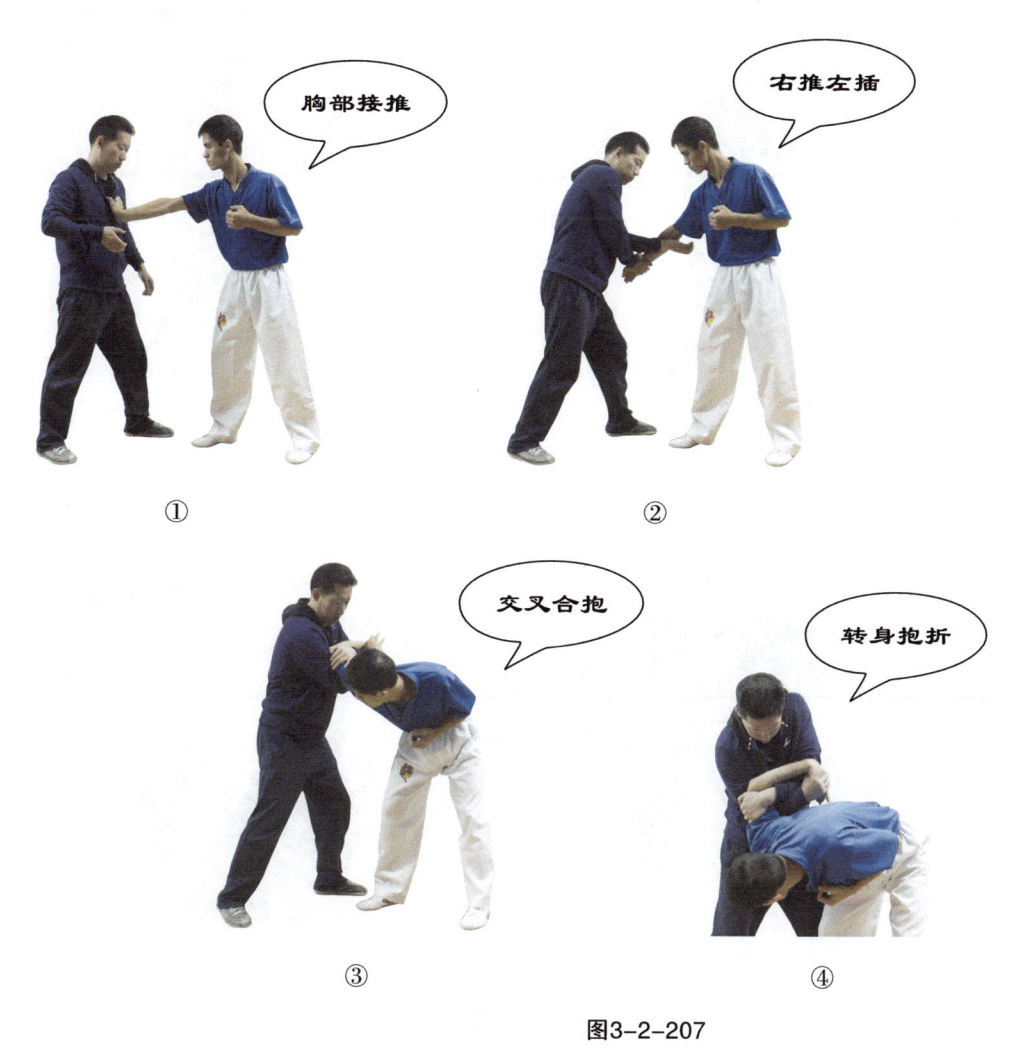

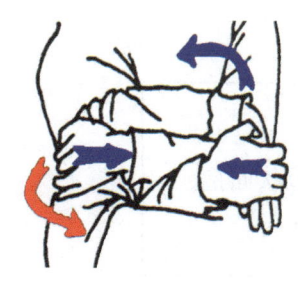

图3-2-208

7 抱斫

抱斫的技术要点如下。（图3-2-209、图3-2-210）

内接直拳

进身拉臂

① ②

插步抱臂

向上斫肘

③ ④

图3-2-209

劲力示意：
双手冠状面抱，
右肘冠状面斫。

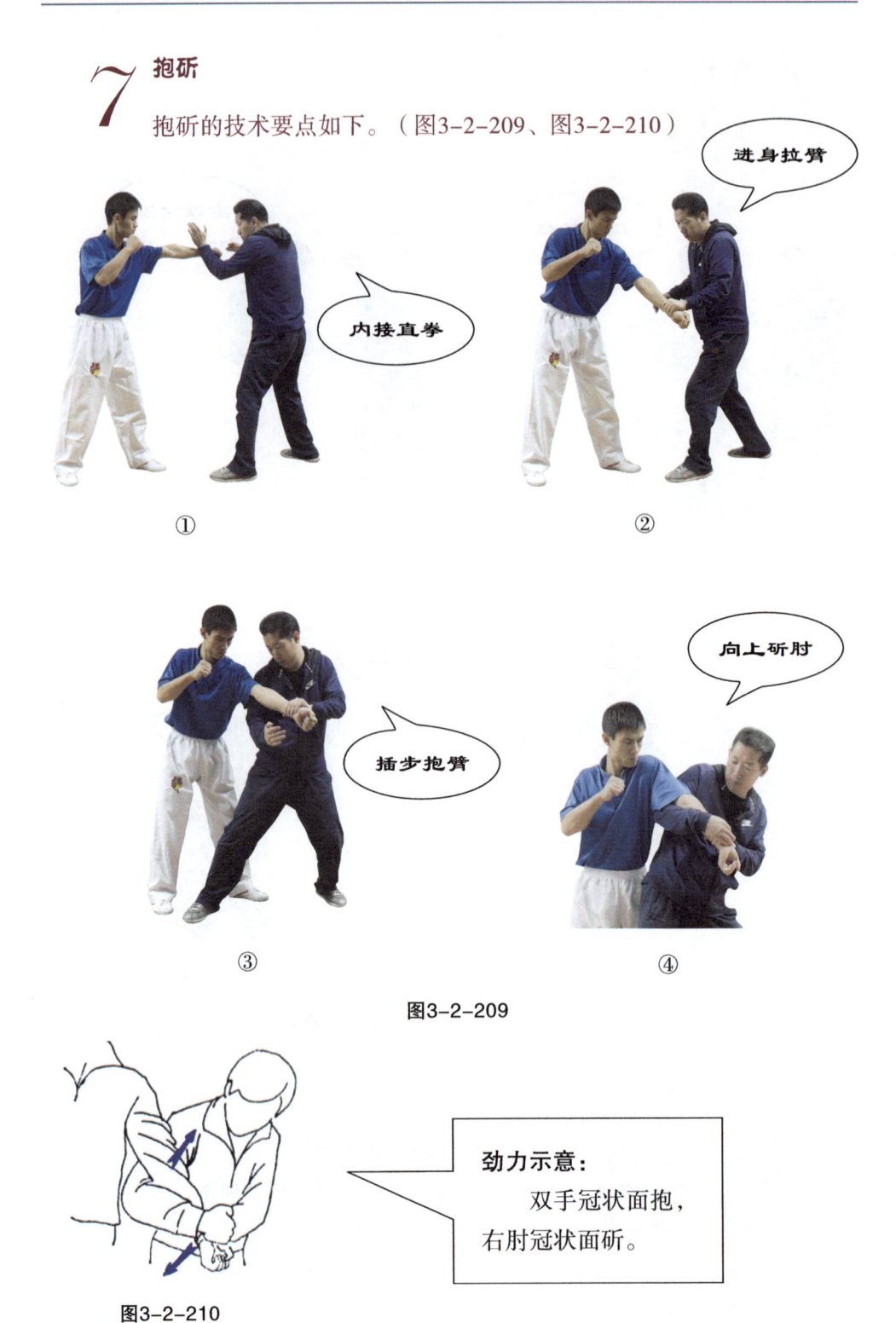

图3-2-210

二十四、挟

（一）擒拿中挟的基本要义

在擒拿中，挟（xié）法是指用手臂夹住对方的手臂、腿部或颈部等部位，使对方不易逃脱的技术动作。挟和刁、拿等技法主要是控制对方的肢体，后续还要有其他擒拿技术的运用来完成制敌。

（二）擒拿中挟的常见技术

1. 挟臂

挟臂的技术要点如下。（图3-2-211）

臂身合紧

左扣右挟

①　　　　　　　　　②

图3-2-211

2 挟身

挟腰摔的技术要点如下。（图3-2-212）

搂腰抓臂

①

上步填胯

②

挑胯扶腰摔

③

图3-2-212

3 挟腿

挟腿别摔的技术要点如下。（图3-2-213）

① 警戒 闪身抱腿

② 上步侧身

③

④背面　　⑤正面

铐膝别摔

图3-2-213

4 挟头

挟头的技术动作如下。（图3-2-214）

挟头压摔

①

体侧挟头

②

图3-2-214

（三）擒拿中挟的常见组合技术

1 挟旋

挟旋的技术要点如下。（图3-2-215、图3-2-216）

第三章 擒拿24技概述

迎接直拳

进身挟臂

①

②

插步侧身

挟旋压肘

③

④

图3-2-215

图3-2-216

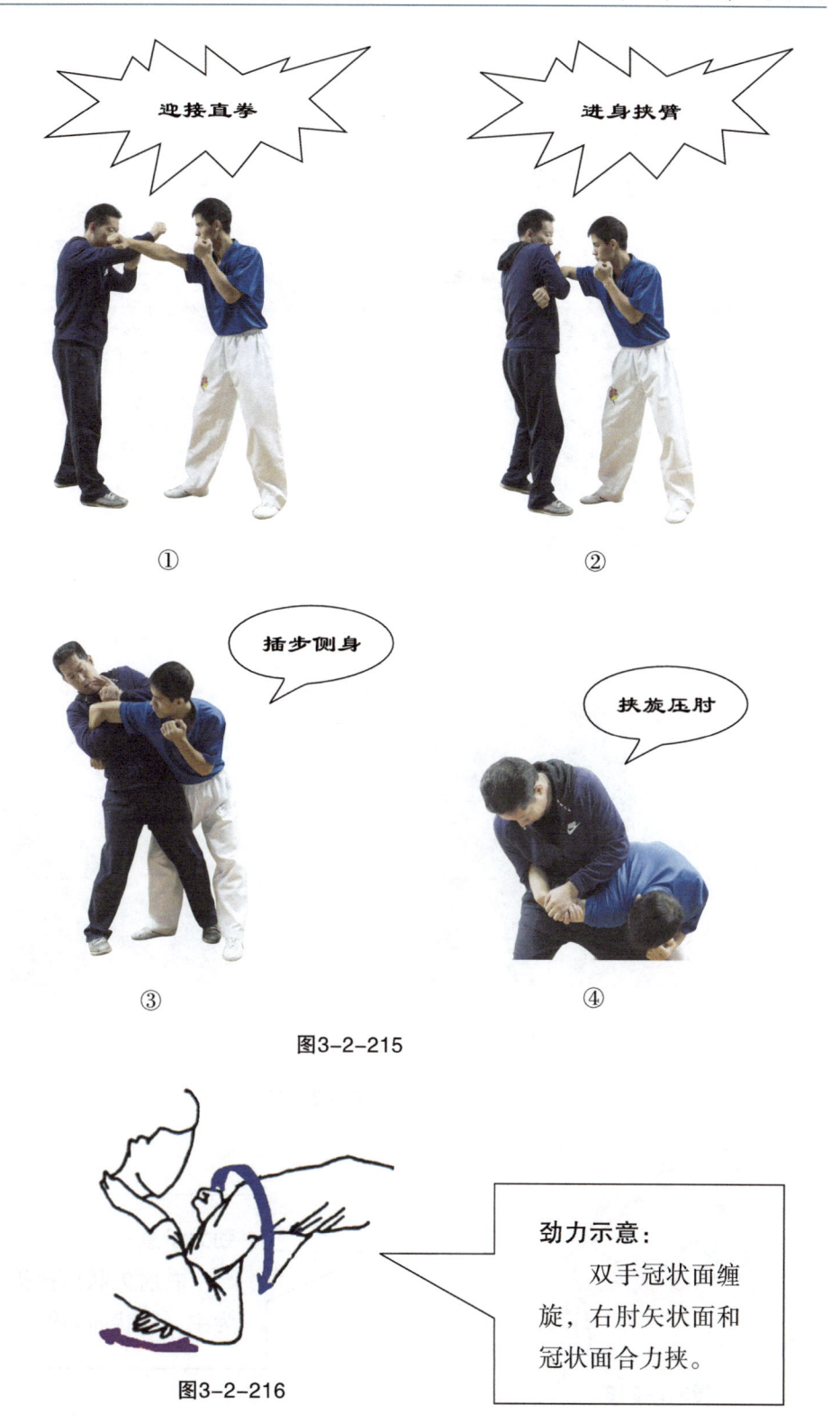

劲力示意：
双手冠状面缠旋，右肘矢状面和冠状面合力挟。

215

2 挟折

挟折的技术要点如下。（图3-2-217、图3-2-218）

侧身推肩

扣手举臂

① ②

缠臂控肘

转身挟折

③ ④

图3-2-217

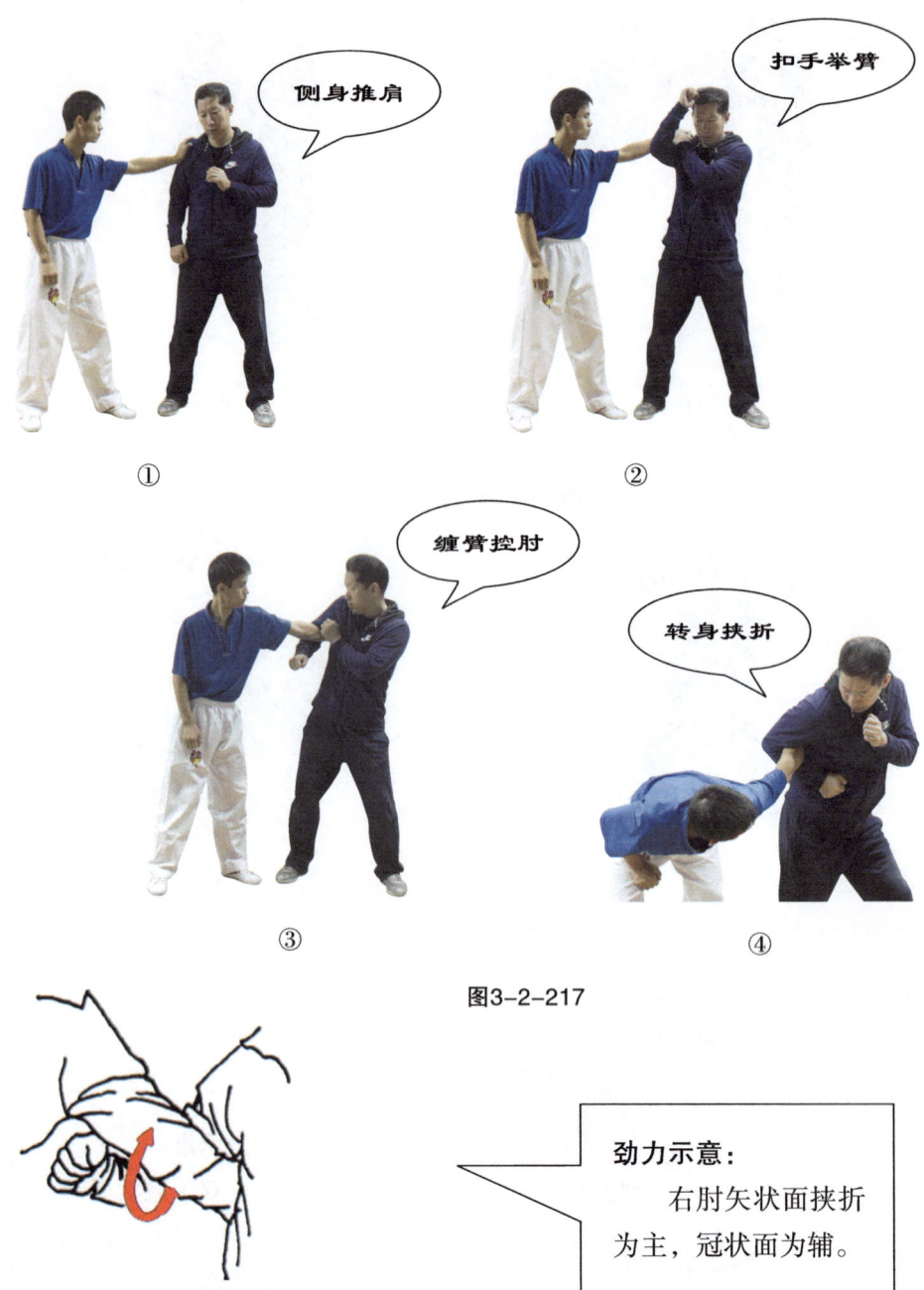

图3-2-218

劲力示意：
　　右肘矢状面挟折为主，冠状面为辅。

第三节　擒拿24技的常见组合汇总

通过对24技的进一步研究，更加深刻地认识到24技的重要性。本书24技组合的顺序是按照24技的单字顺序先后排列的，也就是先刁，后拿，再锁，再扣。这样的排列顺序使得24技组合较为清晰，不容易混乱，方便记忆，也有利于学生的学习和技术的推广。

表3-3-1　24技与24技基本组合对应关系

24技名称	数量（111）	24技基本组合（常见组合）
第一组	共13个	
1.刁	4	刁拿、刁压、刁旋、刁挣
2.拿	2	拿压、刁拿
3.锁	5	锁拧、锁别、锁扛、锁折、旋锁
4.扣	2	扣旋、扣盘
第二组	共10个	
5.掐	1	掐挑
6.插	4	插别、别插、锉插、挑插
7.挑	2	挑插、斫挑
8.顶	3	顶折、旋顶、撅顶
第三组	共25个	
9.拧	8	拧别、拧扳、拧斫、抱拧、锉拧、扳拧、旋拧、锁拧
10.压	5	压折、旋压、盘压、抱压、斫压
11.缠	1	缠锉
12.旋	11	旋锁、旋拧、旋压、旋顶、旋斫、扣旋、扳旋、剔旋、斫旋、抱旋、挟旋
第四组	共23个	
13.别	6	别插、锁别、插别、拧别、锉别、抱别
14.扛	4	扛扳、锁扛、锉扛、抱扛
15.折	8	折撅、锁折、顶折、压折、剔折、盘折、抱折、挟折
16.扳	5	扳旋、扳拧、扳斫、拧扳、锉扳

（续表）

24技名称	数量（111）	24技基本组合
第五组	共18个	
17.剔	4	剔旋、剔折、剔锉、剔撅
18.盘	4	盘压、盘折、扣盘、斫盘
19.锉	8	锉插、锉拧、锉别、锉扛、锉扳、挣锉、剔锉、缠锉
20.撅	3	撅指、撅顶、挣撅
第六组	共22个	
21.挣	3	挣撅、挣锉、挣斫
22.斫	9	斫挑、斫压、斫旋、斫盘、斫挟、拧斫、旋斫、抱斫、挣斫
23.抱	7	抱拧、抱压、抱旋、抱别、抱扛、抱折、抱斫
24.挟	3	挟旋、挟折、斫挟

第四章　擒拿技术功法简述

擒拿可以分为理（理论、原理）、技（技术、技巧）、法（技法、功法），其中法又可分技法和功法。技法主要强调擒拿技术动作如何更好地应用，而功法则强调如何让擒拿习练者更加强大。擒拿功法是一个庞大的专题，此处不作赘言。笔者以"手眼身法步，精神气力功"为经纬，较为系统地阐述了擒拿功法，具体内容可详见人民体育出版社2021年6月出版的《擒拿基础小功法》（图4-0-1）。

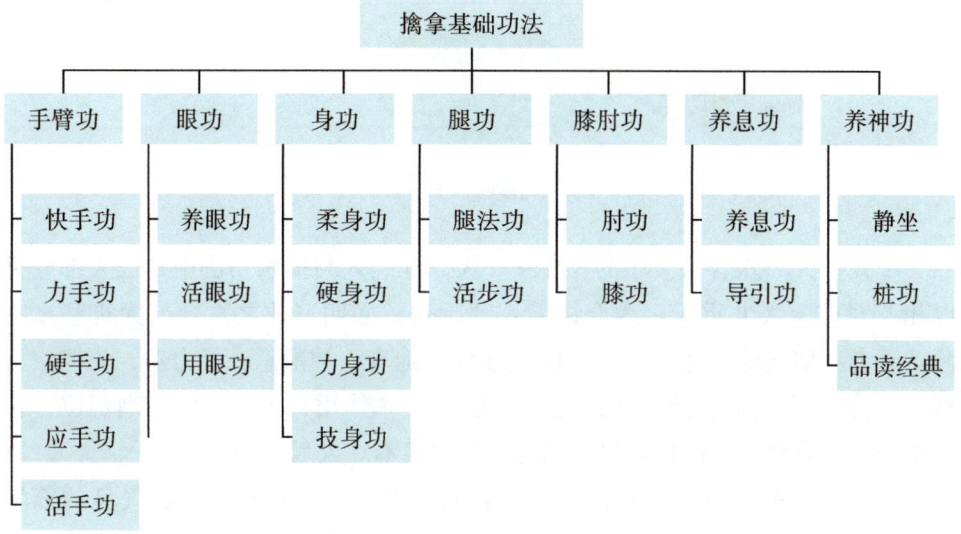

```
                        擒拿基础功法
    ┌───────┬───────┬───────┬───────┬───────┬───────┐
  手臂功   眼功    身功    腿功   膝肘功  养息功  养神功
    │       │       │       │       │       │       │
  快手功  养眼功  柔身功  腿法功   肘功   养息功   静坐
    │       │       │       │       │       │       │
  力手功  活眼功  硬身功  活步功   膝功   导引功   桩功
    │       │       │                               │
  硬手功  用眼功  力身功                          品读经典
    │               │
  应手功           技身功
    │
  活手功
```

图4-0-1

第一节　擒拿技术功法略说

擒拿功法包括基本素质功法，主要以改善消化系统、呼吸系统、免疫系统、神经系统及运动系统等为主，从而促进习练者更加健康、更加强壮。擒拿功法包括技术功法，主要使练习者能更熟练地运用技术，更娴熟巧妙地运用自

219

己的劲力，强化自身薄弱部位的抗击打能力，提升局部和整体的击打能力和擒控能力；总体是提升技术运用能力，使自身更加具有战斗力，更加强大。擒拿功法还包括内功修养，主要是提升武德修养为主，注意眼前人、当下事，在身边的人与事中、内在念头和思维中不断修炼，从而令自己心态更加平和、心胸更加开阔、心境更为明亮。（图4-1-1）

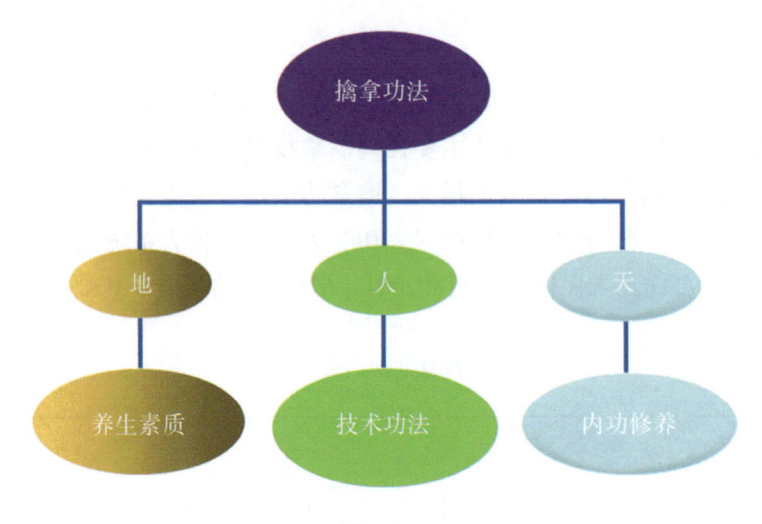

图4-1-1

《九重天·六合诀》中的三才——天、地、人与擒拿功法中的三大部分可以相互对应。《九重天·六合诀》："行功，必明三才之六合，为筑基之本源。天者：精气神，身心意，为基、为本。地者：神形意，气力功，为体、为枢。人者：意气形，劲技法，为用、为法。本体用，天地人，三纲定位，相生相合，六合融盈，内外兼修，此为武技之根本。人焉不知。"

为了打牢擒拿技术的基础，我们暂时不涉及培养精神、调养气息的养生功法和内功心法。本书的擒拿技术功法是以促进习练者更好地练习擒拿技术为重点。擒拿功法是擒拿技法的基础，擒拿技法是擒拿功法的应用，两者相互促进，缺一不可。

为了更好地提升擒拿技术功法，我们可以把技术功法再细分为三大部分（图4-1-2）。首先是以手指、手臂为重点，强化局部素质，或者说擒拿非常强调手指、手臂的力量与速度，手指、手臂的硬度与灵活性，手指、手臂的感应度等等。因为手臂是擒拿技术中最常用的肢体，没有手指、手臂的基本素质，就不能有效地控制对方的游离端，不能控制其游离端，也就谈不上擒拿控制。其次是以腰腹为核心的综合素质的训练。腰腹是体育训练中重点强调的

"核心区"，对于身体的力量、速度、灵活性、协调性都起着重要的作用。擒拿技术功法中非常注重腰腹的训练，从劲力上讲，"核心区"的训练也就是强化训练传统武术术语中的"整劲""合劲"和"腰劲"。从协调性上讲，以腰腹为核心可以更高效、更协调地调动手与脚、上与下、左与右等各方面，共同完成擒拿控制的总目标。第三是以技术与素质结合为主旨的条件应用。擒拿技术的成功应用，必须要有速度、力量、反应度、协调性等素质作为基础和保障，如谚语中的"天下武功，唯快不破""一力降十会，一力压十技"讲的也是技术与功力（素质）之间的关系。

技术功法的基本形式多是以弹力带、哑铃、地秤、竹束等器械进行实用技术的负重练习或假想敌的练习，从而在熟练技术动作的基础上加强力量、速度等擒拿专项素质的提升。另外，擒拿多采用反关节的动作，没有器材代替同伴，常常出现训练损伤。

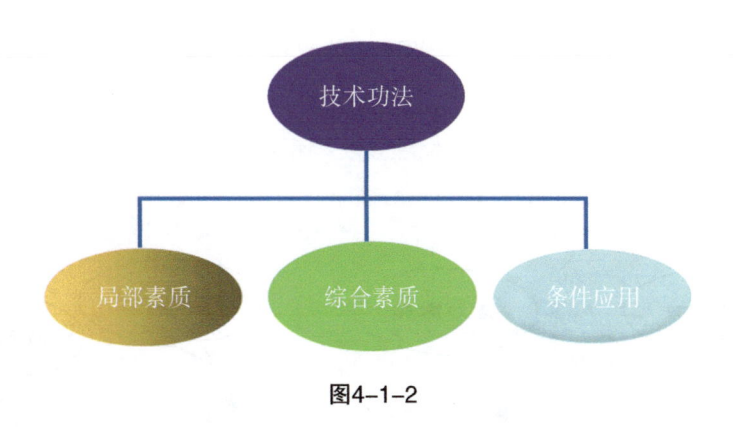

图4-1-2

为了让读者更加清楚技术功法的三大部分，我们以24技的第一技"刁"技为例，展示刁的技术功法体系。刁技功法以手指基本素质+综合素质+条件应用三大部分构成。

1 局部素质

功法：手指硬度、力量等素质训练（图4-1-3）

后三指指尖刁滚手棍

图4-1-3

2 综合素质

功法一：粘手刁棒。（图4-1-4）

平握短棒　合力拧棒　粘棒旋腕　整力刁棒

① ② ③ ④

图4-1-4

主要锻炼：接手粘黏能力、攻防意识、刁手的全身合力、局部手指硬度等。

功法二：抛刁沙包。（图4-1-5）

高马刁袋　整力高抛　打刁结合　旋腕刁拿

① ② ③ ④

图4-1-5

主要锻炼：刁手时机、打刁结合、全身合力、手指硬度、刁拿技巧。

第四章 擒拿技术功法简述

3 条件应用

功法一：斩截回刀。（图4-1-6）

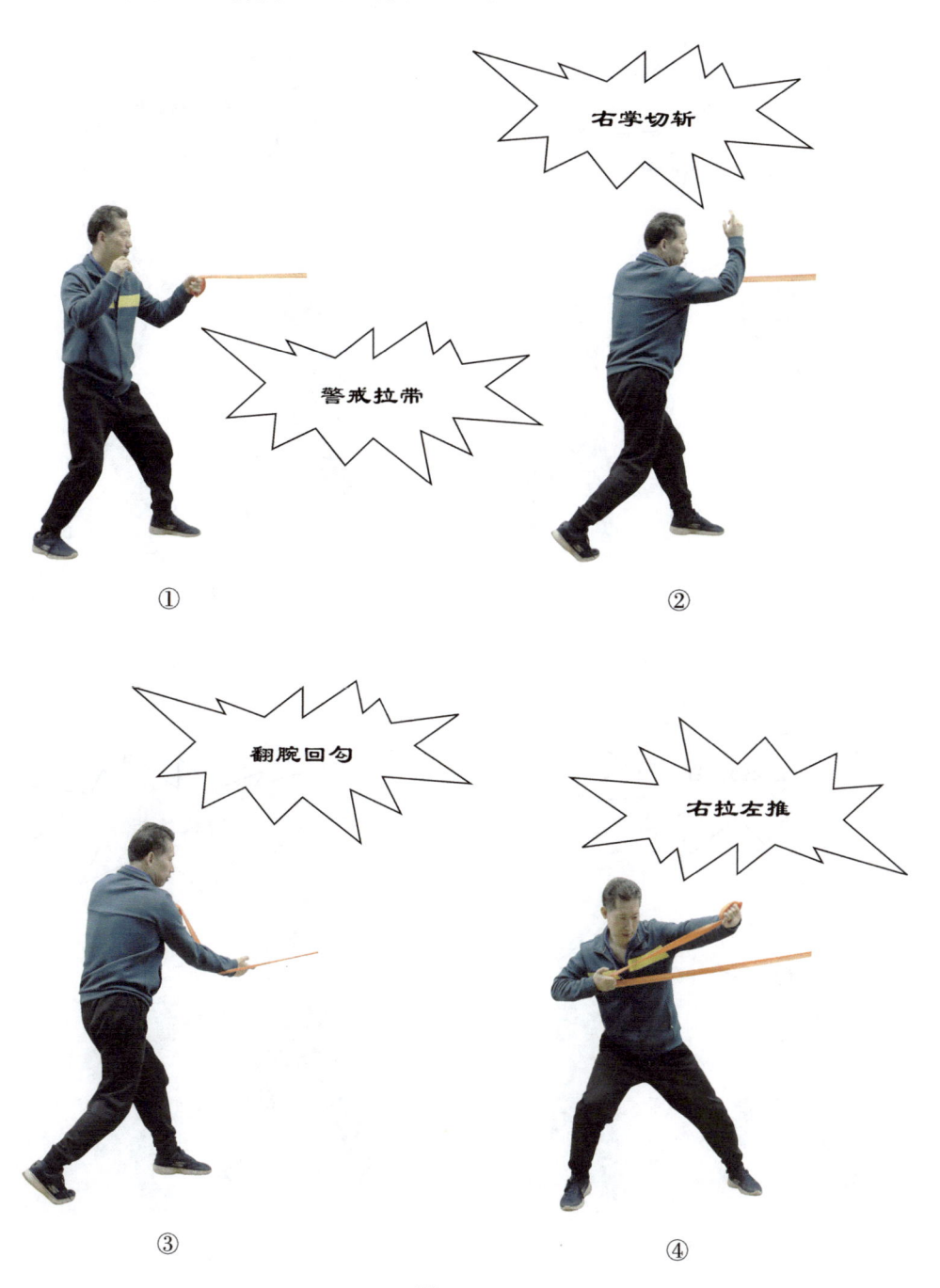

① 警戒拉带

② 右掌切斩

③ 翻腕回勾

④ 右拉左推

图4-1-6

功法二：刁腕推折。（图4-1-7）

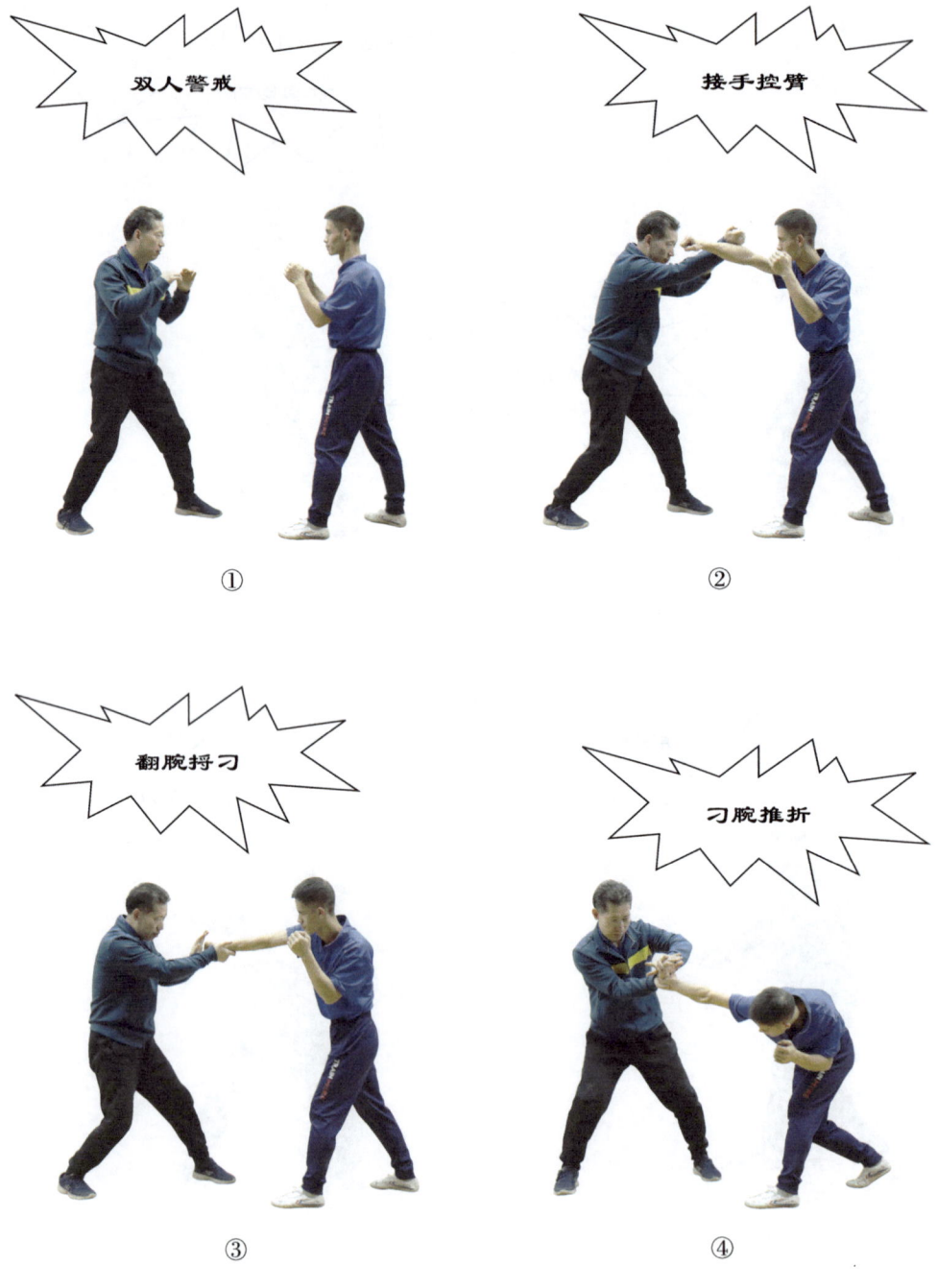

双人警戒

接手控臂

① ②

翻腕挎刁

刁腕推折

③ ④

图4-1-7

第二节　擒拿24技功法实例

我们按照技术功法可以分为局部素质、综合素质和条件应用三大部分。介绍一些擒拿技术功法，对于常用的擒拿技术的熟练和提高会有较好的促进作用。为了筑牢根基，我们以擒拿基本技法24技为主要选取对象。擒拿爱好者练习时要根据自己的实际情况，适当增减练习量，可以一个功法在一个时间段，如一个月或一周，系统地强化训练，也可以两三个功法一起穿插练习。

一、局部素质功法

局部素质在擒拿功法中多是指手指、手臂的力量、硬度等专项素质。

（一）扣的功法

功法一：扣握胶圈。（图4-2-1）

图4-2-1

功法二：扣手。（图4-2-2）

图4-2-2

（二）掐的功法

功法一：掐擒拿手棍。（图4-2-3）

立指
掐手棍

① ②

图4-2-3

功法二：系解绳结。（图4-2-4）

结合身体力量，手指解扣

① ②

图4-2-4

功法三：掐硅胶握力器。（图4-2-5）

三指合力掐

图4-2-5

（三）插的功法

功法一：插沙袋。（图4-2-6）

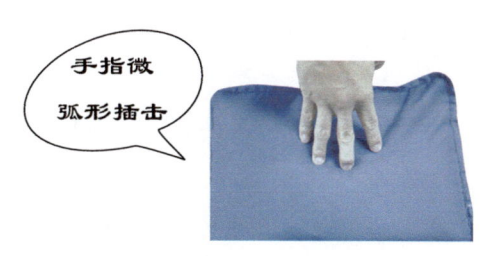

图4-2-6

功法二：插弹力带。（图4-2-7）

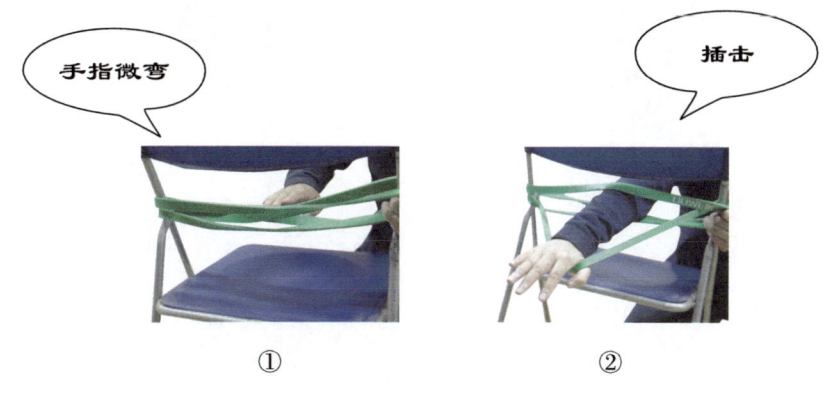

① ②

图4-2-7

（四）剔的功法

功法：剔弹力带。（图4-2-8）

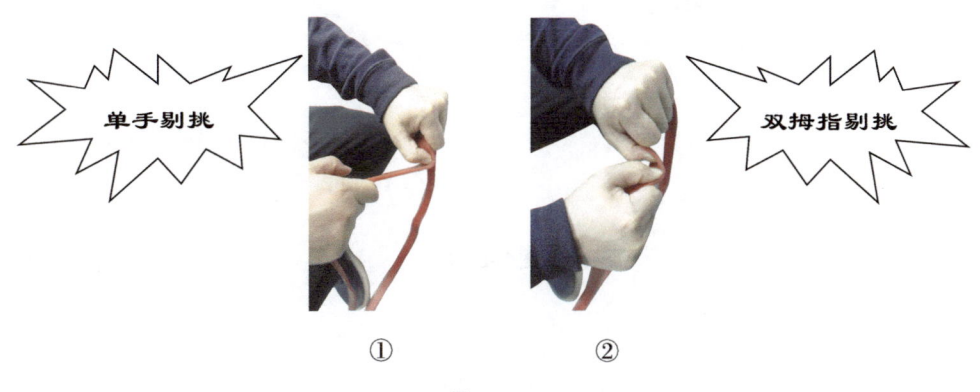

① ②

图4-2-8

（五）旋的功法

功法一：旋擒拿沙袋。（图4-2-9）

① ②

腰背带动手臂划弧线

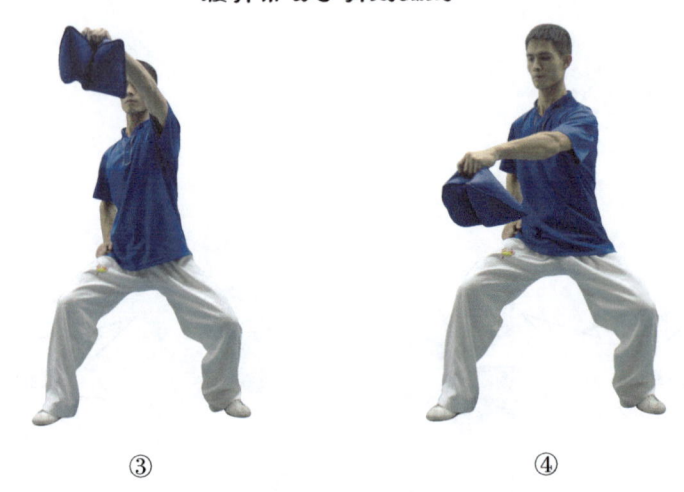

③ ④

图4-2-9

功法二：双人旋臂。（图4-2-10）

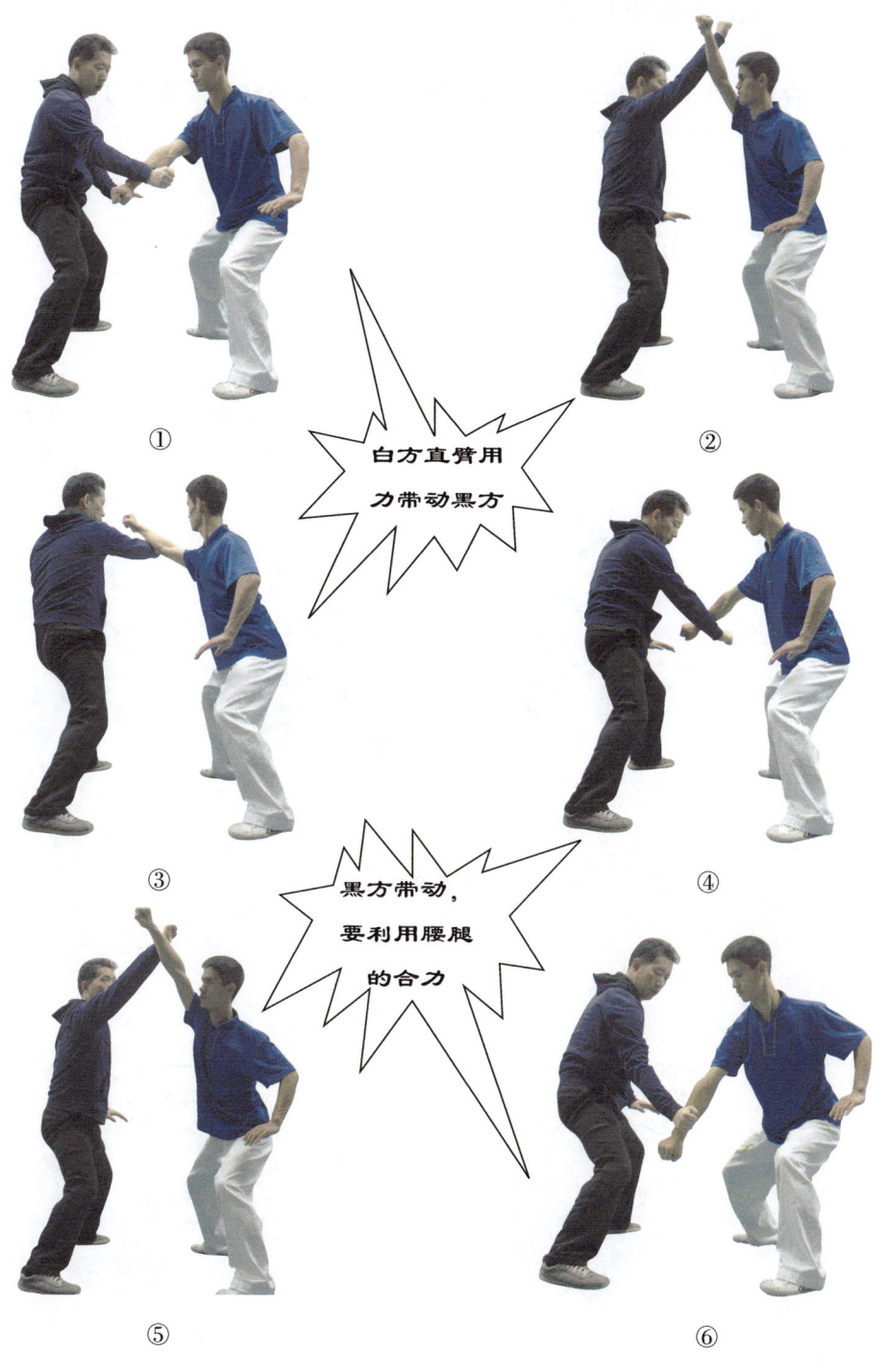

① ②

白方直臂用力带动黑方

③ ④

黑方带动，要利用腰腿的合力

⑤ ⑥

图4-2-10

二、综合素质功法

综合素质在擒拿功法中多是锻炼完成某一两个技法所需要的力量、耐力、速度、反应、协调等擒拿专项素质。

（一）锁的功法

功法一：臂锁竹束。（图4-2-11）

图4-2-11

功法二：双腿交叉锁。（图4-2-12）

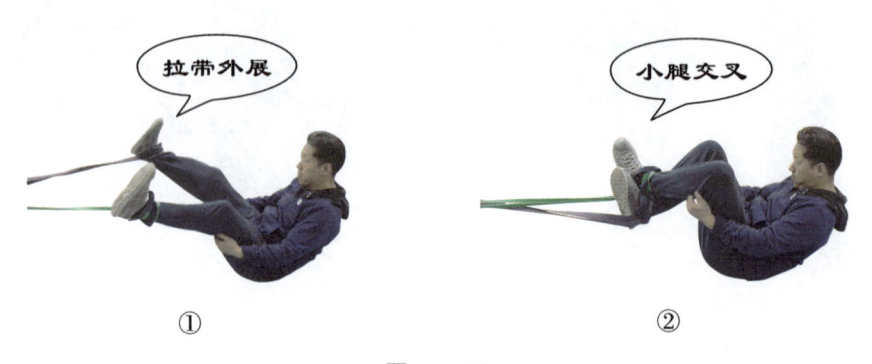

图4-2-12

（二）挑的功法

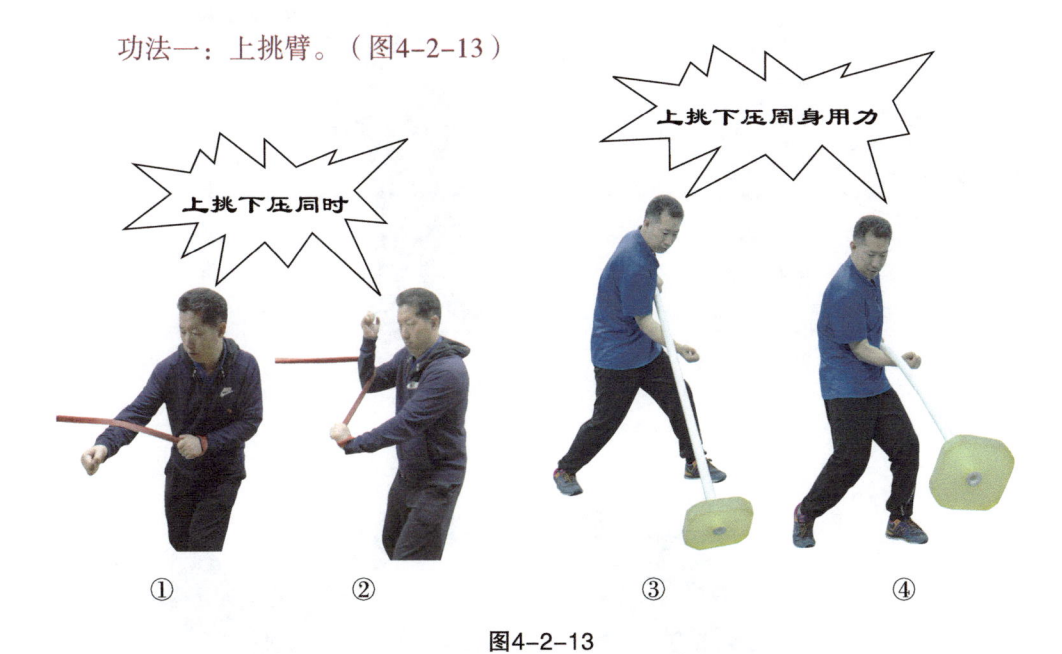

功法一：上挑臂。（图4-2-13）

①　②　③　④

图4-2-13

功法二：前挑腿。（图4-2-14）

①　②　③　④

图4-2-14

功法三：后挑腿。（图4-2-15）

预备势 扣脚转身

① ②

后上挑踢

③ ④

图4-2-15

（三）拧的功法

功法一：
拧弹力带。（图4-2-16）

拧旋弹力带

一手固定

① ②

图4-2-16

第四章　擒拿技术功法简述

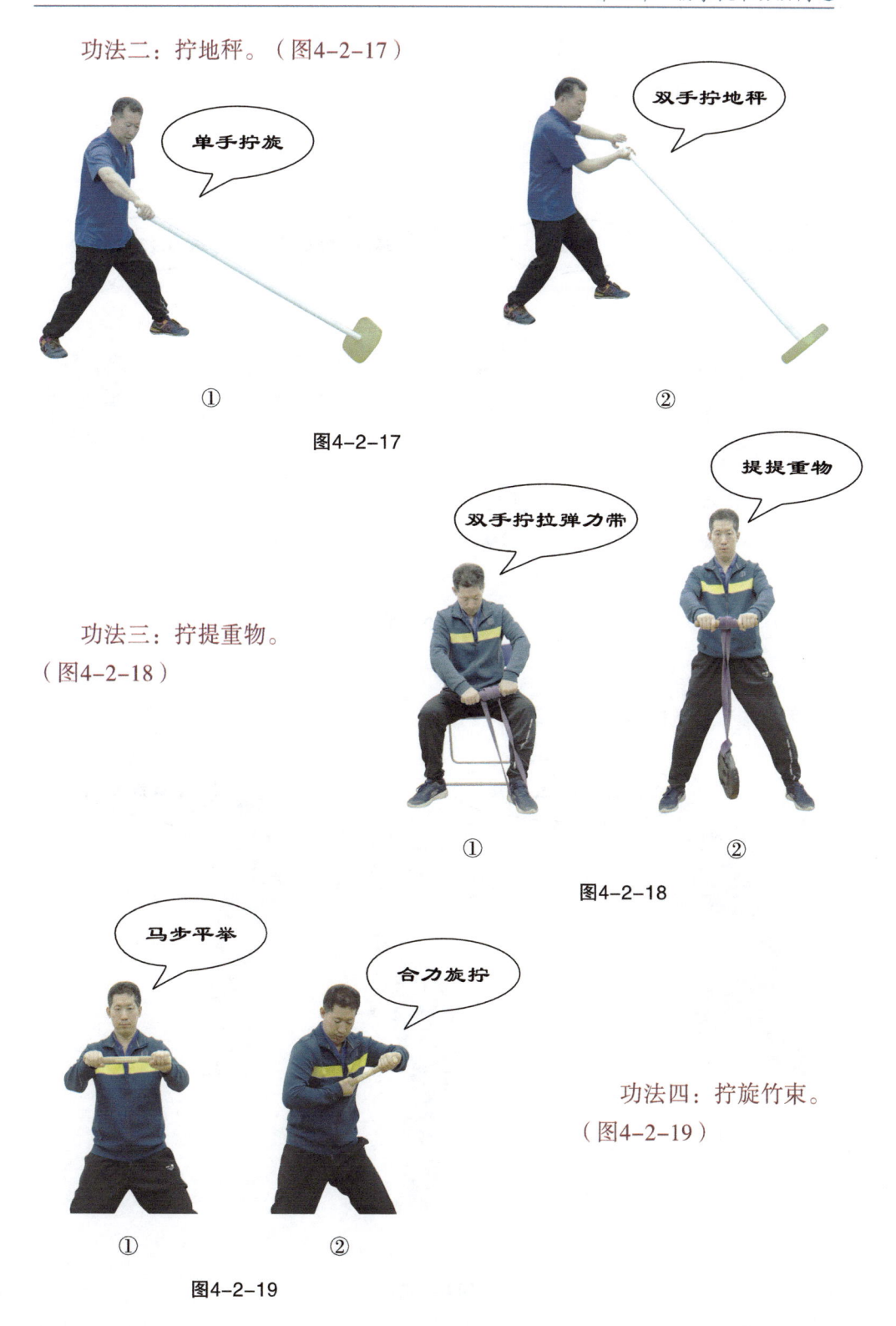

功法二：拧地秤。（图4-2-17）

① 单手拧旋

② 双手拧地秤

图4-2-17

功法三：拧提重物。
（图4-2-18）

① 双手拧拉弹力带

② 提提重物

图4-2-18

① 马步平举

② 合力旋拧

功法四：拧旋竹束。
（图4-2-19）

图4-2-19

233

（四）缠的功法

功法一：左右缠臂。（图4-2-20）

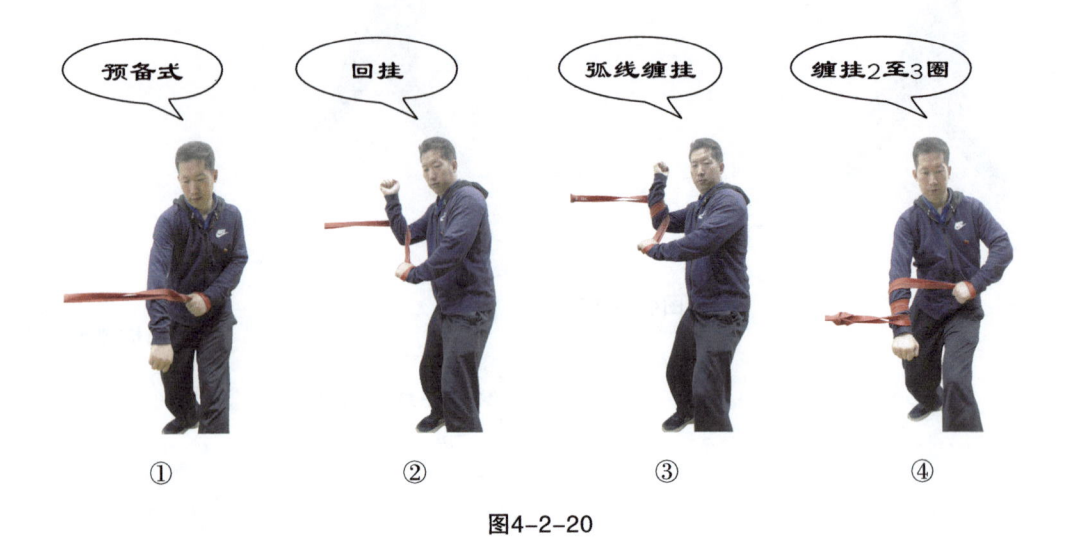

预备式　　回挂　　弧线缠挂　　缠挂2至3圈

①　　②　　③　　④

图4-2-20

功法二：缠挑地秤。（图4-2-21）

预备式（一扳一接）　　上步缠杆　　合身挑起

①　　②　　③

图4-2-21

（五）别的功法

功法：抱别大棍。（图4-2-22）

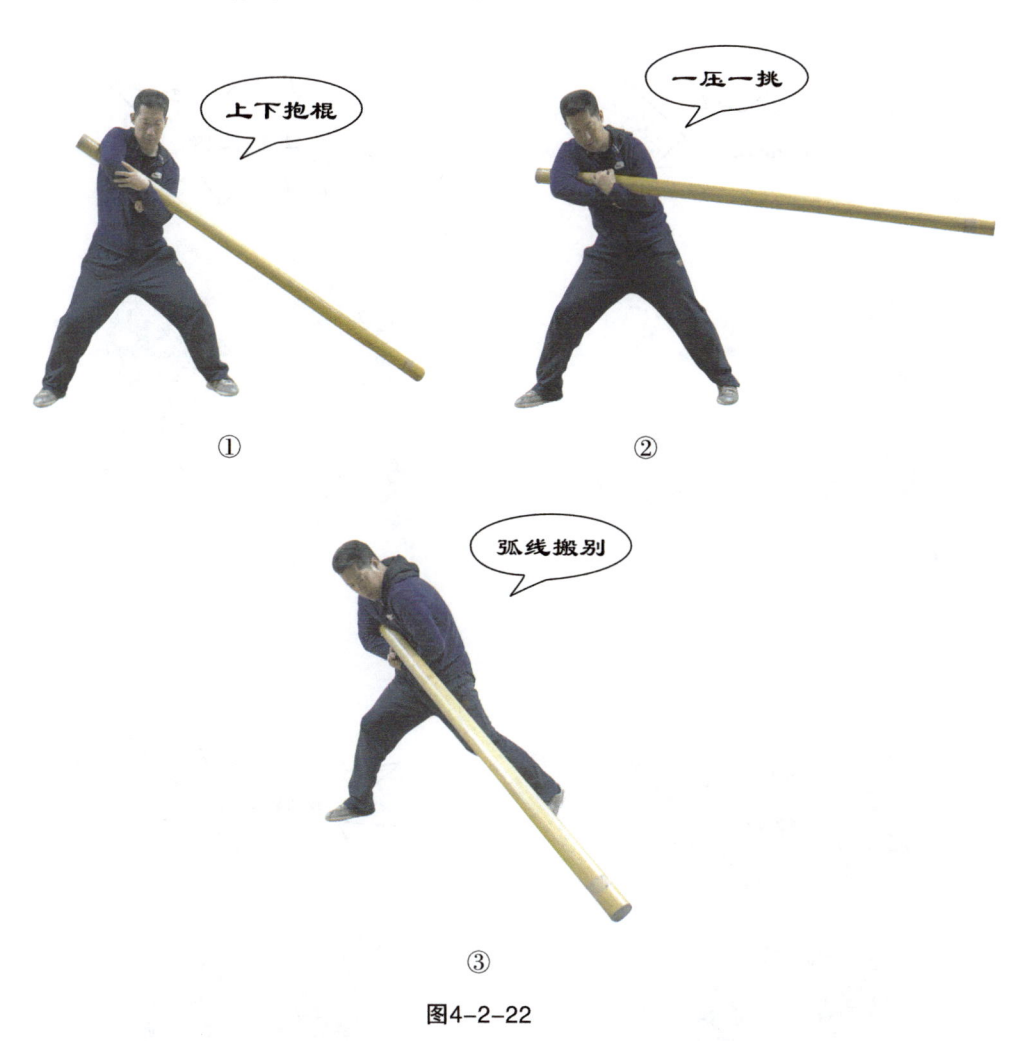

①　上下抱根

②　一压一挑

③　弧线搬别

图4-2-22

三、条件应用功法

条件应用在擒拿功法中多是锻炼完成某一个擒拿技术，强化所需要的力量、速度、协调等专项素质的同时更加注重提升攻防动作的规范、时机准确、快速有效。

（一）缠挟折臂

缠挟折臂的技术要点如下。（图4-2-23）

预备式

①

上格控臂

②

缠臂

③

挟臂转身

④

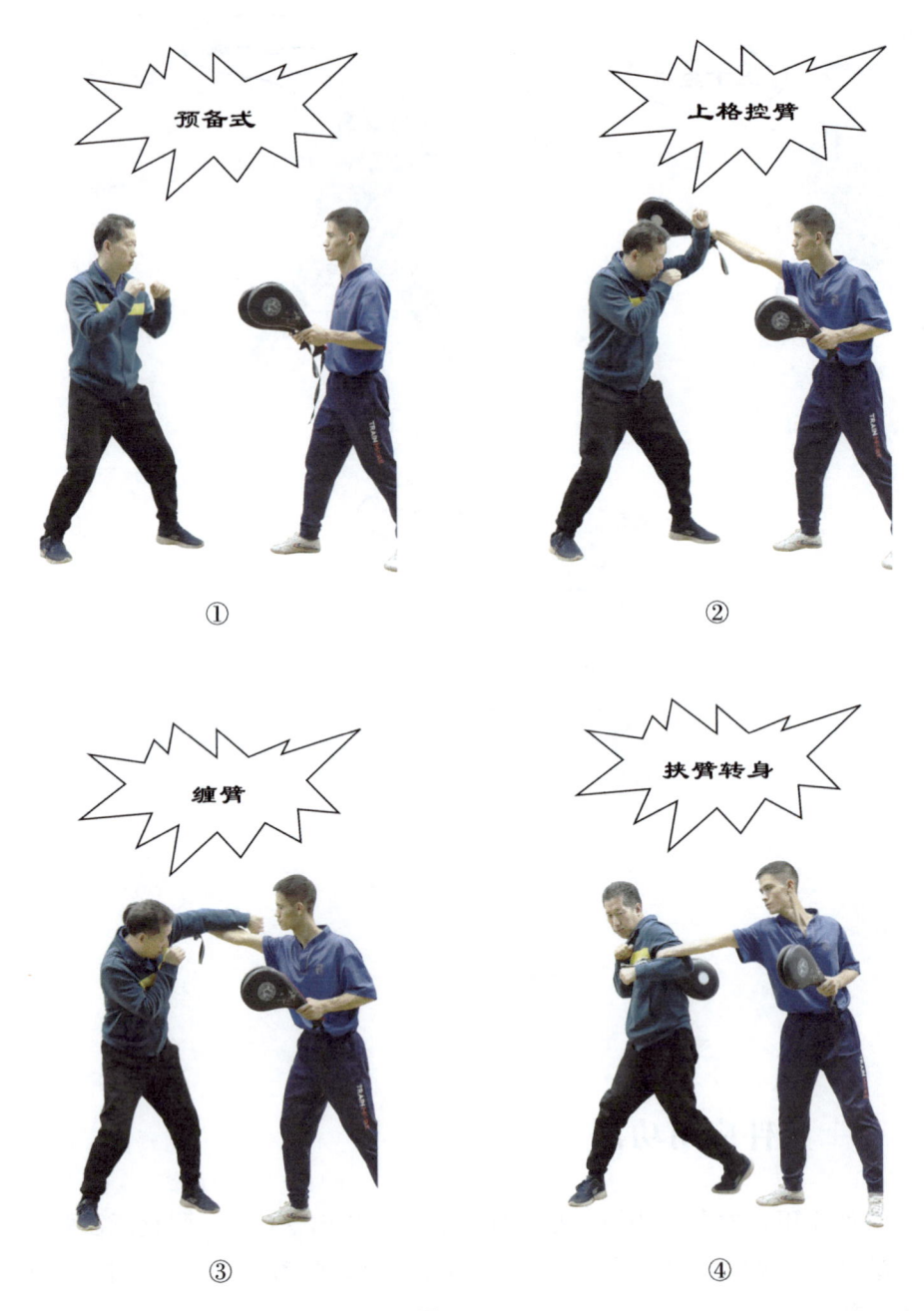

图4-2-23

（二）锉臂双盘

锉臂双盘的技术要点如下。（图4-2-24）

① 单手拉带　② 前后拉带　③ 左右对盘　④ 交错盘圆

图4-2-24

（三）缠臂别摔

缠臂别摔的技术要点如下。（图4-2-25）

① 双手握带　② 十字前伸　③ 垫步换手　④ 上步蹬别

图4-2-25

（四）转身胯别摔

转身胯别摔的技术要点如下。（图4-2-26）

上步插手

转身并步

①

②

弹胯上挑

起身放松

③

④

图4-2-26